合众为一

股权结构设计实操指南

袁 啸 —— 著

汕头大学出版社

自 序

多年之前，当我准备接手湖南元端律师事务所，并从一开始就确定以"股权全链条法律服务"为核心业务方向时，无论朋友还是团队，都不看好在湖南这样一个二线省份成立专业化律师事务所和法商团队的做法。但随着我们逐步取得一些成就之后，外界慢慢认可了我们的实力，并出现了另外一种声音："为什么不把业务操作中的思考进行提炼和总结，继而出版一本书籍呢？"就目前大部分企业在股权设计中问题频出、困难重重的现状，我认为该书的出版是十分必要的。但迟至今日我才真正完成，可谓延误良久。

迟迟未下笔的原因主要来自于两个方面：一方面俗事缠身，导致很少有时间能够沉下心去思考和完善一个庞杂且能面面俱到的体系；另一方面，也是最主要的原因是对这本书能否达到预期目标的顾虑。随着接触和服务的项目越多，自己在理解和操作这类项目中所进行的思考越来越深入，我越发觉得自己和团队仍存很多的不足。因为我们的工作并不仅仅是制定一个简单的合同或章程，而是会涉及到企业非常核心的顶层问题的解决。无数企业家、创业者为自己的公司投入了大量的时间和精力，而企业的成败也与其家庭和社会地位息息相关，所以我们深感自己的责任之重大。顶层设计"一失足成千古恨"，在没有将团队提升和完善到一定程度时，我无法轻率地下笔。

随着业务和客户类型的不断丰富，我们所形成的思考也在不断地建立—质疑—推翻—重构，反复地做着进一步的完善和调整。我们做得越多，对股权结构顶层设计这项业务的复杂性和专业性的敬畏就越来越深。正因为敬畏，方才害怕、担忧是否我们所做的还不够面面俱到，还不能切实地帮助到我们的客户。

当然，多年的实践证明，我们的服务还是能够帮助客户在结构稳定性、治理规范性和资本运作的战略规划上等方面获得不同程度的提升。经过我们的专业服务，有的客户是从一个注册资本百万元的企业，逐步成长为拥有20多亿元规模的企业集团；也有的客户从创业起步的小门户企业，最后成长为市场估值突破2亿元的网红企业；更有从20多家小店的起跑线出发，不到两年加盟店就突破300家的连锁品牌企业。这些成功的案例都让我们品尝到了服务客户的成就感，并且让我们自身对团队的信心有了极大的提升。

当然，获得的不仅仅是对团队的自信，主管部门和行业也给了我们莫大的支持和肯定：

2015年，我所代理的"袁朝晖诉长江置业股东请求回购案件"成为该案例方向唯一的最高人民法院公报案例。

2016—2017年，我们团队所做的"股权结构设计"服务产品在湖南省工信厅下属的中小企业服务平台获得了"年度优秀服务产品"称号。

2018年，我们专注开发的"股东进入退出全场景定制化产品"，获得了省工信厅中小企业服务中心授予的"年度优秀服务产品"称号。

2019年，在长沙市律协举办的专业特色律所评比中，我们成为了4家"专业特色律师事务所"之一（四者之中除我们以股权专业特色见长外，还有一家刑事法律专业特色所，及两家知识产权专业特色所）。

2020年，我们在新冠疫情期间为一家教育连锁企业所做的股权激励项目，入选了"司法部复工复产优秀案例"。

这些成功的案例和主管部门授予的荣誉，不断地验证着我们所坚持的专业化路线是市场有空间和需求的。同时，我们也逐步地形成了相应的业务逻辑体系和操作体系。因此现在的我们已具备了一定的理论和实践基础，这些经验也逐渐可以做支撑一个阶段性的总结。

目前所形成的这篇作品并不是一个终点或者是一个固化的体系。随着中国经济的飞速发展、市场的风云变幻，我们仍然在不断地总结和提炼。我们最终所追求的，是形成一套更加具有灵活性并且可以不断"进化"的服务体系。

本书是我们所规划的系列操作书籍中的第一本，主要讲述整个"顶层设计"的核心指导理论和原则。但本书并非一个完全意义上的操作指南，对于细节实操的部分，我们将在下一本书中进行更全面的介绍。

对于受众人群，本书适合企业家、创业者以及有志于从事"股权结构顶层设计"的专业人士。本书提供了一套思考的体系和方法，当创业者、企业家和专业人士等在搭建项目团队、调整和优化顶层结构时，这套比较完整的思维模型和指导原则就可以提供很大的帮助了。

本书的主要目的是从战略、思维模型、指导原则和方法论的角度，帮助企业家、创业者学习其他人的一些经验和教训，尽量少走弯路，并最终形成自己的顶层设计思维。

随着社会发展，本书中的各种方法论、思维模型和指导案例可能会有不足和缺漏，需要不断地去补充、完善和深化。如有以上情况，欢迎广大读者畅所欲言，不吝赐教。

最后，感谢成书及出版过程中各位同事的倾情奉献，也感谢为本书提供案例素材的各家公司、企业。

袁啸　2020年3月

目 录

自 序
| 第一章 | 借我一双慧眼：认识股权结构设计 / 001
第一节　股权结构基础概念 / 002
　一、企业法人与法定代表人 / 003
　二、股东 / 004
　三、股权概念 / 005
　四、股权结构 / 006
　五、公司治理的涵义 / 007
　六、股权设计的涵义 / 009
第二节　股权结构设计的必要性 / 010
　一、宏观层面上的必要性 / 010
　二、微观层面上的必要性 / 015
　三、公司治理的必要性 / 020
第三节　实践案例分析 / 026
　一、案例回顾：一个鲜活真实的故事 / 027
　二、案例反思：为什么合理的思考≠合理的结构 / 032
　三、问题总结：考虑股权结构应该避免的问题 / 034
| 第二章 | 不以规矩何成方圆：股权结构设计的原则 / 042
第一节　容错原则 / 043
　一、容错概念的组织载体——公司 / 044
　二、我国民营企业所面临的容错形势 / 046
　三、股权设计将进一步提高公司的容错率 / 048
第二节　信任原则 / 048
　一、企业发展的基础问题——合伙人之间的信任 / 048
　二、信任原则的典型模式——家族企业的股权结构探讨 / 055
　三、股权结构设计中"形而上"的问题 / 062

1

第三节 生产要素有效配置原则 / 065
第四节 股权商品化原则 / 069
 一、资本思维 / 069
 二、股权商品化的常用形式之股权激励 / 071
 三、股权商品化的应用 / 074
 四、重视手中不多的交换筹码 / 077
第五节 动态调整原则 / 083
第六节 不平衡结构原则 / 085
 一、需要遵循的原则 / 085
 二、必须避免的股权结构 / 093
第七节 效率优先原则 / 096
 一、确保"信息可知" / 097
 二、确保"有商有量" / 097
 三、确保"不合则去" / 098
 四、确保"损害可追" / 098
第八节 强关系构建原则 / 098
第九节 风险对冲原则 / 100
 一、风险的一般性表现 / 100
 二、通过股权设计提高抗风险能力 / 102
第十节 利益平衡与错期满足原则 / 103

| 第三章 | 众里寻他千百度：股权结构设计的内核构成 / 105

第一节 股东结构设计 / 106
 一、进行股东结构设计的必要性 / 106
 二、股东结构设计需遵照的原则 / 109
 三、股东结构配置思路 / 110
 四、股东结构设计方法论 / 120
 五、股权激励 / 122
第二节 股权分配设计 / 122
第三节 内部治理结构设计 / 124
 一、内部治理结构主要原则 / 124
 二、内部治理结构设定的思路 / 124
 三、内部治理结构的方法 / 125
 四、发达国家的公司内部治理结构 / 128
 五、股东退出机制设定 / 129

六、股权传承 / 133

　第四节　资本规划设计 / 135

| 第四章 | 条条大路通罗马：股权结构设计主要方法 / 146

　第一节　生产要素配比法 / 147

　　一、什么是生产要素 / 147

　　二、区分股东类型 / 150

　　三、具体方法 / 150

　第二节　分层整合法 / 165

　　一、股东分级分层 / 167

　　二、产业流程和结构分解 / 167

　　三、引导股东形成合作 / 168

　　四、明确不同层级的股权交换条件 / 168

　　五、整合示例 / 169

　第三节　产业链串行法 / 174

　　一、明确产业定位及产业弱项 / 175

　　二、与产业上下游的合作友商串行股权 / 178

　　三、串行模式 / 180

| 第五章 | 循序渐进顺理成章：股权结构设计的流程 / 181

　第一节　尽职调查 / 182

　　一、尽职调查的内容简述 / 183

　　二、尽职调查的方法与原则 / 185

　　三、尽职调查的实操步骤 / 186

　第二节　前期访谈 / 198

　第三节　初步方案 / 200

　第四节　核心沟通 / 201

　第五节　正式方案 / 202

　　一、正式方案拟定的流程 / 203

　　二、正式方案所需要包含的交付成果 / 203

　第六节　配套文件 / 204

　第七节　执行落地 / 207

　第八节　辅导期 / 208

　　一、工作程序 / 208

　　二、工作内容 / 209

| 第六章 | 他山之石可以攻玉：典型案例模式分析经验 / 210

第一节　阿里巴巴模式 / 211
　一、阿里巴巴组织形式的形成历史 / 211
　二、合伙人任职资格 / 213
　三、合伙人的提名权和任命权 / 215
　四、合伙人奖金分配权 / 217
　五、合伙人制度变更 / 218
　六、阿里模式的进一步思考 / 219

第二节　华为模式 / 222
　一、公司治理简况 / 222
　三、华为的股权激励 / 226
　四、饱和配股制 / 227
　五、授予价格与回购价格 / 228
　六、资金来源 / 229
　七、激励效果 / 230
　八、法律关系 / 231
　九、华为模式的进一步思考 / 2327

| 第七章 | 结束语 / 234
| 第八章 | 附录 / 236

　附录一　股权结构设计中的相关法律法规 / 236
　附录二　股权比例的法律界定 / 238
　　一、代位诉讼权：1% / 238
　　二、临时提案权：3% / 239
　　三、重大事项知情权：5% / 239
　　四、解散公司请求权和临时会议提议权：10% / 242
　　五、详式权益变动公告权：20% / 243
　　六、上市公司控制权：30% / 244
　　七、一票否决权：34% / 246
　　八、相对控制权：51% / 246
　　九、绝对控制权：67% / 248
　　　（一）针对有限公司 / 248

参考资料 / 251

第一章

借我一双慧眼：认识股权结构设计

2014年，国务院总理李克强提出了"大众创业、万众创新"的新政策，把自主创业推向了新的高潮。从历史的经验中我们可以看出：除了一些小的家庭作坊、小生意之外，合规的公司化创业，绝大多数不是凭一己之力实现的，而都是引入合伙人机制后组成团队，从而群策群力、风雨同舟，共同实现的。实践证明，合伙创业中都会出现一个不容轻视的问题——股权划分。企业内部的股权划分是否合理，将直接决定着公司兴衰成败。许多令人扼腕痛惜的案例中，创业项目之所以最终走向穷途，其原因往往不是人、也不是产品，而是股权结构设计的不合理，这种不合理将成为创业企业发展过程中的不定时炸弹，最终让企业走向灭亡。

股权是使公司的基石。大部分创业企业在初期股权分配比较明确——由于结构相对单一，几个合伙人一般习惯于按照出资多少分得相应的股权。但是，随着企业的发展，由于发展前景、价值判断、利益分配等维度上的思维相异，合伙人之间很可能会产生种种利益冲突与分歧矛盾。同时，实践中往往还存在着许多隐名股东、干股等特殊股权持有形式，这些不确定因素和非正常因素进一步导致问题复杂化，并加剧了公司运作的风险。在公司运作过程中，各种内部矛盾随之凸显，但我们知道，矛盾中股东维护自身利益的最大依据就是自身所拥有的股权，或者更进一步来说，就是依附于股权之上的股东权利。所以，实践中许多企业由于在股权结构设计和股东权利分配上，没有科学的考虑与合理的设计，导致公司内部股东之间、股东与公司之间的矛盾不断激化。这时，合理解决机制的缺失最终会把公司推向失败与纠纷的边缘。

此外，企业的股权就比例而言是有限的，而公司控制权又衍生于股权之上，这导致股权问题逐步成为企业发展阶段中的"根本性"甚至"致命性"的问题。另外，股权问题的滞后性也让股权结构设计十分复杂，这种滞后性体现在：公司设定股权伊始，创业者往往不清楚股权设计会带来什么严重后果，股东也不重视这件事，认为"先做生意要紧，其他的以后再说"，从而都会倾向于尽快注册公司、集合股份。当企业发展到了一定阶段，股权问题就凸显了出来，这时候他们才意识到问题的严重性，但那个时候往往已经晚了，因为企业矛盾已经到了不可调和的地步。所以，这就需要股东及设计者在进行股权设计时需要对该公司、该行业和社会发展具有一定的前瞻性。

千里之行，始于足下。从这里开始，让我们一起来掀开股权结构设计的层层面纱……

第一节　股权结构基础概念

这么多年来，我们在为众多企业服务的过程中，遇到的很多企业对股权概念的认识都似是而非；并且现在有关股权咨询的市场鱼龙混杂，充斥着许多只以赚钱为目的、打着"股权激励""股权设计"之类招牌的学习班。在这种条件下，一些初入股权设计的法律工作者和许多企业家往往已经失去了理性的思考和正确的判断，被灌输什么，就接受什么，导致了很多人对企业股权的理解失之偏颇，做出一些影响公司股权健康的行为。

因此，在正式开始股权结构设计的学习之前，我们非常有必要将一些基础的概念进行系统的厘清。

一、企业法人与法定代表人

根据我国民法通则，"法人"是指具有民事权利能力和民事行为能力，依法独立享有民事权利和承担民事义务的组织。这里规定得相当明确，法人是一种组织，而不是某一个人。我国的法人分为企业法人、机关法人、事业单位法人和社会团体法人。其中企业法人是指具有符合国家法律规定的资金数额、企业名称、章程、组织机构、住所等法定条件，能够独立承担民事责任，经主管机关（工商部门）核准登记取得法人资格的社会经济组织。例如有限责任公司即企业法人。符合法人登记条件的企业应当根据国家法律、法规及有关规定，到相应的登记机关（工商行政部门）申请企业法人登记并取得法人资格。公司注册的过程就是取得法人资格的过程。在西方某些国家，企业法人就是指股份有限公司和有限责任公司。在我国，目前除了公司法人以外，还有国有企业法人、集体企业法人等企业法人种类。随着我国以公司制为主的现代企业制度逐步建立，今后我国企业法人主要也是指公司法人。[①]

那么在企业法人登记过程中，需要确定一个自然人作为企业的法定代表人。"法定代表人"是一个确定的法律概念，是指依照法律或法人组织章程的规定，代表法人行使职权的负责人。没有正职负责人的法人，由主持工作的副职负责人担任法定代表人；设有董事会的法人，以董事长为法定代表人；没有董事长的法人，经董事会授权的负责人可作为法人的法定代表人。

法定代表人与企业法人在内部关系上往往是劳动合同关系，法定代表人属于雇员范畴。对外关系上，法定代表人对外以法人名义进行民事活动时，其与法人之间并非代理关系，而是代表关系，并且其代表职权来自法律的明确授权，不另需法人的授权委托书。所以，法定代表人对外的职务行为即为法人行为，法定代表人与企业法人是有很大区别的。

另外还有人常说"法人代表"的概念，其实"法人代表"一般是指根据法人的内部规定担任某一职务，或由法定代表人指派代表法人对外依法行使民事权利和义务的人，它并不是一个独立的法律概念。

---

① 刘美林：《市场经济法律概论》（第二版），科学技术文献出版社，2009年出版。

二、股东

股东是指向公司投资并获得股权,根据其认缴或认购的股权享有权利并承担义务的个人或单位。股东既拥有一定权利,也承担一定义务。股东的主要权利是:参加股东会议,对公司重大事项具有表决权;公司董事、监事的选举权;分配公司盈利和享受股息权;发给股票请求权;股票过户请求权;无记名股票改为记名股票请求权;公司经营失败宣告歇业和破产时的剩余财产处理权。股东权利的大小,取决于股东所掌握的股票的种类和数量。[1]

按不同的标准,公司股东可以分类如下:

(一)隐名股东和显名股东

以出资的实际情况与登记记载是否一致,我们把公司股东分为隐名股东和显名股东。隐名股东是指虽然实际出资认缴、认购公司出资额或股份,但在公司章程、股东名册和工商登记等材料中却记载为他人的投资者,又称为隐名投资人、实际出资人。显名股东是指正常状态下,出资情况与登记状态一致的股东;有时也指不实际出资,但接受隐名股东的委托,为隐名股东获取利益,在工商部门登记为股东的受托人。

(二)个人股东和机构股东

以股东身份来分,可分机构股东和个人股东。机构股东指享有股东权利的法人或其他组织。机构股东包括各类公司、各类全民所有制企业和集体所有制企业、各类非营利法人和基金等机构或组织。个人股东是指一般的自然人股东。

(三)创始股东与一般股东

以获得股东资格时间和条件等来分,可分为创始股东与一般股东。创始股东是指创建组织、设立公司、签署设立协议或者在公司章程上签字盖章、认缴出资,并对公司设立承担相应责任的股东,也叫原始股东。一般股东指因出资、继承、接受赠与而取得公司出资或者股权,并因此而享有股东权利、承担股东义务的股东。

(四)控股股东与非控股股东

以股东持股的数量与影响力来分,可分为控股股东与非控股股东。控股股

---

[1] 何盛明:《财经大辞典》,中国财政经济出版社,1990 年出版。

东,是指其出资额占有限责任资本总额 50% 以上,或依其出资额所享有的表决权已足以对股东、股东大会的决议产生重大影响的股东。

另外,公司股东还可以分为大股东和小股东。当然,这是一组相对的概念。

三、股权概念

股权与股份是不同的。股权有许多种解释,但是比较简单通俗的解释是:股权即股东的权利。其中有广义和狭义之分。广义的股权,泛指股东得以向公司主张的各种权利;狭义的股权,则仅指股东基于股东资格而享有的、从公司获得经济利益并参与公司经营管理的权利。在《公司法》中有限责任公司股东的权利多用"股权"来表述。而股份有限责任公司多用"股份","股份"仅存在于股份有限公司,属于可以计量的股票数。综合来讲,股权就是指投资人由于向公民合伙和向企业法人投资而享有的权利,其本质就是股东的控制权。从图 1-1 中可以看到股权所包含的各种权利。

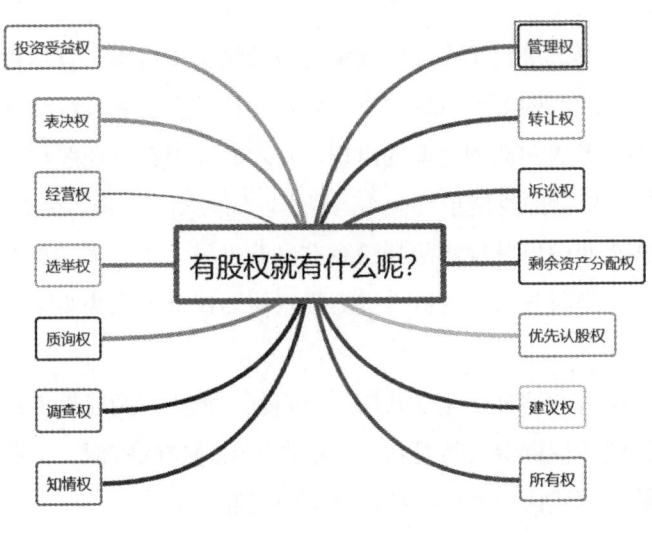

图 1-1　股权涵盖图

另外,不要把股权与股票相混淆了。股权即股票持有者所具有的与其拥有的股票比例相应的权益以及承担一定责任的义务。股票是股份公司发行的所有权凭证,是股份公司为筹集资金而发行给各个股东作为持股凭证,并借以取得股息和红利的一种有价证券。每只股票背后都有一家上市公司。

四、股权结构

股权结构是指股份公司总股本中，不同性质的股份所占的比例及其相互关系。股权结构是公司治理机制的基础，它决定了股东结构、股权集中程度以及大股东身份，导致股东与股东之间行使权利的方式和效果有较大的区别，进而对公司治理模式的形成、运作及绩效有较大影响。换句话说，股权结构与公司治理中的内部监督机制直接发生作用。同时，股权结构一方面在很大程度上受公司外部治理机制的影响，反过来，股权结构也对外部治理机制产生间接作用。

企业具有什么样的股权结构对企业的类型、发展以及组织结构的形成都具有重大的意义。因此企业家应该考虑在股权结构中各个组成部分的变动趋势。当社会环境和科学技术发生变化时，企业股权结构也相应地发生变化。由此，股权结构是一个动态的可塑结构。股权结构的动态变化会导致企业组织结构、经营走向、管理方式的变化，所以，企业实际上是一个动态的、具有弹性的柔性经营组织。

股权结构的形成决定了企业的类型。股权结构中资本、自然资源、技术和知识、市场、管理经验等所占的比重受到科学技术发展和经济全球化的冲击。随着全球网络的形成和新型企业的出现，技术和知识在企业股权结构中所占的比重越来越大，社会的发展最终会由"资本雇佣劳动"走向"劳动雇佣资本"。即人力资本在企业中以其独特的身份享有经营成果，与资本拥有者共享剩余收益索取权。这就是科技力量的巨大威力，它使知识资本成为决定企业命运的最重要的资本。

企业股权结构的这种变化反映出一个问题：在所有的股权资源中最稀缺、最不容易获得的股权资源必然是在企业中占统治地位的资源。企业的利益分享模式和组织结构模式由企业中占统治地位的资源来决定。

在全球化进程中，人力资本或知识资本的重要性日益凸显，使得传统的"所有权"和"控制权"理念遭到前所未有的挑战，这已成为未来企业管理领域研究的新课题。股权结构是可以变动的，但是变动的内在动力是科学技术的发展和生产方式的变化，所以说，选择适合企业发展的股权结构对企业来说具有深远意义。

五、公司治理的涵义

公司治理并不是随着企业的产生就开始存在的，在企业的所有权和经营权合一的时候，所有者与经营者的利益是一致的，不存在公司内部人员控制权制衡的问题，自然也就不存在公司治理这一概念。20世纪初至20世纪末，全球科技革命的发生大大地促进了市场经济和资本市场的发展，股份制企业作为市场主体大量地涌现，出现了企业所有权与经营权高度分离的局面，从此公司治理就应运而生。

对于公司治理这一词，国内外文献中并没有形成统一的概念，当今世界各国具有影响力的经济学家从不同的角度对公司治理进行了诠释，下面将众多的观点和阐述进行分类和归纳。

（一）公司治理之组织形式说

该学说认为，公司治理就是公司所有者（股东大会）、董事会以及高级管理层人员组成的一个组织架构。在这个组织架构里面，股东大会、董事会以及高级管理人员三者之间相互制衡，其实质就是对公司的经营管理行为进行监督和控制的制衡机制。

（二）公司治理之权利理论说

该学说认为，既然公司治理是在所有权与经营权分离的情况下产生的，所以经营者管理经营所有者的公司必须基于一定的权利理论。

（1）信托"管家"理论。这种学说根植于公司法之中，是古典管理理论的衍生品。它建立在管理信托这一责任制度之上。公司通过股东大会将管理经营公司的权力和责任委托给管理人（董事会、高级管理人员），要求管理人尽到忠诚义务，并能及时地对自己的经营行为给出合理合法的解释。这种信托关系的存在需基于一定的信赖关系，管理者基于其诚实和公正的品质愿意为所有者谋利。依据此理论，信托关系被看作是委托人与受托人之间的信托责任关系。

（2）委托代理理论。此理论把企业的经营管理看作是代理合同中的代理事项，股东是委托人，管理者是代理人。代理人的行为在不损害委托人利益的情形下是自主的，是自我利益导向性的，所以需要运用权力制衡机制来预防潜在的权力滥用，需要使用激励机制来使管理者尽到代理的利益最大化义务，为公司和股东带来更多的利益。依据此理论，公司治理被看作是一种委托代理关系。

（3）产权理论。此理论认为所有权规定了整个公司的界限，是公司控制权的基础。它包含对重要的高级管理人员的任免、对重大决策的审议、决定企业的资源配置事项等。董事或经理层通常只是掌握公司日常的资产运作和日常经营的控制权。依据这个理论，公司治理被看作是产权和控制权。

（三）公司治理制度功能说

该理论认为，公司拥有一套合理高效的公司治理制度能促使经营者加倍努力和加大投入。如果市场不存在竞争，经营者不用通过努力，只是通过人为的手段就能增加自己的收入，而在市场竞争的环境下，经营者的利润激励与企业绩效的提高是呈正相关的。而企业的绩效与经营者的经营行为息息相关，经营者想要提高自身收益，就会越发重视自身的控制权，这种收益权控制激励会发挥更大的作用。依据此理论，公司治理被认为是一种能否使经营者与所有者实现双赢的管理制度。

其实公司治理之所以存在如此之多的定义，与它本身包含的多重含义有关，从不同的角度都可以对其进行定义。随着学者对它的研究越深入，其得出的解释和结论会更多。但目前将其定义为：公司治理，从广义角度理解，是研究企业权力安排的一门科学；从狭义角度上理解，是居于企业所有权层次，研究如何授权给职业经理人并针对职业经理人履行职务行为行使监管职能的一门科学。它是一个公司在法律上、制度上、文化上的一种安排，用以协调以公司为中心的各相关利益主体之间的关系，通过这种制度合理的安排，使上述主体的责任、权力、义务相互制衡。公司治理的目的在于保证公司管理层忠于职守和责任，以寻求公司利益的最大化，就自己的行为对公司、股东及其他相关人的利益负责，实现公平和效率的统一。

公司治理包含内部治理和外部治理。公司的内部治理，是由股东大会、董事会、监事会和经理等公司运营管理机构，所建立的管理、运营以及监督的内部控制制度。其主要治理机制包括：董事会的产生及议事规则、代理人竞争机制、外部董事机制、薪酬激励机制等。公司的外部治理机制是指通过竞争的外部市场对公司内部的管理行为进行约束的控制制度。外部治理机制总是要与内部管理机制相适应，管理层根据公司经营管理的各种信息，评价企业经营与管理的行为，并通过相应的淘汰机制来约束或是激励管理者，以使公司的治理机制不断地完善。健全完善的公司治理机制是所有者和利益相关者自身利益最大化的保证。

六、股权设计的涵义

股权设计就是公司组织的顶层设计。股权设计是公司组织的顶层设计战略之一（顶层设计包括战略设计、商业模式设计和股权结构设计），其中战略设计和商业模式设计解决做什么、怎么做，股权结构设计解决的是谁投资、谁来做、谁受益、谁监督的问题。

股权设计实质上是对公司的股权结构进行设计。股权结构按照不同的标准可以划分为不同的种类。一般来讲，股权结构有以下几种划分标准：

第一个标准是股权集中度。从这个角度分析，股权结构有3种类型：一是股权高度集中，公司存在绝对控股股东，其一般拥有公司股份的50%以上，对公司拥有绝对控制权；二是股权高度分散，公司没有大股东，所有权与经营权基本分离，所有股东所持股份的比例分别都在10%以下；三是公司拥有较大的相对控股股东，同时还拥有其他大股东，相对控股股东所持股份比例在10%至50%之间。

第二个标准是所有制结构，即各个不同背景的股东分别持有股份的比例。在我国，就是指国家股东、法人股东、社会公众股东持股比例。[1]按照股东的性质，国际上通行的做法是将其划分为优先股和普通股，我国则是根据投资主体的不同进行了上述划分。

第三个标准，从理论上讲，股权结构可以按企业剩余控制权和剩余收益索取权的分布状况与匹配方式来分类，从这个角度，股权结构可以被区分为控制权不可竞争和控制权可竞争两种类型股权结构。在控制权可竞争的情况下，剩余控制权和剩余索取权是相互匹配的，股东能够并且愿意对董事会和经理层实施有效控制；在控制权不可竞争的股权结构中，企业控股股东的控制地位是锁定的，其他股东对董事会和经理层的监督作用将被削弱。

---

[1] 郑德珵等：《股权结构与公司治理》，中山大学学报，2002.1。

第二节 股权结构设计的必要性

现在，在国内的很多中小企业，都或多或少面临着股权结构方面的问题，如股权分配随意、盲目承诺股权、股权变动频繁、股权激励失效、小股难以清退、对赌协议漏洞、股权严重分散、股东对抗严重以及股权失控风险等。这些问题严重制约了企业的发展。在新经济时代，创始人如果需要可以并肩作战的合伙人，那么就要在公司核心团队内建立起共创、共担、共享的合作关系。其解决之道就是做好合伙人股权分配。

一、宏观层面上的必要性

（一）政治与经济因素

1. 政治因素

从2014年9月开始，继李克强总理在夏季达沃斯论坛上提出"大众创业，万众创新"的口号后，国家出台了一系列推动创业发展的文件；同时，政府积极鼓励引导发展创业创新平台，提供了一系列的税收优惠措施，鼓励建立和完善创业投资引导机制，形成成熟的"创投创业"模式，在中国960多万平方千米的土地上掀起了"大众创业，草根创业"的新浪潮，形成了"万众创新，人人创新"的新势态。

2019年4月，中共中央办公厅、国务院办公厅印发了《关于促进中小企业健康发展的指导意见》，明确指出中小企业是国民经济和社会发展的生力军，是扩大就业、改善民生、促进创业创新的重要力量，在稳增长、促改革、调结构、惠民生、防风险中发挥着重要作用。党中央、国务院高度重视中小企业发展，在财税金融、营商环境、公共服务等方面出台了一系列政策措施，并取得了积极成效。

在这样的时代背景和政策号召之下，越来越多的人走上创业的道路。但是在创业的过程中，机遇与风险并存，创业者除了要规避商业风险之外，还要规避创业过程中可能遇到的相关法律风险。为了提高创业企业的存活率，促进初创企业的发展，进行股权设计已经是时代的需要。

2. 多层次资本市场因素

多层次资本市场的建立有利于调动民间资本的积极性，将储蓄转化为投资，提升服务实体经济的能力；可以进一步提高直接融资比重，防范和化解经济金融风险；对于支持创新型中小企业发展，促进科技创新，促进新兴产业发展和经济转型可以起到推动作用；并可以通过并购促进产业整合，缓解产能过剩，推动产业结构调整；还可以提高我国资本市场和证券期货服务业的国际竞争力，更好地服务于我国经济参与全球竞争，增强我国在国际大宗商品领域的话语权。

加快发展多层次资本市场是国家根据新时期的需要而做出的重要战略部署。中央政府自2013年起就不断强调加快"多层次资本市场"的建立与完善：

2013年政府提出"加快发展多层次资本市场"；

2014年提出"加快发展多层次资本市场，推进股票发行注册制改革，规范发展债券市场"；

2015年提出"加强多层次资本市场体系建设"；

2016年提出"推进股票、债券市场改革和法治化建设，促进多层次资本市场健康发展，提高直接融资比重。适时启动'深港通'"。

经过近年的不断发展，我国多层次资本市场已初具规模：我国已有主板市场，中小板市场，创业板市场，科创板、新三板市场，H股、红筹股市场，沪港通交易市场（如图1-2所示）。

在这样的背景下，顶层的股权结构设计是一个非常热门的话题。

为什么现阶段股权结构设计在企业中会变得越来越重要？这是因为股权结构设计的过程就是资源分配的过程，是市场竞争环境下的丛林法则。

从丛林法则的角度讲，谁能在整体竞争中获得最多的市场资源，谁就能获得更好的发展机会。因此在进入资本市场的过程中，就需要搭建能够符合资本市场以及游戏规则所必需的结构。

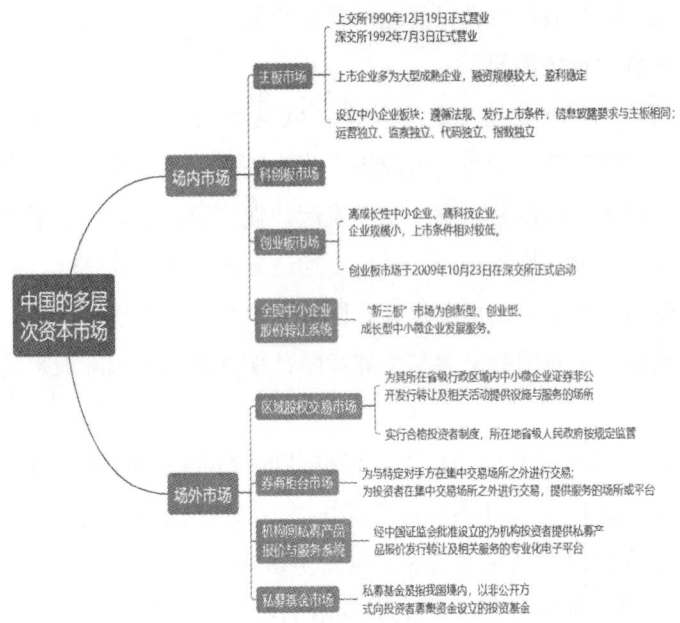

图 1-2 多层次资本市场示意图

（二）法律背景

随着市场经济的不断发展和法治化的推进，从我国《公司法》的不断修改中我们可以看出国家对公司的管理理念，已经由"管治"思维逐步向"自治"思维转变。其中最有代表性的就是《公司法》中极有魅力的一句话——"公司章程另有约定的除外"。这句话表明公司章程可对公司管理的部分事项进行自行约定。如《公司法》第四十二条规定："股东会会议由股东按照出资比例行使表决权；但是，公司章程另有规定的除外。"《公司法》第一百零五条规定："股东大会选举董事、监事，可以依照公司章程的规定或者股东大会的决议，实行累积投票制。"在表决权上，公司章程自治空间的规定仅是《公司法》授权公司按章程进行自治的一小部分。《公司法》中大量对公司章程的授权性规定，也为我们进行股权设计提供了法律依据和基础。

我国现代市场经济是法治经济，每一个公司要在市场经济的大环境下生存，就必须遵循市场经济法治结构和框架运行规则，否则将失去市场这个经济平台，被剥夺生存和发展的权利。在这个经济平台上，公司的各种经营管理行为都是通过法律行为来实现的，例如公司的成立、筹资、上市、破产清算、重组、生产、劳资管理、市场营销等，每个环节都涉及外部市场经济的法律规范，也涉及公司内部的管理规章制度。因此，市场经济要求公司必须早日实现法治化管理。

公司法治化管理的直接目标是依法经营、规范管理，但其终极指向是获取更大的经济利益，从而推进公司健康可持续发展。对于正常经营的公司来讲，法律风险是基于市场经济中法律环境产生的关于权利和义务的商业风险，使公司各方在生产经营活动中产生公司利益损失的可能性。从客观条件来看，由于市场供需的不确定、公司发展水平的差异、员工能力水平的参差不齐等导致了公司生产、经营、管理行为的不规范、不标准、不科学——如环节复杂、决策失误、执行不力、制度落后、监管不严等缺陷。这些问题使公司在某方面的权利义务失衡，法律风险加大。而这些潜在风险都要求公司在公司顶层股权架构上进行设计，提高企业的法治化的水平。

（三）股权结构设计的现状

我国民营企业治理结构中的股权结构问题随着民营企业的迅速发展日益凸显，股权结构不仅与企业的治理结构与治理模式相关，更与企业的绩效紧紧相连。

据有关调查显示，中国民营企业平均生存年限是2.9年，我国的民营企业数量很多，但是规模相对较小，而且存续时间也很短。造成这一现象的重要原因之一就是民营企业的股权结构不合理。尽管近年来民营企业不断优化股权结构，但大多数民营企业的股权结构仍然呈现浓厚的家族式特征。即股权集中度较高，企业的股权由家族成员控制，外部人员参与较少。这在特定的时期有利于企业的稳定和快速发展，但从长远来看，这种形式的股权结构会出现许多弊端，制约民营企业的持续发展。

因此，民营企业的股权结构具有非常重要的研究价值，优化民营企业股权结构已成为进一步推进民营企业向前发展的必然选择。

1. 股权高度集中

从我国民营企业的发展历史看，大多数民营企业最初都是由一个或者几个人共同创立，经过共同的奋斗而不断发展壮大。创始人之间多是亲戚或者朋友关系,这种形式在发展的初期有利于企业的稳定,促进企业的快速成长,但与此同时也造成了股权集中在一个人或者几个人手中。这样,股权的集中度较高,社会化程度较低,股权很少向外部人员开放。当企业的规模不断扩大时,股权高度集中的形式就会导致许多问题的出现。一方面,企业的发展壮大需要资金支持,而对于股权高度集中的企业的来说,毕竟家族内部的资金是有限的,这就可能出现发展资金不足的现象,导致企业资本结构的不合理,进而影响企业的长远发展。另一方面,由于股权集中在家族内部不对外部成员开放,难以对企业的高层次人才形成有效的激励。如果家族式企业没有完善的激励机制,就可能使得外部人员感到不公平,无法更好地融入企业,造成出现人才流失的现象。

2. 所有权与经营权未分离

在我国的许多民营企业中,创始人同时掌握所有权与经营权,所有权与经营权尚未分离,这种现象非常普遍。在我国,中小型民营企业数量较多,这些企业规模小,资金需求小,企业的所有者会直接参与企业的管理,这就使得企业的所有权与经营权统一问题的出现。受传统文化的影响,多数企业的创始人会直接参与企业的管理,并且不信任外部人员,这也同样导致所有权与经营权统一问题的出现。在民营企业的发展初期,所有权与经营权统一有利于企业内部稳定,能够促进企业快速成长,这是其优点。但是企业所有者的知识水平及管理水平毕竟有限,久而久之就会出现弊端。企业所有者的能力可能无法适应时代的发展,从而影响企业未来的发展。尤其在经济高速发展、知识与人才极其重要的今天,这一问题是非常严重的,民营企业家需要高度重视这一问题。同时所有权与经营权尚未分离也是造成我国民营企业平均寿命短的重要原因。

3. 创始人产权界定不清

我国的民营企业有很多是由亲戚和朋友共同创立,亲属朋友间的信任、宗法式文化的影响使得许多民营企业在创立之初并没有把产权问题界定清晰。另外,一些通过集体单位支持而建立的民营企业由于自身缺乏独立性,也尚未界定产权。这一现象所导致的问题在企业发展的初期并不明显:企业创办初期,所有人的关注点基本集中在如何提高效益,使企业快速成长上。但是随着企业的不断发展，产权界定不清所导致的问题日益凸显。首先，产权界定不清不利于民营企业转型，阻碍企业的长远发展；其次，到了企业的发展阶段，受利益的影响企业创始人之间容易内部出现产权纷争，这对企业的危害非同小可，而这种现象也是很常见的。

二、微观层面上的必要性

（一）企业经营管理的必要性

随着"大众创业、万众创新"的国家战略的提出，以及2013年我国公司法对注册资本制度的进一步改革，设立公司的门槛大大降低，创业企业如雨后春笋般迅速发展起来。但是初创企业相对缺乏资金、资源及创新人才，管理结构相对简单，创始股东之间往往具有亲戚、朋友等特殊关系，企业创立之初不重视股权结构设计，这样，很多企业就会出现股权结构设计不合理的问题，最终导致创始人失去对企业的控制权，或创始团队之间就公司决策事项不能达成合意而导致公司僵局，最终解散。因此，企业初创期股权结构设计的优劣是关系到企业能否发展壮大的核心问题。

股权结构是企业中不同类型的股东所占的股权比例及其相互关系，同时，股权结构设计也是企业法律风险管理的一个重要环节。股权结构会影响到企业的治理结构和治理模式。而股权设计不合理，则会导致企业股权结构混乱、股东不合、核心人才流失、企业控制权丧失、企业僵局等严重后果，企业发展就会受到阻碍和限制。如何利用合理的股权结构开拓企业高速健康发展的出路，是创业者和企业家重点关注的问题。

1. 股权结构设计规范股东相互之间的权利义务关系

初创企业的创始股东通常包括拥有资金、技术和渠道等几种类型资源的合伙人。这几种资源对企业的发展缺一不可，但是其价值和功能在企业发展的不同阶段不完全等值。因此在股权比例的分配上要分别对不同资源的价值进行评估，从而确定拥有不同资源的股东所占的股权比例。如果不能对资源进行科学的价值评估和计算，股东之间就会因为表决权和话语权以及利益分配的不平等和不平衡而产生分歧和矛盾，从而导致股东会无法做出有效决议而使企业运营陷入僵局。

2. 股权结构设计解决股东和员工之间的利益分配关系

随着科技进步、互联网的兴起，人才成为这个时代最稀缺的资源。企业发展需要人才，每个人才都希望有自己的一片天空、有自己的事业，希望在创造财富的过程中，更好地实现精神追求和自身价值。企业为了吸引和激励人才，股权激励机制应运而生。当今时代已经从雇佣时代进入合伙人时代。股权在股东和企业高管、核心员工之间进行科学合理地分配，才能吸引和留住核心人才，激发员工潜力和创造力，为企业的发展发挥重要作用。

股权结构设计可以调解创始股东和投资人之间的控制权争夺问题

企业扩大经营规模的过程中因有资金需求而进行股权融资时，创始股东需要释放多少股权比例，股权如何定价；企业因不断融资而使股权被逐步分散时，创始股东如何把握企业的控制权等一系列问题，都需要合理的股权结构设计来解决。

（二）企业防范法律风险的必要

股权结构对于企业来说非常重要，它不仅仅是股权比例这样一个简单的概念，还涉及以此为基础的衍生出来的股东权利、股东会、董事会职权及议事规则，它们关系到企业的未来的发展方向和经营规模，决定着公司的生死存亡。股权结构设计的目的，是要解决公司的控制权问题，明确如何分配收益，确保投资人的利益等问题。

在实践中，股权类型大多数可分为三种类型——股权结构均衡型、股权过分集中型和股权平均分散型，这三种因股权结构设计不当产生的法律风险如下：

1. 股权结构均衡型的法律风险

股权结构均衡指的是企业大股东所持有的股份比例完全相同或者相当接近，没有其他小股东或者是其他股东持有股份的比例非常低的一种股权结构状态。

企业如果仅有两名股东，且股权均衡分布，这样看似公平，任何一方都不具有绝对优势，彼此可以相互制约，但其中蕴含着巨大的法律风险。根据我国《公司法》第四十三条规定："股东会会议由股东按照出资比例行使表决权；但是，公司章程另有规定的除外。"在一般情况下，股东会对于一般决议采取的是简单多数原则，即只要拥有超过50%的表决权的股东同意，决议即可通过，但公司章程另有约定的除外。《公司法》第四十四条规定："股东会的议事方式和表决程序，除本法有规定的外，由公司章程规定。股东会会议做出修改公司章程、增加或者减少注册资本的决议，以及公司合并、分立、解散或者变更公司形式的决议，必须经代表三分之二以上表决权的股东通过。"

针对企业的特殊决议，采用的是绝对多数原则，即必须有拥有超过三分之二表决权的股东同意才能通过。均衡型股权结构下，最容易导致企业僵局的出现——股东之间，一方难以说服另一方，导致企业无法做出决策，进而影响企业的经营和发展。

2. 股权过分集中型的法律风险

在企业创业初期时，作为企业的领导者和决策者，绝对控股大股东的个人素质和智慧对于企业发展起着至关重要的作用。拥有极高素养的领导者（大股东）往往可以在复杂的市场中迅速判断，及时应对所面临的各种变化。但当企业发展到一定规模后，若股权仍旧过分集中在某个绝对控股的大股东身上，这种股权结构的模式弊端就逐渐显露出来：

第一，决策失误的风险。股权过分集中在某个股东身上，那么该控股股东会独享企业的决策权，完全控制企业的发展走向。面对纷繁复杂、变化莫测的市场，仅凭个人的才能去做决断，必然会出现判断不准、决策失误的情况。由于缺少必要的约束和制衡，这种股东在对于企业具有重大影响的事项上出现失误的情况，往往会给企业造成毁灭性的打击，使其他投资者遭受损失。

第二，治理机制失灵。企业被大股东常年把持，其他参股股东没有话语权，也就失去了参与企业经营管理的积极性。如果董事会、监事会中的大多数董事、监事都由大股东指定或者提名为控股股东的代言人，那么就导致股东会、董事会、监事会形同虚设，使企业的治理机制失灵。

第三，大股东的行为无人约束。治理机制的失灵，使得大股东的行为不受制约，可以凭借自己的意愿去支配、控制公司。如果大股东不能自我约束，违背义务，滥用其控股股东地位，就会造成企业行为与股东个人行为混同，损害企业和其他小股东的利益。

3. 股权平均分散型的风险

企业股东人数众多，而各个股东的持股比例又很小，股权平均且较为分散，同样会给投资者带来一定的风险，体现在以下几个方面：

（1）企业由经理层掌控。由于股东人数众多且持股比例小，在企业中获得利益有限，以及股东"搭便车"心理的存在，导致股东对于参与企业经营管理的积极性不高，企业的实际经营管理及决策完全通过职业经理人或者企业的管理层进行。这样股东就会缺乏对企业日常经营的监督，管理层一旦违背对企业和股东的忠实勤勉义务就会出现企业危机，可能致使企业和其他投资者利益受损。

（2）股东会难以形成有效决策。公司没有控股股东，每个小股东都想将自己的想法贯彻到企业的日常经营管理中，造成了"谁都有权提议但谁的提议都无法奏效"的情况。小股东之间彼此制约、相互对抗，就会导致股东会无法形成有效决议、难以决策的尴尬局面。

因此，企业在进行股权设计时，应及时向专业的法律机构进行咨询，或者借助机构的专业力量对股权进行设计规划，以降低股权设计引发的法律风险。

（三）发展层面的必要性

股权结构设计是一个动态的过程，但是"动态"并不是一个对存量股权进行再分配的过程，而是一个长期规划、对增量股权进行分配的过程。

公司的不同产业特点、不同发展阶段都将产生对于不同生产要素、不同股东资源的新追求和新要求，因此也必须根据该特点，制定相应的股权结构设计方案。

关于动态股权的概念，很多培训机构的理论逻辑都是来源于美国人Mike Moyer的著作《切蛋糕——创业公司如何确立动态股权分配机制》，书中提到了创业公司的动态股权机制，并第一次提出了股权的动态调整或者动态平衡的概念。虽然该书所构建的法律基础和商业文化基础并不适合中国，我们不能拿来直接使用，但是其中所阐述的股权动态调整和平衡的理论是正确的。

我们认为股权中的"动态调整"是基于两个理由：一是每个公司在不同的发展阶段需要有不同类型的股东，这是由于它的内部机体、组织成长所带来的需求；二是"动态"不是对现有股权的再分配，而是对未来股权分配的机制、条件、理由的再确定。

因此，股权结构设计具体如何确定需要在实践中认真商榷，而且需要清醒地认识到它是一个动态的过程，而不是人们所看到的表面逻辑。其实把现有股东的利益进行再分配也是非常困难的，不管签了多少附条件转让、附条件增资或其他的一些协议，到履行阶段都要进行再分配和再调整，而且很大可能会带来非常复杂的诉讼问题。

所以，企业家在想到股权结构设计时首先一定要确定这个设计并不是一劳永逸的，而是在企业发展过程中，随着各种内部与外部条件和环境的改变而进行不断调整的动态过程。比如一些大股东经常会非常纠结一个问题：某个股东对企业无法产生效用该怎么办？当年这位股东一起合作的时候肯定都是有用的，但商业逻辑或者说商业文明就是这么残酷，有一部分股东走到一定阶段的时候，对整个组织的贡献会急剧下降，并且会下降到必须要想办法进行调整的地步。那如何来调整？当然不能直接在当前进行再分配，而是要根据公司的战略发展目标为导向，同时以发展阶段的时间轴为周期，基于帮助企业实现资源的高效配置和有效使用的原则，来对原有的结构进行必要合理的调整，这就是一个动态的过程。

企业家在对股权结构动态的调整中，要注意两个关键词：

第一，战略发展目标。企业战略目标一经确定，就应该贯穿在一个特定的时间段以内。企业战略目标通常是长期的，它是企业发展的方向指引和路径导航，企业核心层一定要把它梳理出来，最终形成一个有效的目标，同时应保证股权结构与战略目标相匹配。

第二，发展阶段的时间轴。没有任何人可以预测未来，所以企业家必须每过三到五年就审视一下企业的发展目标以及股权结构，进行重新调整和重新规划。伴随企业发展，相应地我们需要持续地做股权结构设计，绝对不存在一套可以永久使用的方案。因为时代在变化，企业也必须要与时俱进，所以我们要制定出符合现实的发展决策。

三、公司治理的必要性

（一）股权结构与公司治理的关系

股权结构与公司治理的关系极为密切，公司治理制度作为一个公司在法律上、制度上、文化上的一系列安排，必须以股权结构为基础。股权结构是公司治理结构的重要组成部分，它决定公司治理结构的模式。股权结构的调整是公司治理行为的重要方面，且二者的主要目的都在于实现公司的有效治理和股东利益的最大化。公司治理机制主要包含内部治理机制和外部治理机制。股权结构正是通过影响这两部分治理机制，从而影响公司治理的效果。这些治理机制主要包括公司的收购兼并机制、代理权争夺机制、经营激励机制以及监督管理机制。股权结构对公司治理效率的影响在我国上市公司体现得尤为明显。

1. 股权结构与公司并购机制

企业并购（Mergers and Acquisitions，M&A）包括兼并和收购两层含义。国际上习惯将兼并和收购合在一起使用，统称为M&A，在我国称为并购。即企业之间的兼并与收购行为，是企业法人在平等自愿、等价有偿基础上，以一定的经济方式取得他人产权的行为，是企业进行资本运作和经营的一种主要形式。企业并购主要包括公司合并、资产收购、股权收购三种形式。并购的实质是在企业控制权运动过程中，各权利主体依据企业产权做出的制度安排而进行的一种权利让渡行为。并购活动是在一定的财产权利制度和企业制度条件下进行的，在并购过程中，某一或某一部分权利主体通过出让所拥有的对企业的控制权而获得相应的受益，另一个部分权利主体则通过付出一定代价而获取这部分控制权。企业并购的过程实质上是企业权利主体不断变换的过程。

公司并购是一种非常关键的公司治理机制，一般情况下，拥有绝对控股股东的公司在公司被并购的可能性很小，即使收购成功，收购方也需要支付巨额的收购金。股权高度分散的公司有利于收购的发生，此时对收购方极为有利，并购这一公司治理机制更能发挥积极的作用。当公司拥有几个大股东时，收购又明显会复杂很多，如果收购方不是公司股东之一，则大股东一般条件下会阻止并购的发生。但若收购者是公司大股东之一，则成功收购的可能性很大。

2. 股权结构与代理权争夺机制

代理权争夺是指由公司的不同股东组成的不同利益集团,通过争夺股票委托表决权即投票权以获得对董事会的控制权,从而达到更换公司管理者或改变公司战略目的的行为,是持有异议的股东(往往是有影响力的大股东)与公司管理层或现公司实际控制者之间争夺公司控制权的一种方式。这一机制与公司并购共同构成公司的外部治理机制。

在公司存在绝对控股的大股东时,该股东所指派的管理者一般与其他竞争者竞争时不会失利,除非控股股东不再相信此代理人,所以在有绝对控股股东的公司里管理者经常更换的可能性非常小。股权高度分散的公司,所有权和经营权已经高度分离,董事等管理者在公司经营管理过程中的作用更为突出,因此他们的想法和行为容易影响到很少参加公司事务的小股东,这些小股东由于"搭便车"的原因很难去推翻现有的管理层,所以在股权高度分散的公司,更换管理层的频率很小。股权较为集中,且集中在几个股东手中的公司,在管理层经营公司不佳时,大股东们为了自身的利益,会更有动力去关注管理层的经营行为,甚至这些股东还可以去争取获得其他小股东的支持,来增加自己提出代理人选的竞争力。

3. 股权结构与经营激励机制

存在股东绝对控股的公司,能够更好地制定和实施经营激励的治理机制,美国学者侯得尼斯和什翰(Holderness,Sheehan)对美国股票交易所的相关数据进行分析,发现在有绝对控股股东的公司,90%以上都由控股股东派出自己的直接代表或自己本人担任首席执行官和董事长。控股股东的直接代表或自己本人,他们的利益与股东的利益一致度特别高,这样就可以在一定程度上避免将现金流量投向净现值为负的项目中。对于股权极度分散的公司来说,经营者的利益与股东的利益很难一致,单纯的年薪制和股票期权对经营者的激励作用相当有限,为了防止经营者出于私利进行不当的管理行为以及促使他们更好地完成管理义务,公司的经营机制显得尤为重要。在有相对控股股东的公司,公司的经营激励变得复杂起来,由于相对控股股东拥有一定的股权,所以公司存在一定动机,给予股权的激励来提高公司的运营效益。但又由于该股权比例不是很大,公司如果出现损失的情况,其持有者所承担的比例也不是很大。如果某个经营行为对控股股东个人而言会带来收获，对公司而言会带来损失，从而其代理人很有可能从事能侵占公司财产、提高自己利益的高风险的经营活动。

4. 股权结构与监督机制

对公司管理经营者的监督机制，是公司发展的重要保障。法律或者政策规定了一定的方式，如：《中华人民共和国公司法》就对公司监事会的设立、职权、会议进行了比较明确的规定。监事会制度是公司监督机制中不可或缺的制度，但股东由于受到自身利益的驱使，来自股东的监管更加有力和有效，而对股东监管影响最大的就是股权结构。

在有绝对控股股东的公司里，如果参与公司经营管理的不是控股股东，而是聘请的管理者，那么控股股东对其进行监督是必然，这种监督在通常情况下是有效的。如果经营者出现经营不善等使公司绩效下降或是有损控股股东利益的情况，控股股东就会以其大比例的表决权直接罢免此管理者，但在这样的情况下，小股东的监督力就显得十分薄弱。在股权相对分散的公司，对管理者的监督是一个非常重要的问题。由于公司治理是需要付出成本的，这就使得各个分散的股东很难有动力去行使自己的监督权，并且按照我国法律的规定，对公司的管理行为请求诉讼支持也需要满足一定比例的股权份额，这就使得在股权分散的公司，小股东很难去行使他们的监督权。在有相对控股股东的公司，股东在一定的程度上能更有效地行使监督权，倘若公司的管理者是相对控股股东的代表，那么其他股东就有了参与监督的动力，不会有对相对控股股东"搭便车"的行为，即使公司治理需要一定的成本，但是行使了监督权后的收益远远超过了其行使监督权的成本。另外，世界上大部分国家都支持大股东对经营者的诉讼请求，这样大股东在公司治理过程中行使监督权就显得非常有优势。

综上所述，风险成本和治理成本与股权集中度的关系大致可以表现如图1-3：

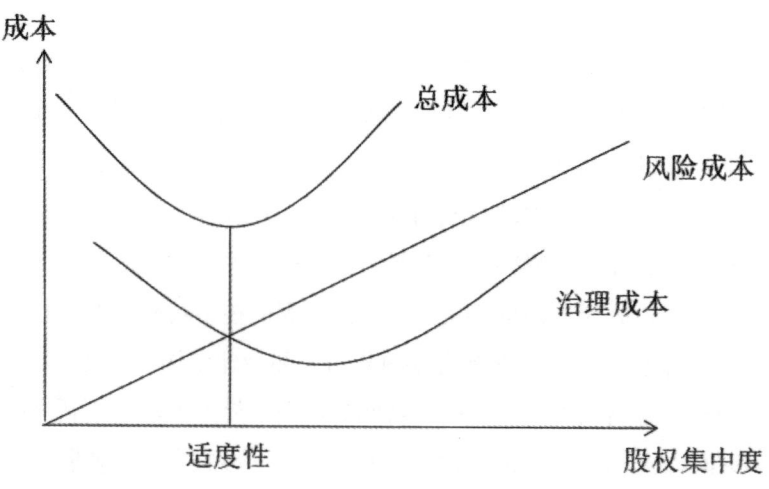

图 1-3　成本与股权集中度的关系

由上图可以得出，公司治理的风险成本与股权集中度是呈正相关的，股权集中度越高，风险成本越大；而治理成本与股权集中度的关系需要分情况说明，在一定的区间内，股权集中度与治理成本呈负相关，股权越集中，治理成本越低，在一定的区间内，股权集中度与治理成本呈正相关，股权集中度越高，治理成本越高。由于治理成本有很大的不确定性，所以总成本不是一个确定值，而一般是位于一定区间的值域，因此，适度股权结构也是一个区域值。

（二）最优的公司治理结构标准

公司是存在于国家这个大环境中的，因此公司的治理结构必定受国家历史文化、经济意识、法律框架的影响。所以在这个世界上不可能存在一个统一的公司治理模式，也不会有一个统一的公司治理标准，但即便这样，根据上述对股权结构和公司治理关系的分析，在个性受大环境影响甚至决定的情况下，公司治理也存在一定的共性，许多学者也提出了自己的观点。

张维迎认为，最优公司治理结构应当是一种状态依存控制权的结构，即控制权应该与自然状态有关，企业在不同状态下应该由不同的利益要求者控制。当企业效益良好时，外部人员应该少干预经营者的管理行为，当企业业绩下降时，外部人员应该加强对企业的干预作为对经营者的惩罚。在一般情况下，当企业成绩优良时，股东应当对企业拥有控制权，当企业艰难时，债权人应当拥有企业的控制权,因为在干预企业方面股东比债权人显得较被动。①

林毅夫等人认为,从现代西方发达国家的公司治理模式,以及具体的对于控制权的监督机制比较来看,任何一种现有的公司内部治理模式都不能无条件地应用于所有的公司经营环境中,也没有一种包医百病的监督机制可以单独起作用。一般来说,公司内部治理结构的方式,随着一个国家技术条件、规模经济和法律框架的差别而异,也有路径相依的由来关系。既然不同的国家具有不同的文化背景,处于不同的经济发展阶段,因而在市场机制发育程度上、资金水平上存在差别,则各自具有适宜的公司内部治理结构。因此,公司内部治理模式和具体的监督机制是多样的、特殊的,而且处于不断的创新之中。但竞争的市场环境却是可以确定的,永远是两权分离下形成有效企业制度的前提条件。②

吴敬琏则认为,各国公司制度既有共同的规范,又因各国市场经济模式不同而具有自己的特点,这主要表现在各有特色的公司治理结构上。而一个好的公司治理结构需要具备以下的性质:第一,所有权与控制权在业主与经理人员之间适度分离,以便经理人员有充分的自主权以实现有效率的管理;第二,经理人员应当充分了解股东、职工和社会公众对企业的期望,并有充分的动力去努力实现这种期望;第三,公司的股东,特别是大股东应当掌握关于公司运作的充分信息,以便判断他们的愿望是否得到了实现,同时握有充分的权力和手段,能在经理人员未能实现自己的愿望时采取果断行动进行干预。③

综合上述学者观点,以下将从几个方面分析公司治理机制的标准:

第一,控制权比例要与风险承担比例最大限度相适应。剩余索取权是财产权中的一项重要权利,它是对剩余劳动力的要求权;剩余控制权就是对纯利润的控制权,如使用、支配、处置等权利。拥有剩余索取权必须要承担一定比例的风险后才能掌握一定的控制权。反之亦然,若是拥有了一定控制权,在公司经营管理过程中,也应该承担一定的风险。使控制权的拥有者承担与之相适应的风险,可以最大程度地避免对公司经营管理有控制权的人做出不称职的行

---

① 张维迎,《企业理论与中国企业改革》,北京大学出版社,1999年出版。
② 林毅夫,《充分信息与国有企业改革》,上海人民出版社,1997年出版。
③ 吴敬琏,《现代公司与企业改革》,天津人民出版社,1994年出版。

为，所以说控制权与风险承担比例不可能完全一致，但在设计公司治理时应当使二者最大限度互相适应。

第二，管理效益应直接影响管理者的收入。为了提高公司的效益，尤其是为了提高公司的长期发展能力，经营者的薪酬应该与公司的效益紧紧联系在一起，最好的办法就是实行股权激励，让经营者持有一定的股份，成为公司的股东，使经营者的利益与股东的利益保持一致。

第三，董事会应当拥有任免和监督经理的权力。董事会是一个公司最终的受益者和风险承担者，他们在任免和监督经理的事情上相对有动力、有责任，不会是顺其自然的态度，这样有利于任命好的经营者，免去不好的经营者，并因为自身的利益，也会对经理的经营行为起到良好的监督作用。

第四，股权应适当地集中在部分股东手中。这不仅是防止小股东有"搭便车"行为的有效途径，同时也可以保护小股东的权益。控制权集中在部分的股东手上比控制权分散在很多股东上更有利于股东采取一致的管理经营公司的行为。

（三）合理股权结构的特征

许多经济学家通过对股权结构以及它与公司治理二者之间关系的理论研究，以及通过对企业市场的实证调研，认为一个能够更好地成为公司治理基础的股权结构应当具有以下特点：

1. 股权主体的多元化

股权主体的多元化，即公司的股权为多个投资者。股权主体的多元化不仅能够扩大融资主体，增加融资来源，还有利于公司主体与股东之间的真正分离，并且股权主体适当的多元化能够适当地保护小股东的利益，避免他们成为形式上的股东，防止绝对控股股东独自垄断公司的控制权，但是股权分布亦不宜太分散，正如在阐述公司治理机制的标准里所说公司的控制权太分散将不利于对公司的经营管理行为做出一致行为。

2. 股权主体的行为能力与股权权能相对称

产权经济学家认为股权产权是一种行为性关系，产权主体通过这一行为实现产权权能，从而实现相关利益，才能实现现实的产权。然而一行为的做出，必须有相应的行为主体的存在，并且行为的效能如何取决于行为主体行为能力的强弱，为了实现公平和效率价值，股权权能应当与股权主体的行为能力相对称，这是合理的股权结构最基本的要素。

3. 促进股权的合理流动

通过股权的合理流动，可以增强市场活力，实现资源的优化配置，使生产要素在全社会范围内的优化组合。现存股东还可以通过"用脚投票"的方式将股票买进卖出，实现投资收益的最大化。然而，股权的流动不能太频繁，这样不利于对公司经营者的监督和约束，容易导致经营者的短期化行为。

4. 股权利益与承担风险的对等性

《中华人民共和国公司法》第三条第二款规定："有限责任公司的股东以其认缴的出资额为限对公司承担责任；股份有限公司的股东以其认购的股份为限对公司承担责任。"第三十四条规定："股东按照实缴的出资比例分取红利；公司新增资本时，股东有权优先按照实缴的出资比例认缴出资。但是，全体股东约定不按照出资比例分取红利或者不按照出资比例优先认缴出资的除外。"可以看出，一般情况下股东都是按照出资比例或者所持股份分取红利，但有限责任公司可以在全体股东约定的情况下不按照出资比例分取红利，股份公司却无此规定，并且在承担风险方面，除了在公司法总则的第三条规定外，再无规定。所以可以得出结论：有限责任公司全体股东可以约定不按照出资额分取红利，股份公司不可以；但两种类型的公司均不可以约定股东不按照出资比例来承担风险。股份制制度的公司的一个创新点就是同股同权、同股同利，这样每个股东的收益和承担风险的比例都与其持有的股份直接挂钩，持有的股份越多，所获取的利益越大，同时承担的风险也就越大。股东之间不能侵犯别人的利益，同时股东也不能将自己的风险转移给他人。

第三节　实践案例分析

马云持股 6.4% 却能掌控阿里巴巴，任正非持股 1.3% 却能手握大权，蔡达标持"真功夫"的 50% 股份却最终当银铛入狱。认识股权是企业家进行企业经营管理的第一堂课，如果你想成为一名优秀的企业家，却不知如何使用股权，那么这种缺陷会给企业日后的经营埋下严重隐患，甚至一开始就注定是悲惨的结局。

当我经过十多年的律师法律服务实践之后，再回头借助被邀约这本书的契机来总结为客户提供"股权结构设计"服务过程中所形成的知识、经验和体系时，首先让我想到的，不是法律、经验、文书等理论层面的知识，而是一个真实发生的案例。这个鲜活的案例非常具有价值，因为它基本上反映了中国传统民营企业成长的过程，同时也记录了企业成长过程中股东结构的形成、调整、困惑、纠结与矛盾发生的典型波折。

在案例讲述的过程中，我们将会提出16条具有普遍性的问题，希望读者可以一边阅读，一边来思考自己的答案。然后带着这些问题和对照着你自己的答案，进入到后面的整体阅读过程中，来形成自己的观点和思考体系。这样形成的结论和累积的知识，才能够真正帮助大家彻底了解"股权结构设计"。

在这里，必须强调的是，请大家从来不要认为在股权结构设计方面，存在着某种"灵丹妙药"，因为世界上没有任何人可以在这个问题上给出一个确定的答案或"万能公式"。如果出现自称有一套能解决所有公司"股权结构设计"问题的"万能公式"的人，那么可以百分之百地确定这是一个骗子。

在这本书里并不是要给大家一个确定的答案，而是要给出一套思考体系。希望这套思考体系和操作指导，最终能够为每个企业家在搭建自己的"股权结构体系"过程中，起到关键性的作用。

一、案例回顾：一个鲜活真实的故事

这个案例的具体情况如下：

【案例1】

张勇和李强（为保护客户隐私，本书所有案例中所涉及的企业名称和人物姓名均为化名，下同）不仅仅是生活中的好朋友，而且是在一家食品类企业共事多年的同事。两人不仅私交甚笃，在工作上也是非常互补的一对好搭档。张勇年纪稍长，在企业主要负责生产管理；李强则年轻肯干，主要负责销售与外联。

两人曾在一家企业打工多年，张勇对于小食品生产已经有丰富的管理经验，李强对产品在市场上的销售也是驾轻就熟。同时，两人还是企业老板的左膀右臂。这位老板多年来一直许诺进行股权激励，但是并未付诸任何实践。企业中的许多人对此十分失望，久而久之，甚至对公司的前景也慢慢地失去了兴趣。

因为当时公司与公司之间的同业竞业限制方面的意识不是很强，于是张勇和李强在商量后决定另起炉灶，两个人辞去目前的工作，合伙进行创业，当然企业也是生产同类小食品产品的方向。考虑再三后，他们几乎同时辞职离开了原企业。

辞职之后两人立刻另起炉灶。他们发挥各自的长处，张勇负责生产管理，李强负责销售运营，每个人出资100万，着手创立共同的公司。合作之初，对于股权问题，双方都觉得一人一半是公平合理的。张勇年长一些，对于公司管理考虑得更深一些，就对李强说："我们兄弟俩的股权比例，如果50%对50%，到时可能还会出现很多问题。既然我年长一点，管理生产和运营，并且作为公司的法人代表承担着相应的责任。我看我还是多拿一个点，你少拿一个点，也就是我51%，你49%。但是在分红上，我们严格按照50%比50%，我不会多占你一点便宜。"李强并没有多想，只觉得可以接受这个方案，于是双方很快出资到位设立了公司，公司也迅速地进入了正常运营中。

问题与思考一：

张勇和李强离开原公司去创业，对于原老板而言需要思考的是什么？

张勇和李强能够迅速达成共识，开创公司是因为什么？

张勇和李强在确定最初的股权比例时，所思考的逻辑你认可吗？认可或不认可的理由是什么？

如果你是张勇或李强，你会提出什么样的分配方式和逻辑？

他们所创建公司的股东结构是合理的吗？如果是你来搭建这个合伙人队伍，你会希望组成什么样的股东结构呢？

公司前两年的业绩增长得非常快，企业的销售额很快达到了3000万元。因两位股东配合默契、分工明确，公司发展也非常迅速。但是到了第三年，公司的发展似乎遇到了瓶颈。主要问题一是产品品种过于单一，二是产品在市场上不占据任何价格优势。于是他们经常到沿海地区很多同行业厂家参观学习，并向一些专家请教。通过一次偶然的机会，他们发现了一位从事该行多年后退休的专家王工，所以就请这位专家专程到公司来参观指导。

两位股东带着王工走遍了整个厂区，并简单介绍了公司的情况。参观完整个生产线后，王工沉吟了一会，自信地说："我估计你们的产品每箱成本要比别人多2～3元。"当时张勇和李强十分诧异：他是怎么得出这个结论的？

王工看着两人满脸的疑惑，笑而不语。三个人又回到生产线后，王工才逐一指出了公司在生产过程中的问题。诸如这里的工艺不合理，这里的设备型号选择有问题，导致你们有多少产品成本浪费；某个环节的流程设置导致整个流程上需要多加一位员工，这会造成了多少的成本浪费等。听了王工的指导，两位股东可以说是茅塞顿开。两人初步估算，仅仅是帮助公司进行工艺升级和流程优化，就可以使公司每箱小食品节省生产成本近3元，更遑论王工带来的一系列的新产品配方，这也能够帮助公司更上一个台阶。这让两人萌生了要邀请王工加入团队的想法。

于是公司向王工提出了人才引进条件，给予王工20万元的年薪和10%干股，干股部分由张勇和李强各拿出5%。王工也欣然同意，正式加入了公司团队。很快三方完成了工商变更手续，公司股权结构变为张勇46%、李强44%、王工10%。果然，引进了新的人才之后，公司迅速突破了企业发展的瓶颈，很快达到了业务量翻番的目标，当年的销售额就突破了5000万元。

问题与思考一：

1. 公司引进新股东的思考逻辑是什么？是否正确？
2. 公司引进新股东后，股东结构是优化了还是出现了问题？
3. 公司引进新股东，开出的条件和方案你认为合理吗？理由分别是什么？
4. 如果你来给予新股东股权，你会选择给予多少？给予的方式和理由？

恰在此时，这家公司考虑新三板挂牌从而进入资本市场，并且经人介绍与我取得了联系。当和我讲述了公司的发展史和现状后，我笑言他们公司就是典型的"三国杀结构"[①]。

这家公司目前形成的这种结构，其主要特征就是有少量的股东人数，但是

[①] 何谓"三国杀结构"就是股东之间的股权结构相互制衡，形成了任意两位股东结合，即可让第三位股东地位尴尬或失去主要话语权的结构。

股权相对分散，而且形成了两个以上股权相对平均的"核心股东"。实质上就出现了"多头核心"的情况，进而导致其他小股东或者被分裂裹胁，或者使小股东成为"关键一票"，而出现事实上的权力失衡。显而易见，这种"三国杀结构"的隐患非常大。

于是我委婉地向张勇提出了一个观点："你们公司的股权结构存在问题，建议你们及早调整！"当时张勇十分不解："我们公司的股权结构怎么可能有问题呢？我们的过程都是自愿的，大家也都没有异议，如果现在和股东说要重新调整，大家不会反而出矛盾吗？"

我耐心地为张勇做了分析：公司现有的结构就是我经常提到并一直希望企业规避的"三国杀结构"。两位主要股东在重大决策上一旦出现意见分歧，这位持股10%小股东的意见便会成为最终的决策选择，从而会成为关键一票，这也就埋下了两个大股东之间纠纷和争议的隐患。至于如何调整，我认为都还是技术上可以解决的问题，首先是你们要认识到这个问题的客观存在。

张勇对此不以为然："袁律师，王工是一个好人，他不会像你这样想的。"言下之意，是我对人性的"恶"考虑得太过分。

真的是这样吗？多年的从业经验使我深深地认识到，合理的股权架构设计虽然不能完全避免各种问题和漏洞，但可以尽可能地保护股东之间的合理利益并让公司长治久安、长期发展。股权设计的根本出发点是避免人性的各种阴暗面和弱点给企业和事业带来伤害，通过提前设计股权，我们就可以从分配制度层面来避免"朋友式合伙，仇人式散伙"。

问题与思考二：

1. 对于该公司"三国杀"股权结构的出现，是必然还是偶然？

2. 如果你是其中某一个股东，你的思考过程也会让股权结构最终出现"三国杀"的结构吗？

3. 如果在一个已经形成的"三国杀结构"里，进行重新设计和调整，你认为比较好的方式是什么？

4. 如果进行调整，你认为导致股东纠纷的最大顾虑是什么？引发新的分配争议？或者是其他方面？

然而一年后，我所预言的情况还是不可避免地发生了。起因就是，对于大部分工业企业来说，企业家都有一种特别的情怀，即发展到一定的阶段之后都会想征用土地建厂房。当时他们的公司有两个选择方案，第一个方案是：选中的地段距离市区比较近，而且未来旁边会有已规划好的城市地铁经过，潜在升值空间比较大。但该地的价格比较高，如果要进行购买，可能还要借一部分高利贷才能实现。第二个方案是：选中的地段相对距离市区比较远，也比较偏僻，地价也相对要低很多，公司不需要承担过大的资金压力就可以实现。

当这两个方案选择出现的时候，两位大股东之间便产生了不同的意见。张勇年纪稍长，也更为稳重一些，他的意见是："实体经济发展不容易，现金为王，如果背负太大的资金成本压力，那么一旦发展过程中碰到问题，高利贷会压垮企业，所以应该选择第二种方案。"

李强的观点则恰恰相反："现在实体经济举步维艰，但是房地产潜力是很大的，我们现在买下距离城铁比较近的地段，虽然会背负高利贷压力，但是只要咬牙挺上两年，一旦城铁开通，土地增值会非常明显。到那时这块土地无论是开发、租赁还是出售，收益会高出许多，甚至远超出我们生产小食品的利润空间。所谓'搏一搏，单车变摩托'，现在就是赌一把的时候，所以应该选择第一种方案。"

其实这两个方案的性价比是相同的，第一种方案收益大，伴随着风险也很大；第二种方案收益小，但是风险也随之减小。面对着两个方案的取舍，如何抉择，两位大股东之间谁也说服不了谁。而此时双方都发现，作为10%小股东的王工的意见，如我之前所言，变成了关键一票！

而王工也确实如张勇所说"是个好人"，面对两个大股东的"轮番轰炸"，作为一位非常单纯的技术型人才，他根本不想掺和到这种大股东之间的"意见冲突"之中。于是王工做了一个很简单又很幼稚的决定：他直接以身体健康为由请假回了老家，同时也不再参加公司的股东会，处于实际上的离职状态。

公司内部两大股东在这个发展机会选择问题上的争论日渐激烈，逐渐走向失控。他们从单纯的意见相左，慢慢过渡到了互相攻击。由于内部不和，公司业务开始走下坡路。最终两人走到了分道扬镳的地步，企业也随之逐渐萧条，面临破产。

问题与思考四：

1. 面对最终形成的公司僵局，你认为最大的失误是什么？

2. 如果要解决这种公司僵局，你更倾向于通过事前设计、事中协商和事后弥补三种方式中哪一种来进行处理？

3. 如果在这个故事中，你是持有10%股权的小股东，你会如何处理？

在这个极具代表性的案例中，有很多值得我们反思的问题。但有两个方面是显而易见的：一是最坚固的堡垒总是从内部攻破的，二是股权架构不合理是创业失败的主要原因。股东之间存在一些意见不合的现象是正常的，但是如果没有通过、也无法通过合理途径解决，从而形成长期矛盾和裂痕，处于仇视对立、博弈状态，那将会动摇公司的根基，使合伙人之间缺乏最基本的信任。而股东之间无法形成有效的统一决议，会影响公司正常决策和日常运营，使公司业务陷于停滞状态，最终将造成无法估量的损失。

二、案例反思：为什么合理的思考≠合理的结构

上面这个案例是我们所处理的众多股权结构案例中，一个非常典型的真实案例，它几乎反映了许多中国民营企业从创业初期、发展阶段到遇到危机的全过程。而在这个过程中，不合理的股权结构从一开始就埋下了隐患。但最为致命的是，如果我们再回顾这个公司发展的整个过程，它的股权结构的形成、调整似乎都是"理性的选择""合理思考的结果"，那为什么会导致这样的结果呢？

其实【案例1】希望让大家提高警惕的是：很多企业家，包括帮助进行设计咨询的律师和咨询专家都有一个错觉，就是都认为只要找到大家都认可的那种"合理"的股权结构方法，将来就一定能得到"合理的结果"。但事实上，我们从上面这个案例中看出，很多看似"合乎逻辑"的想法，到最后带来的却不全是合理的结果。

在这个案例中大家可以汲取的经验教训有很多，其中最需要引起注意的一个问题，就是不要去犯"公式化"的错误！

在公司进行"股权结构设计"的时候，有很多培训机构或咨询师会在进行股权结构设计的时候向企业老板们宣传一种错误的思想，即存在一种能够"简

单、直接和公式化"的体系，该体系能够帮助企业家根据一些成型的数理计算公式定量，进而导出结果。这种"公式化体系"带给我们的错觉是只要将一些核心要素、变量代入公式，就能获得一个比较明确的股权结构体系结论。当然，大多数客户也会希望"专家"能够给他们一套能够适用于所有的公司和项目的"万能公式"，不论什么人，似乎只要按照这个公式进行计算，就能得到一个貌似"合理"的结构模型。但是这样的思想本身就违反了事物发展的客观规律，正如谚语所说的"世界上没有两片完全一样的树叶"，我们也不可能"同时踏入同一条河流"。"存在一个能够将股权结构设计公式化的逻辑"无异于否定了每个公司发展的特异性，而恰恰是每个公司发展过程中的特异性，在很多方面就已经决定了自己发展的速度和成败。漠视这种特异性，企图给不同的公司都应用一套"万能公式"，这本身就是荒谬和反逻辑的。因此我们首先必须树立的思想就是：不存在万能公式型的股权结构设计理论。

但为什么很多人都愿意组织这样的一套公式化的"体系"去贩卖给企业家呢？这是人的思维惰性决定的。绝大多数人都希望能够存在着一种简单直接的方式和方法，能够让他们尽量地减少思考的负担，以一种近乎于"傻瓜式"的方法得到结果。人的天性决定了思考本身就是一种负担和折磨。同时，我们又认为一切表象的背后一定存在着某种类似数理逻辑的定性脉络，只要找到这个脉络，就能简单直接地推导出我们所需要的结果。

大家都认为股权结构设计是一种高层次的"顶层设计体系"，那么拿政治作比喻，世界上会不会存在着完全一样的"顶层设计体系"的国家呢？即使某个国家完全复制某个大家认为极其先进国家的"顶层设计体系"，是不是就意味着一定会成功了呢？历史和现实都告诉我们这样的想法显然是荒谬的。比如非洲小国利比里亚——一个号称从经济体系到政治制度，都完全照搬美国做法的国家。抛去意识形态不谈，利比里亚也是一个具有丰富的自然资源的国家。这样先天和后天条件都十分"发达的"国家，本应该跃入发达国家的行列，但事实上，这样进行制度的全盘照搬却并没有让它成为"第二个美国"，相反，它作为一个农业国家，连自己的粮食都不能自给。并且根据联合国的统计数据，利比里亚是世界上最贫穷的国家之一。回顾中国自己的发展历史，我们曾经也抱着模仿和学习的态度，学习过日本、西方、苏联等不同国家的制度及体系。

但事实证明，有中国特色的社会主义道路，才是真正符合中国历史、文化和发展现状的不二选择。

在公司层面上，有很多企业家都热衷于学习华为、腾讯、索尼等著名的企业。但最终华为仍然自成一格，腾讯及索尼也仍旧独一无二。许多盲目照搬照抄的企业，非但没有学到这些先进企业管理思想中的精华，反而忽略了自己的特异性，最终落了个邯郸学步的境地。所以在企业"顶层设计"的制度体系建设上，不存在能够完全照搬或复制的方案和万能公式。

总之，在股权结构设计时，一定要充分地认识到，不论是别人成功的经验，还是自认为内部结构合理的思考，这些都并不一定能得出自己所需要的股权结构。

那么，考虑股权结构应该要注意什么呢？

三、问题总结：考虑股权结构应该避免的问题

从我自己通过长期实践而得出的理论体系而言，股权结构设计在更多意义上讲应该是一个思考公司顶层架构的"思维模型"和"思考体系"。设计者更多考虑的应该是通过这个完整的理论体系和思考模型，结合企业自己的行业、发展阶段、公司特点、自身目标，建设一套合适于自身发展要求的股权结构体系。

那么为什么在【案例1】中，张勇和李强的很多选择虽然看上去都是非常"理性"的，但是最终的结果却不尽如人意呢？在进行深度分析和思考之前，有以下关于"股权结构设计"几个方面的误区需要大家提前了解，尽量避免。

（一）过于轻视或简化股权结构设计

这一问题通常存在于那些已经取得了不错的发展业绩或者传统产业从业多年的企业家身上。这些企业家在发展和壮大自身产业的过程中，一般都会认为股权并不是企业发展过程中一个非常重要的因素。形成这种思维的原因归根结底是这些企业家将大部分合伙人仅仅视为劳动者，很难从心理和情感上接受外部合伙人转变为共同发展的股东；或者即使愿意以股权作为联结手段，但从心态而言，并未深刻地理解和接受将合作者视为平等股东的对待方式。出现这种心态，除了一部分是创始人个人性格和价值观决定以外，有相当大的原因是

影响上一代企业家成长的时代发展的浪潮、个人的选择、自身创业的勇气以及偶然性的运气等因素。

我们可以看到，改革开放后的第一代企业家很多是通过单打独斗或者家族合作模式成长起来的。因此对于股权，他们并不感觉有特别大的维系内部关系和激励成员的作用，心理上会走向一个极端，即对于股权看得非常私人化，很难下决心在自己的股权结构里中途引进外部的合伙人。同时，他们对于风险投资、资本市场等的认识也不是非常深刻，或避之如猛虎，或视之为秘境。在这样对新的历史发展时代和新的资本市场没有一个健康的心态的前提下，他们也就不会考虑如何应用股权这个工具来连接人员、资本和市场，让自己的企业发展和团队稳定更上一个台阶。这种心态会给企业带来无法迅速发展的后果。因为，随着目前社会分工的越来越细化，企业的外部和内部环境越来越趋于"多维度"，各个维度的宽度和广度大大提高，企业家受制于自己的知识、能力、圈层和视野，已很难做到自己包揽一切。并且他们也会慢慢发现自己很难适应更为复杂的竞争环境和越来越高的内部管理要求。所以很多企业家会有一种感觉，就是越发展越累，越发展越感觉到力不从心。

针对这种心态，企业家应该形成"让自己成为资源调配者"的思维模式。因为无论企业大小，企业本身的核心资源、核心价值、核心能力甚至核心竞争力，很多时候都是和创始人息息相关的。创始人基本上都是这个企业核心资源的拥有者、组织者和调配者，因而创始人如何去将内部、外部的关键性生产资源有效地调动、配置和组织起来，就决定了这个企业成长的宽度和深度有多广。

如何进行资源调配，从基础层次而言，是企业的内部管理制度（包括人事、薪酬、组织架构、生产管理等等）的职能，企业家可以通过这些基础性制度来对自己公司内部的资源分配进行把控，然后可以通过这种把控调动团队和业务的方向，从而传达自己在企业发展价值观方面的取舍，让符合自己发展要求的人和事获得更多的资源和机会。而对于不符合甚至违背自己发展价值观的行为和人，就要剥夺其机会、资源。但是这些仅仅是在基础层面上的、基于劳动关系和管理手段所进行的资源调配。

如果在更高一级的层面上，即我们前面所说的"顶层设计"的层面，最高级、最核心和最具有价值的资源配置手段就是股权。企业家要改变自己成为唯一"资源供给者"的心态和做法，让更多拥有"资源"的主体通过股权的方式来进行连接，最终形成驱动机制。这样就能让这些主体能够主动和自愿地提供自己所拥有的"资源"，来供给企业和创始人企业家去使用、调配和组织。

当然，这里提到的资源是一个更广义层面上的概念，指的是包括人力资本、知识、技术、资金等对于项目发展具有价值的资产和投入。在充分认识到这些概念后，一名成熟的企业家就不应该过分轻视或简化股权结构设计的作用和价值，而是应该学会主动地运用这一套资源配置手段，来实现自己企业的发展和壮大。

因此，股权结构设计不是一个简单的所谓"解决分钱机制"的问题，更深层次而言，它解决的是一个企业如何更高效、更丰富、更集中地获得资源、组织资源、使用资源的机制设计问题。

（二）过于重视或神化股权结构设计

这个问题和上一个问题刚好相反，这里需要企业家高度注意的是不要过于重视或神话股权结构设计。最近一两年，由于市面上有很多以"股权结构设计"为噱头来兜售培训课程或咨询方案的机构，将股权结构设计"全能化"和"神化"，带给我们"只要进行了股权结构设计，公司就将无往不利，如同再塑金身一般，可以'遇神杀神、遇佛杀佛'"的错觉。

这种观点又正好迎合了部分举步维艰的企业家的需求。当然，面对发展的困难和困惑时，人的自然倾向定会让其希望能够获得一个包治百病的良方，能够"一遇风云便化龙"。这是人性中的思考惰性所导致的，也十分正常。这也是为什么那么多网络小说和畅销武侠书籍中，人们最喜欢看的情节就是"跌下山崖、偶得神功"，或者是"戴着金手指的人生"。因为人们都希望能够有一个解决所有问题的"万能钥匙"，这也是符合人性追求"舒适和快感"的需求。因此在现实生活中，我们也会自觉不自觉地希望存在着能够不那么辛苦、麻烦和痛苦，却又可以成功的模式。

但是在真实的生活场景里，特别是到了企业竞争的层面，决定企业成败的因素会越来越复杂，基本上是一个"看上去很矛盾，实质上很统一"的状态。就是因为人性变化多端，因此所有的失败和成功都不是新鲜事；因为我们处于千变万化的世界里，所以每一次失败都有独特的原因。

因此，那种认为把股权结构设计得美轮美奂，就可以轻松战胜竞争对手的想法，是完全不切合实际的。正如前文所述，"股权结构设计"其实设计的是一套"资源配置体系"，企业能否取得成功还取决于其他非常多的因素：不仅仅是设计本身，还包括执行层面的水平、企业本身的素质、企业家本身的心理以及把控能力等。更不用说即使同样起点、同样行业、同样环境的企业，也会因为在行业发展阶段中机会的把握、方向的选择、执行能力的高低等各个方面的优劣而导致成功和失败的不同结果。

因此，拥有一套良好的"股权结构"体系，是很多企业成功的良好基础，但并不是唯一因素。在过去的实践当中，其实我们经常会发现企业家对此怀有非常高的期望值，并且将其视为自己走出困惑和困境的唯一"救命稻草"，但是企业的发展是一个多方因素共同作用的结果，所以千万不要神化某一个单一因素。

归根结底一个企业缺乏股权结构设计方面的思维和考虑，会让它在发展阶段中，在获取、组织和使用团队和资源等方面，要比其他做得好的企业要更加吃力、效率更低甚至发生方向性错误，最终增加自己的失败可能性。因此就需要企业家建立一种理性的心态和眼光，正确地看待股权结构设计和其他因素的综合作用。

（三）过于追求理性和逻辑

第三种要防止的思维就是总认为"股权结构设计"是一套建立在数理逻辑之上，依托于完全的"理性思维"和"逻辑架构"所形成的方法论。

虽然本书所描述的所有思维、方法和理论体系，都是经过长期的思考、实践和经验教训所摸索、总结、提炼出来的，并且具有经过自己的独立思考而建立的理论体系和自主知识产权；但正因为有这个长期的研究和思考、实践的过程，我越发坚持一个观点，就是"股权结构设计"不能过于迷信所谓"理性和逻辑"的。它整个体系结构确实是有一套逻辑架构，并可以形成相应的方法论，但是并不像很多人所以为的那样，世界上会有一套类似"公式"的东西，能够帮助企业搭建一个万能的股权结构。

这个想法其实还是来源于人类的"思考惰性"，我们总希望有一种简单直接的方法，能够非常准确和数量化地将股权这个蛋糕切得"科学而有效"。但是股权分配真的是一个"科学而有效率"的过程吗？正如我之前所说的，股权结构设计是一套资源链接和配置体系，所以这里面至少就存在着几个非常重要的变量，导致这个过程会不那么"可量化"。

首先，不同企业、在不同发展阶段和不同竞争环境中，所拥有的资源是不对等、不一样的。其次，企业家的价值取向也是不一样的，这种区别会让不同的企业家，在面对同一个问题、同一个抉择的时候，会做出完全不一样的、但是又深刻符合"人性"和自我价值观的选择。再次，每个企业的发展方向和阶段不一样，也导致他们必须在不同的阶段、行业和方向上，在组织、管理中投入不同量级的资源。甚至可以这么说，企业家本身的心理、价值观、世界观和性格，都在他在进行资源配置的时候隐隐约约地显现出来——当他拥有资源配置的权力、且必须行使的时候，他本人的特质，都会导致这种体系的建设存在着一些"非理性"和"非逻辑性"的部分。该部分并不是一个错误或者瑕疵，而是十分必然和正常的。但是在设计的过程中，一个优秀的企业家必须要学会与这种"非理性、非逻辑"的现状共存，并寻找到合适的解决与平衡之道。

另外还要认识到，虽然企业家是核心的资源配置者，但是就算是一个国家的君王，也没有办法完全随心所欲地来进行封赏和决策，团队、合作者、其他股东、外部压力和环境、竞争对手等因素，都会在这个过程中，进行复杂而综合的角力。虽然企业家在资源配置过程中拥有比较强的话语权、分配视野和能力，但是其他资源拥有者、需求者等多个主体也在多个方面进行博弈、平衡，即使作为被企业家用股权方式连接和整合进入企业的其他股东，也会存在着自己的一些"非理性、非逻辑性"的考虑，我们也需要在其中取得一些平衡和解决。

因此，内部和外部的诸多因素的个性化和"非理性、非逻辑性"决定了每个企业的股权结构设计存在着自己的特殊性，并没有一套完全符合"理性与逻辑"的计算公式或数理体系，能够帮助企业家计算出一个"科学和有效"的股权结构来，所以就一般情况而言，我们都是主张每个企业自己量身打造自己的股权结构！

这个问题上的理解上涉及到了许多哲学、心理学、管理学和社会学方面的学科知识，各位读者朋友可以适当地阅读和了解这些学科的相关知识，也会对于这个问题有更深刻的理解。

（四）只会模仿而不会举一反三，不实事求是

这个问题涉及了一些哲学和辩证法的知识，我在这里先用一些历史的经验来说明如何模仿和学习别人的成功经验。

首先来看中国共产党带领广大人民建立新中国的历史。中国共产党的缔造者毛泽东曾经说过："十月革命一声炮响，给我们送来了马克思主义。"中国革命在最开始的时候，也是想照搬苏联革命成功的经验。但是两国的国情不同，俄国是帝国主义国家，拥有一定的大工业基础和统一的国内市场，中国则是半封建、半殖民地国家。所以俄国革命走的是中心城市暴动辐射农村的道路，而中国因为半封建半殖民地的社会性质和当时革命力量主要在农村且较为薄弱，所以走的是农村包围城市、武装夺取政权的道路。从这一历史可以看到，中国革命的成功是在学习苏联革命的基础上，结合自身国情走出了自己的道路。

中国改革开放取得的成功也是同样的道理。改革开放的总设计师邓小平在提出改革开放政策时，需要把过去的计划经济改为市场经济。但市场经济本身是资本主义的产物，所以在我国的具体的经济体制改革中，他并没有完全照搬资本主义的市场经济体系，而是创造性地走出了适合自己经济发展、具有中国特色的社会主义市场经济道路。

在20世纪，作为国家制度的顶层设计者，一代伟人毛泽东和邓小平，并没有模仿别人成功的经验，而是在充分学习这些经验的同时，创造性地走出了自己特色道路，使中国摆脱了落后的面貌。

这种过程在哲学上称为"扬弃"，指新事物对旧事物既抛弃又保留、既克服又继承的关系。所以在股权结构设计过程当中，我们既要去不断地学习，同时又要避免盲目地模仿、照抄他人的经验。

很多企业家会出于"思维惰性"的原因，或者出于一种成王败寇的心理，会自觉不自觉地认为，目前那些已经取得成功的企业、企业家，他们所做的一切，我们都应该去学习甚至模仿；并认为只要按照他们的做法打造出一套股权分配体系和制度，就能自然而然地获得他们成功的"魔力"。

在这种心态的促使下，目前比较有名的企业，包括华为、腾讯等和他们的打造者都获得了很多企业家的追捧。任正非、马云、马化腾等著名企业家的任

何判断和表态,都会被媒体、企业和学界反复研究、琢磨和提炼。我们往往也会认为学习他们的方法和模式,就是通往成功路上的必备钥匙,也是最直接的方法。

我曾经遇到很多的企业家,他们都要求我来模仿华为那套"全员持股"方案;或者模仿马云那种事业合伙人的制度。但当他们把企业的内部情况向我介绍之后,通过仔细考量,我发现其实他们根本不适合这些优秀企业的模式。试想一个服装生产企业套用这种高科技公司的模式将是多么地荒谬!

诚然,类似华为、阿里巴巴、腾讯这样的优秀企业,在管理和经营上有许多独到的优点与长处。虽然他们的成功可以提炼出很多具有共性的优秀的特点部分,包括坚持、前瞻、团队打造、文化塑造等等,但是他们的成功又是很难"克隆"的,至少我们到现在还没有看到第二家阿里巴巴、第二家腾讯或者第二家华为。包括很多从这些明星优秀企业出来的员工甚至是高管,按理来说这些人已经"深得其中三昧",他们应该可以复制好这些明星优秀企业的模式、文化和股权结构模式,也应该能更容易获得成功。但事实上,虽然从这些明星优秀企业里走出来的员工、高管虽然非常多,我们至今还是没有看到有任何一个人成功复制了他们,所以到底是什么样的原因,导致这种复制没有成功呢?

举一个简单的例子来说,很多企业希望学习类似华为的全员持股模式,但我们没有注意到,华为是一种"虚拟股权"的模式。这种模式下,员工的利益大部分依赖于资产增值及红利分配,而华为一直保持着比较高的红利分配和资产增值速度,并且在相当长的一段时间内,保持了两位数的资产增值速度和投资回报率。那么试问大部分的传统实业企业,有几家能保持五年甚至十年以上的两位数增值率和投资回报率呢?

因此华为的发展模式是具有非常大的特殊性的,之所以华为的这种模式能够取得成功,除了领导人任正非的雄才伟略、华为人的努力奋斗等因素之外,它所处的通信设施设备制造行业在过去的十到十五年的期间,正好处于高速成长和高毛利的阶段。这种外部环境和行业发展节点的特殊性,是我们不能忽视的。

如果某个企业想盲目地学习华为,首先他就会发现一个很尴尬的问题,即他所处行业的发展阶段、平均毛利率和自己企业现金流,也许根本没有办法支撑如同华为一样的高增长、高分配、强刺激、高预期。

因此，学习优秀企业的成功经验是应该的，但是单纯的模仿和学习是不够的。作为企业家，我们一定要结合自己的自身因素来考虑合适的股权结构模式。

首先，需要综合考虑企业所处行业及行业发展的阶段、特点和趋势。对企业所处的行业，以及这个行业目前的发展阶段、特点和趋势进行了解是非常必要的，因为每个行业有自己的不同的特点。股权作为一种资源链接的手段和机制，就需要梳理这个行业中什么是核心资源的问题。比如互联网企业应该重视的是在互联网技术、内容方面的提供者，以及能够提供足够流量的渠道和平台；而餐饮等传统行业又是另外一种情况了。

其次，需要考虑企业在整个行业发展中的所处的阶段。无论是新兴行业还是传统行业，行业阶段是非常重要的。一个行业是处于新兴爆发期：平稳发展期或是进入了瓶颈期，资源整合的方向和选择都会不同以往。正如雷军所说："站在风口上，猪都能飞起来。"其实这个"风口"就是趋势，"顺势而为"是每个企业家都应追求的一种良好状态。但什么是趋势，什么是进入趋势的切入点和爆发点？这些问题对企业家的战略眼光提出了很高的要求。如果回答好这些问题，将大大提高企业家利用股权链接最适合的资源和团队的成功率。因此在进行设计之前，对于企业所处行业进行了解是非常必要的。

可以考虑通过以下方式对企业进行了解：

（1）企业自己的介绍和剖析。这是最直接也是最方便我们切入的一个渠道。

（2）行业协会、主管部门的网站。这些平台对全景式了解具有极高价值。

（3）竞争对手的网站、微信公众号等。可以作为一些侧面途径进行了解，也可以和企业自己的观点互相印证。

（4）券商研究报告等第三方资料。

（5）行业展会、讲座等。

第二章
不以规矩何成方圆：股权结构设计的原则

"木受绳则直，金就砺则利"，出自《荀子·劝学》篇。其意是"木材经过比对墨线加工才能取直，金属在磨刀石上磨过才会锋利"。荀子以木与绳、金与砺为喻来说明无论任何事业，要成功首先一定要遵守和秉持预先设立的原则。

我们知道，这个世界上不可能有两家完全相同的企业，也不可能产生一套放之四海而皆准的股权结构公式。我们应该针对不同的企业来量身定制相应的股权结构。在制定不同股权结构的过程中，我们也应该明白虽然股权设计因公司不同而千差万别，但有些规律有共性。或者说很多具有共性的规律对股权设计很有帮助，需要我们在进行股权设计时给予重视。这就是我们要在股权结构设计中必须要把握的十大原则。

这些原则不仅仅是在设计股权结构时咨询机构需要注意的问题，也是企业股东们在确定股权结构基本轮廓时首先要清楚的问题。在最开始预设自己的股权结构时，股东们也要认真地研究这些原则性的问题，找出自己的在预设思想中与这些原则相抵触和不一致的地方，从而及时有效地进行调整。

在这一章中，我们重点讲述股权结构设计中的十大原则，分别是容错、信任、生产要素有效配置、股权商品化、动态调整、不平衡结构、效率优先、强关系构建、风险对冲、平衡与错期满足原则。

先贤孟子曾言："离娄之明，公输子之巧，不以规矩，不成方圆。"意思是指像离娄那样精明的眼睛，公输般那样的巧匠，不凭规和矩，是画不成方圆的。同样的道理在今天也适用：无论是哪家优秀的咨询机构，在设计公司的股权结构时都要有一定的尺寸和原则；而且企业的股东们在预设自己的股权结构过程中也要以这些原则为准绳。这十大原则是对股权结构设计方向的进一步说明和补充，也是设计过程中的基本方法。因此，要确保设计过程中正确的方向，就必须坚持这些原则。

后面我们将要学习股权设计的基本内容和设计的具体方法。长期的实践告诉我这些方法都是要遵循一定的原则，并且要根据实际调整变化的。如果我们对原则掌握得越不到位，具体方法的效率就越低，效果也就越差。但是，随着我们对这些原则的应用越来越清楚到位，具体方法的制定也将会越来越科学，效率也会越来越高。对原则应用得越好，对方法就越有把握，制定的设计方案也越详细；反之，方案也会越粗糙越简单。正如刘少奇指出的："如果在原则上发生错误，那就不只是会发生个别的错误，而会发生系统的、一贯的、一系列实际问题上的错误。"

未雨绸缪是企业家必备的能力。在涉及到股权设计这一重大企业内部问题时，初期掌握必要的原则就显得尤为重要。下面让我们一起来学习股权结构设计中的这十大基本原则吧……

第一节　容错原则

容错概念最早来源于计算机系统的工作原理，意思是当有错误被激活的情况下系统仍能保证不间断提供服务的方法和技术。后来被人们逐渐引申为容错机制，这种机制是某种系统控制在一定范围内的一种允许或包容犯错情况的发生，主要用于各类设计中。当然，容错不等于无限度宽容，更不等于可以无法无天。在做股权结构设计的时候，首先考虑的核心问题就是提高它的容错率，以追求高额利润时对应极高风险,让企业"活下去"的可能性提高。

一、容错概念的组织载体——公司

从古到今都有过很多商业奇才,为什么最终所有的商业行为都不约而同地选择了以"公司"作为主要的实施载体了呢?这个现象的背后,是否意味着一个具有核心共性的逻辑,来支持着公司制的兴起呢?

这套理论或逻辑,它的基础是来源于对整个历史的思考。"问渠那得清如许,为有源头活水来。"我们还是从最初公司制的形成来找寻这个答案吧。

西方经济学家把公司起源划分了几个类型:

(1) 基尔特:行会组织。商人手工业者等形成自治团体,统治者给予基尔特一定地区和时间内的垄断经营权,行会内部自治。

(2) 家庭企业:以家庭作坊为原始形态,后来逐步形成家族企业。

(3) 康曼达:适合海上贸易和高风险贸易的商业组织。资本或商品所有者作为有限合伙人,船舶所有者或运营者作为无限责任人,为后来的合伙企业的雏形。

(4) 索赛特:康曼达与家庭企业结合后,形成的所有合伙人均承担无限责任的模式,并由此衍生了代理制。

其中最核心、最关键的是康曼达。

大约在15世纪至16世纪初,即地理大发现和新航路的开辟时期,这个时期所进行的商业活动使得世界贸易方式大为改观。西班牙、葡萄牙、荷兰、英国等国家纷纷向海外发展,进一步又进行远航贸易。这就需要较大数额的资本,在当时的经济条件下,靠单个资本家来经营是无法办到的。于是一种合股经营的叫做"康曼达"(Commode)的经济组织便产生了。

康曼达是劳资合伙经营的一种商事契约。它是最早的一种商业合伙形式。与家族共同经营不同,依照这种契约,一方出资而不参加营业活动,另一方则运用自己的设备条件等从事营业活动。双方按出资数额对盈利进行分配。出资者依出资数额对经营亏损负有限责任,而营业者则负无限责任。这种共同经营形式,产生于欧洲中世纪的地中海沿岸诸城市。最初盛行于海上贸易,由既想获得利益而又不愿亲身冒险的资本家出资,航海者则向海外运销货物,最终盈利按出资额分配。亏损时，航海者承担无限责任，资本家只在出资范围内承担有限责任。后来，这种合伙形式逐渐发展到陆上贸易，最终演变成为隐名合伙公司和两合公司。

康曼达以组织的形式从事海外贸易、筹集资本。这种组织由专人经营，利润在集资者与经营者之间协商分配。慢慢地，这种组织发展到内陆城市，出现了入股的城市商业组织。如意大利的"大商业公司"，入股者有商人、贵族、教授、大臣和平民。这种股份经济一般由自由城邦组织，官方进行业务监督。资产阶级国家为了鼓励商人和资本家积累资本向海外扩张以攫取更多的财富，不仅为股份集资提供了法律保护，并且给予商业独占权和免税优惠等特权。这为股份制的产生创造了外部条件，并且这也就是最早的股份制公司。

1554年英国成立了第一个以入股形式进行海外贸易的特许公司"莫斯科公司"，它的成立标志着股份制的产生。该公司成立当年就立即进行航行白海的冒险尝试，目的是发现新的地区、岛屿且深入俄国内地。最初他们把整个公司的资本分为240股，每股25金镑，每人投资一部分，由6人分担风险。同时规定，公司营业只限一次行程，每次远航归来，按股份分配所有的利润，并连股本一起发还。随着后来贸易活动的频繁和规模扩大，商业活动者们就把原来投入的股份全部或一部分留在公司，作下次航行使用。到1604年该公司股东增加到160人，并且有15个董事管理整个业务。继之而起的有1557年成立的西班牙公司、1579年成立的伊士特兰公司、1581年成立的勒凡特公司、1588年成立的几内亚公司，以及1600年成立的东印度公司。这些贸易公司都是英国以股份制形式组建、向海外扩张殖民势力的工具。其中东印度公司势力最大、资本最雄厚：成立之初拥有股本6.8万英镑，股东198人；到1627年股本达162万英镑，股东954人。它独占从好望角直到东方的所有国家的贸易，还享有对殖民地军事和政治的全权。截至1680年底，英国建立的这类公司有49个，它们对推进英国商品经济发展和经济实力增强起了重要作用。其他欧洲国家也纷纷效仿。例如荷兰1602年成立东印度联合公司，1621年成立西印度公司。法国、德国、瑞典等国也先后成立了股份贸易公司。

西方思想家马克斯·韦伯写过一本《中世纪商业合伙史》，该书内容充实、资料丰富、角度独特、观点新颖，对中世纪欧洲社会经济及法制史有深入的研究。它把整个公司起源的部分划分了几个部分，并指出其中核心关键的就是康曼达这样的组织形式。

　　康曼达最常应用的场景是远洋航行等高风险商业活动，因为在当时的这种商业分工里面，它有两种人物，一种是行商，第二种是坐地商。坐地商起到提供资本的作用，购买货物提供给行商；行商的作用是把货物带到指定的地点卖掉，并且把钱带回来。这就形成了商业公司职业经理人与股东之间的运营雏形。但是到了海上贸易的时候，它逐渐产生了两种变种。产生原因主要是这种模式中的行商就是船老大，也就是通常所讲的船家，但是这一部分的风险远远比陆地行商要高得多。可以从这样一个案例中进行场景化分析：

　　中世纪时期，随着海外贸易的不断扩大，许多船家投入到了海外贸易中。长时间的运营后他们发现，海洋航行正常的船损率将近55%。即100条船出海，大约55条船沉没。这说明当时远洋航行的风险是非常之大的。就此，当时的坐地商和船老大逐步形成了两种分配方式：第一种，船老大不出任何资金，只负责把货物带出去、把船开回来，大概可以分到1/4的提成；第二种，船老大需要出1/6的资金，能够分到1/2的提成（投资的雏形）。

　　船老大当然很愿意接受第二种方式，因为当时超过半数的船损率导致租船的租金无法固化收取。这等于是一种风险共担的方式，假如由于航海风险，导致损坏没有回来，就由坐地商承担所有损失。

　　在这样一种基础之上，如果一个人有1万个金币，真正理性的做法不是一下子投到一条船上，而是每条船各投1000个金币。这样，船只回来两条正好保本，回来3条就有了收入，回来4条则实现利益最大化。因为超过半数的正常船损率，所以必然存在一定的投资损失，而通过远洋航行的高利润可以对冲相应的高风险。这就是公司制的来源。

二、我国民营企业所面临的容错形势

　　根据国家工商总局2012年底的统计数据，我们国家14.8%的企业存活期不到1年，28.8%的企业存活期不到2年，近一半（49.3%）企业的存活期不到4年。中国每年约有100万家企业倒闭，平均每分钟有2家企业倒闭。中国8000多万中小企业，民营企业的平均生命周期只有2.9年，并且存活5年以上的不到7%，10年以上的不到2%。换言之，中国超过98%的中小企业成立10年内都会走向死亡。不仅企业的生命周期短，存活后能蓬勃发展的企业更是寥寥无几。中小企业基本进入了第一年创立、第二年赚钱、第三年倒闭的恶性循环。

大多数中国企业活不过3年，这句话就像一个绕不过的魔咒，虽然不是绝对的，但企业的死亡率确实是远远高于人们的想象和判断。如果能活过3年，那就战胜了70%的企业。所以，如何让企业存活于市场是一个永恒的主题。每一个企业都面临如何存活的挑战。马云说过："阿里巴巴距离失败也许就是一个晚上的问题。"换言之，企业一旦走错一步，都可能满盘皆输。

在民营企业的发展过程中，尤其是在创业初期，不管是追求能力，还是追求规模，其核心的想法就是生存下去。只有生存下去，才可能谈发展；只有生存下去，才能谈规模；只有生存下去，才能寻找企业发展的机会；只有生存下去，才能有创业成功的可能。企业要想蓬勃发展，首先要有持续活下去的能力与适应力。企业的最低和最高战略应该是如何活下来，你能比别人活得长久，那么你就是成功者。

因此，企业在做股权结构设计的时候，第一个要考虑的是要让企业有强大的生命力，第二要有强大的免疫力，这就要提高企业的容错率。为什么要这么去考虑？这还需要从公司制产生的源头去考虑。

三、股权设计将进一步提高公司的容错率

很多企业相信：未来十年无股权不富，但这句话实际上只是一个营销口号。因为公司制在设立之初，就不是为了解决分钱的问题，而是为了解决船开出去了但有可能回不来的风险承担问题。单个个体无法面对失败的风险，是因为个体投资容错率极低，通过公司制可以极大提高单个投资者的风险耐受能力。所以，公司制是为了提高每一条"船"（公司）的容错率而建立的。

企业在进行股权结构设计时，首先要解决的一个核心问题就是如何提高容错率。在这个基础上需要做的事情是，把不能为提高容错率做出贡献的股东坚决剔除掉，对贡献值不明确的股东则帮客户将之明确和量化下来。所有的设计行为或者方案，要考虑企业、项目在面对市场竞争的时候，会不会比他的竞争对手多活一个月或者一年，这也许就决定了企业的生死。同时如果在追求高额

利润时对应极高风险要同时降低错误率，那么这就要提高容错率，这也是成立公司制的基础逻辑。

第二节　信任原则

一、企业发展的基础问题——合伙人之间的信任

对于创始人来说，没有什么比拥有一个优秀的团队更值得庆幸的了。那么，合伙人就是优秀团队当中最为宝贵的资产，合伙人之间的信任关系则是公司发展的根基。有了这个根基，遇到什么困境都不怕；没有这个根基，企业生存都是问题。

（一）中国企业普遍面临信任问题

按照经济类型对企业进行分类是我国对企业进行法定分类的基本做法。根据现状分类的话，我国目前有国有经济、集体经济、民营经济、个体经济、联营经济、股份制经济、外商投资经济、港澳台投资经济、其他经济等经济类型。相应地，我国企业立法的模式也是按经济类型来安排，从而形成按经济类型来确定企业法定种类的特殊情况。考虑到目前民营企业是体量最大的部分，本书主要针对非上市民营企业的股权结构设计进行分析讨论。

自20世纪80年代后，民营企业大量出现且迅速成长为我国经济发展的重要力量。较之于国有企业和集体企业，民营企业的股权结构的形成更多的是一种市场自发的行为，是各个利益主体在收益最大化的前提下相互博弈形成的，而较少地受到历史或其他非经济因素的影响。

作为一家创业企业的创始人，在与同伴共同创业之初或是在创业过程中邀请人才加盟时，大多数人都会彼此掏心掏肺，并且一定是不会忘记沟通和合作精神。但是当合伙人加盟之后又会怎样？我们看到了最多的是"朋友式合伙，仇人式散伙"。在公司创办之初，几个朋友以感情和义气去处理相互关系，制度和股权或没有确定，或有而模糊，或只是简单的口头约定。企业发展到一定程度后，制度变得重要，利益开始惹眼，于是合伙人之间"排座次、分

金银、论荣辱"的要求慢慢显现。这样导致的后果是，企业不是剑拔弩张内耗不止，便是梁山英雄流云四散。这样靠人控制人，而不是靠制度控制人的中国式组织，起源于农民打江山的传统，泛滥于信任危机加重的当代商业社会，它也是中国以情感为纽带的企业走向规范治理的主要瓶颈。历史经验充分证明了，解决股权合作中的核心基础，是有没有一套机制能够最快和最低成本地构建股东之间的信任机制。

这也是许多企业为什么不能长久发展下去的普遍问题。面对过这样数不胜数的问题之后，长期以来我总是思考下面这三个"为什么"的问题：

（1）为什么家族企业成员可以共患难共同创业并成就一番事业，而成就之后又不能共享福，而且问题频出呢？但反过来讲，为什么这种家族企业却是一种长盛不衰的企业组织形式呢？

（2）为什么老板肯分钱分股权激励也没人参与？

（3）为什么中国人的合伙总是容易出问题？

那么我们从深层次的原因来考虑，股东之间的信任机制有哪几种模型。

（二）股东信任机制的四种模式

"信任"这个词对我们来说是个再普通不过的词汇了，但是要真正理解并做到这两字并非易事。爱人的信任会使家庭和睦，孩子的信任会让你和孩子平等沟通，客户的信任有助于产品的推广。在企业当中，创业者与合伙人的信任则是企业管理的基石。尤其是股东之间的相互信任很大程度地影响着企业的健康发展。通过对众多企业的研究后，我们发现企业内部股东之间的信任机制有四种模式。

1. 无他信的"自信"模式

这种属于只信任他自己的老板，在这种老板心中，公司内的所有员工都只是他的雇员。这里，我们先不去考虑对与错的问题，只讲这是一种最为常见的模式。

2. 以"血缘信任"为基础的家族企业模式

血缘关系是由婚姻或生育而产生的人际关系。如父母与子女的关系，兄弟姐妹关系，以及由此而派生的其他亲属关系。它是人们与生俱来的关系，在人类社会产生之初就已存在，是最早形成的一种社会关系。而作为企业的一种原初形态，家族式企业很早以来也就已存在。关于这一点，可以说中外概莫能外。下面这个我辅导过的案例是一个典型的家族企业，也是一个最终把富有争议的股权问题理清并解决掉的典型案例。

【案例2】

某地一家规模比较大、资产突破了三十多亿元的房地产综合开发企业，是由三兄妹白手起家、共同创立的，其中哥哥是老大。老大十三岁时，父母就去世了，三个人都没读过什么书，就只能靠着在鱼市场卖鱼为生，但是因为年龄小而饱受欺负。因为那个时候市场上正好风靡着《霍元甲》之类的武侠电影，所以他觉得要保护自己就要靠拳头，而老大并不想被人欺负。所以他就每天到河边捡很多鹅卵石来锻炼体力，并且每天练拳。于是他们最初的路就真的是用一刀一枪打出来的。后来，三兄妹慢慢开始涉足房地产开发这一行业，生意做得风生水起。

这位大哥曾这么描述过三兄妹之间的状态：在分钱问题上，三兄妹绝对公平，例如三辆路虎、三辆奔驰、三栋别墅，平均分配给三兄妹。如果某天某个人要拿十万块钱去零花，不需要特别的要求，财务会给另外两个人也配发十万块钱。所以，在整个发展过程中，集团从未有过分配不均的问题。

但是工商登记证明上显示的是老大占股90%，两个妹妹一人占股5%。之所以这样登记，是因为他们当时请了工商代办来进行规划，比例是随手一填。当时三兄妹都认为没有什么问题。

但是后来因为股权的比例问题，集团终于还是出现了裂痕。

某一天，最小的妹妹刚大学毕业的儿子问她："我在这个集团里面到底有没有份？"小妹自己的想法是肯定有份，至少有1/3，以后这就是儿子的。

儿子却说自己看到工商登记上面她只有5%。小妹嘴上不以为然："这个不作数的，我们内部一直是按照三兄妹各占三分之一来平均分配。"但就把这个事情放在心里面了。不久是春节，大家聚在一起过年时，她就把这个问题抛出来进行询问。

但是老大的认识却有些不一样："分钱的问题上肯定是我们仨各占三分之一。但在公司的控制权和股权比例上，我肯定是控股股东。"理由如下：第一，父母走得早，按照当地的规矩，长兄为父，那么公司肯定也是长兄做主、长兄控股；第二，当年我们被人欺负，打架的时候我来出力，受伤的时候我是第一个，可以说自己做出了最大的贡献，因此现在公司掌控权也是应该是我的。但两个妹妹有另外一层顾虑：老大离了婚，家庭关系比较复杂，如果这个问题处理得不清楚，以后还有可能发生新的矛盾……这些担忧交织在一起，逐步演化成为了一场家族企业的内部纷争。

我们认为，家族企业本身是一种非常好的模式，因为它能够用最快的速度和最低的成本来解决信任问题。所以家族企业并不是一个如很多人所说的一种"落后"的组织结构。但同时实践证明，家族企业总会在某个时间点，逐步产生内部纷争。而这个时间点一般是什么时候？就是当家族企业的参与成员逐渐裂变为新的社会细胞，他们之间的利益产生差别的时候。这种差别所带来的矛盾会逐渐动摇上一代由于血缘而建立的信任基础，慢慢地让家族和家族企业产生撕裂。那么如何来解决家族企业所原生带来的治理问题呢？

首先需要正视的是不同主体之间的利益区别。这个案例中，我们提供的解决方案是，首先根据资产分布以及各自的利益诉求把整个集团的房地产、园林、商管、物业等进行重新划分，将其分成了三个资产包。但是资产包的拆分并不是严格地按照三等分原则进行的，因为我们考虑到不同的资产在不同人的心目中，价值是不一样的。当一方拿到了自己最看重的资产的时候，其内心接受程度会比较高。这就是为什么我们做这样的方案、做这样区分的时候，一定要考虑到人性问题的原因。有时候我们不是简单地进行资产评估，然后进行平均分配就能让所有人满意。我们要考虑到，当这一部分资产对于某个人是最重要的时候，它的重要性加分就很有可能打消其对于其他资产进行占有的想法。

根据访谈的结果，我们按照他们各自对于资产重要性进行了划分。对于一些大家都比较看好的资产，我们设定了一个竞价机制，这样会让有运营能力和资产认可度的人获得控制权，但其他方可以分享利益的方式进行设计。

三兄妹最终将各自认可的资产划分到了自己名下，而将共同认可的资产通过竞价补偿方式，确定了股份比例，最终比较完善地解决了这个问题。

3. 以"强社会信任"为基础的企业信任模式

所谓强社会信任就是类似于同学、战友、老乡这样的社会强关系之间形成的信任。这种社会强关系可以提供一定的信任基础，从而能够迅速地形成合作。

很多民营企业就是以社会强信任来建立的，相较竞争对手，它的优势项从来不是资金，也不是技术和管理，而是一个一切以执行、一切以结果为导向的组织。所以，民营企业搭建股权结构的时候，保证它的决策效率和执行效率是优先考虑的一个部分。有时候大家总是希望各个方面都做得尽善尽美，但是这种完善是会带来管理成本的。所以我们先不要轻易否定原来结构的合理性，因为社会强关系或者血缘关系代替商业信任可以让企业决策迅速地进入执行阶段，而不会停留在反复纠缠利益得失的层面上。

4. 以"契约信任""规则信任"为基础的现代企业模式

早在2014年，中国社科院社会学研究所发布的《中国社会心态研究报告2012—2013》就指出，中国社会的总体信任进一步下降，人与人之间的不信任进一步扩大，只有两到三成人信任陌生人。这种信任危机，来源于规避风险和不确定因素的心理的进一步上升。而现代社会中，"陌生人社会"已经取代了"熟人社会"，比人情信任更重要的是契约信任。人与人之间依靠法律法规和契约建立起来的信任力量会解除"口说无凭"的情感漏洞。

举例来说，我们在为企业进行股权激励的时候，会发现有一个经常被问到的疑虑，即员工会说："我只是一个小股东，公司是老板的，他说赚钱了就赚钱了，他说没赚钱就没赚钱，我拿他没办法啊！"这个问题的背后，其实就是员工对公司或者说老板的不信任。

而我们也可以举例说明制度的重要性和必要性：将天南地北各个不同地域的人组织起来，让他们坐在一起打麻将，而这些互相之间没有血缘、同学、战友或其他深度信任关系的人坐在一起却仍然有可能一起玩一个通宵，那是因为什么？是因为我们所有人坐下来问的第一个问题，都是："怎么打？"

因为问"怎么打"就是在问其他人："我们的规则是什么样的？"一旦这个规则能够确定并被所有人理解和遵守，几个陌生人就有可能一起打牌到天亮。这就是契约的作用，这就是制度所赋予的信任。

因此我们不能只寄希望于人们高尚和无私到对他人完全信任，而应该让大家能够接受并遵守一个统一的规则，然后才有可能让不同的人出于不同的利益诉求，能够在一个载体（公司）之上，去合作和成就彼此。

形成这个规则的具体表现就是，我们需要帮助企业形成一套制度性的东西来解决股东之间的信任问题。而这就是我们所说的需要建立一套"契约信任"机制。

【案例3】

2013年时我曾经辅导过一家注册资金为3000万元的电力工程公司。公司一年利润也在3000万元左右，盈利状况等各方面情况都非常好。企业法人是一位西北人，非常豪爽，之所以做股权激励，就是因为他觉得公司中的员工已经追随他10多年了，十分辛苦，而他自己也是个非常愿意将利益让给他人的人。

谈起股权激励，他认为很简单：公司就是他跟他妻子的，拿出3000万元注册资本的30%来，他还控股三分之二以上。现在用注册资本900万元做股权激励，规定1元一股，学习华为的做法，公司任何人想要入股都可以。他的也算得很清楚，公司每年有3000万元的利润，所以相应的这900万元1年就可以回本。

我当时建议他再考虑一下，但是他认为我们作为专业机构所提供的方案考虑过于复杂，而对于自己的方案充满信心。因此就在年会的时候宣布明年开始做股权激励，900万元的股份，1元一股，想认购多少都可以，什么岗位来认购都行。他本来以为大家听了会掌声雷动，结果下面鸦雀无声，他很奇怪，就让自己的亲信去了解一下到底怎么回事。

经过了解之后很快就清楚了，公司大概有七八十个人，分3种观点：

第一种人拍手叫好：既然老板给机会，那么就肯定要入股。这种人大概只有五六个人，每个人有10万元左右的资金，总体有五六十万元。

第二种人持怀疑态度，他们猜测是不是老板的资金链断裂而准备进行集资。如果是这样的话那还是算了，万一公司亏损的话得不偿失。这种人大概有二三十个。

第三种人持观望态度，这种人也是占比最多的，他们认为股权激励是好事情，但是自己要买车买房，儿女也要上学，想观察一段时间再说。这种持观望态度的人占了主流。

当时老板就感觉匪夷所思，认为自己一片赤诚对人，结果却被怀疑是在集资，于是跑来跟我诉苦：还做股权激励？自己的心情反而不好了。于是准备放弃继续推进股权激励的想法。

当时我安慰他说：目前还有五六个人愿意跟着你，愿意真金白银拿出几十万元来买股权，在湖南这样一个经济不算发达的省份真的很不错了。同时我建议他将股权激励进行下去，哪怕只有一个人跟也要做。如果到了年底3000万元的利润目标没达到，也要按去年一样的利润分给他，让他一年回本，第二年再做。第二年就不要1元一股了，1.2元、1.3元一股都行，要让相信你的人得利，而这就是企业的信用建设。

之所以建议企业这样去做，其实是想帮助企业建立自己的"信任机制"，因为很多企业经常会在没有思考成熟之前就贸然提出或推进股权激励，但并没有去思考如何解决团队之间的信任问题，那么工作推进起来就会困难重重。如果一个团队的老大不断提出股权激励的想法，但或者光说不实施、或者实施又反悔，如此反复数次，整个团队的士气和团结都会受到致命的打击。

他采纳了我的建议，同时请我们来构建公司的股权管理机制。因为之前他已经把股权激励公布出去了，一开始这些人就全部拿的是实股，而且没有绑定任何条件。所以我们尽量在后续制度规范中给他提供一个相对既能保证效率又能保证控制权的机制。其实控制权还不是最重要的，最重要的是我们能不能让这个机制和他以后想激励的对象之间达成更高的结合度。后来第二年再进行股权激励的时候，原来观望的人也愿意参与了，因为这些人看到第一批吃螃蟹的人实实在在地享受到了股权激励的好处后，他们对公司的信心和信任也就慢慢建立了起来。

在以分红为导向的民营企业股权激励计划中，如何核算利润其实是一个比较敏感而复杂的问题。因为作为一家民营企业，它一没有完善的财务信息披露，二没有办法去证明公司财务状况的公开性、透明性、真实性。所以我们后来帮他建立了一个外部监督委员会，从某种意义上来讲，是为他建立了一套信用体制。所有的股权激励计划都会通过我们和会计师的共同确认，这就形成了一个公开、透明、真实的体系。这家公司在进行第二轮股权激励的时候，参与的人数已经翻了几番，而公司团队对于股权激励的认可度也是持续上升的。

二、信任原则的典型模式——家族企业的股权结构探讨

（一）家族企业的发展历程与现状

家族企业是普遍存在于世界范围内的一种企业组织形式，对促进经济的发展发挥着重要的作用。综观国内外家族企业的成长，我们可以发现相当多的家族企业存在发展到一定程度时都会遇到信任危机的共性问题。

作为世界上最具普遍意义的企业组织形态，家族企业在世界经济中有着举足轻重的地位。在世界各国，无论是发达国家还是发展中国家，家族企业都在顽强地生长和发展着。美国学者克林·盖尔西克认为："即使是最保守的估计，家庭所有或经营的企业在全世界企业中也都会占比65%到80%之间。全世界500强企业中有40%由家庭所有或经营。"

如表2-1，很多人会认为表中列举的企业属于非常典型的现代企业，但从股权结构的角度上来讲，实际上它们都属于家族企业的范畴。

表2-1　世界著名企业中的家族企业

公司名称	家族	历史	主要产业
可口可乐公司	坎德勒	1886年成立	饮料
华特迪士尼公司	迪士尼	1923年成立	电影、传媒、主题公园
沃尔玛公司	沃尔玛	1950年成立	零售业、购物广场、超市
宝马	科万特	1916年成立	汽车、摩托车、引擎
西门子股份公司	西门子	1847年成立	通信系统、发电科技、工业等
丰田汽车公司	丰田	1937年成立	汽车制造
三星集团	韩国李氏	1938年成立	电子、机械、化工、金融保险
李锦记集团	香港李家	1888年成立	食品

据统计，家族企业创造的价值目前占据美国GDP的50%，并为美国提供

了50%的就业机会。而据美国家族公司研究所的调查，家族控制企业对美国新增岗位的贡献率达78%。同时这些家族企业不再都是控股严密的私人公司和夫妻店，它们当中有很大比例是上市公司。据《幸福》杂志统计，全球前500家大型企业中有175家是家族企业。而在美国公开上市的最大型企业中，有42%的企业仍为家族所控制。虽然近几年来美国上市公司股份呈分散化趋势，但总体上来说，家族企业仍然占据相当大的比重。

家族企业能够快速解决信用机制的特性，使方太集团董事长茅理翔先生对家族企业予以了高度认可："家族制是目前中国现有条件下最好的企业模式。"根据香港学者郎咸平教授对世界各国公司治理的研究，目前在欧洲各国中，前15大上市公司家族控制的比例均在20%以上。比利时和法国甚至高达36.63%和33.80%。

（二）家族企业的优势

1. 信任程度高，能有效降低企业组织费用

中国传统的信任关系主要源自血缘信任、亲缘信任以及在此基础上的地缘、学缘信任等，"缘"越近，信任程度越高。因此，中国社会现实中表现为对自己的家人、亲戚、朋友以及熟人信任程度较高，而对一般人不信任。由于家庭和家族成员长期共处、彼此熟悉，家族内部成员之间出现目标选择不一致的可能性要小得多。但从现实的角度来看，建立在血缘关系、亲缘关系等基础之上的家族企业组织形式也是对我国目前缺乏市场环境信任机制的反映。在社会变迁的过程中，交易中的风险和不确定性是相当大的，出于安全的考虑，选择以血缘为基础的家族企业，凭借家族成员之间特有的血缘、亲缘、地缘关系和相关的社会网络资源构建起一个具有强烈而全面的信任关系，可以迅速建立起新的集团认同，既能保证企业（组织）的有效运转，又能降低企业的组织费用，因而是可取的。

2. 反应迅速，执行能力强

企业的管理过程就是一系列决策制定、执行和反馈的过程。实行家族管理模式的企业，人事权和财权一般都牢牢地掌握在一个或少数几个人手中，便于创业者控制企业，使他能自己做决定，并且决策一般都是集权式决策。集权式决策的特点是迅速，适合于快速变化的市场。面对快速多变的市场，这种独断专行的方式能迅速做出反应，这对于创业初期资金和管理能力都较缺乏的企业是至关重要的。另外，企业的发展不仅仅是迅速制定出正确性的决策，更重要的是迅速地执行决策。执行力是企业生存、发展的重要保证。家族内部成员之间长期共同生活形成了深厚情感，有着高度的认同感和一体感，有着不可言传的默契。因此，能够在执行中较有效地落实决策者的思想。在民营企业的创业初期，家族企业决策迅速，并有很强的执行能力，是很多企业做不到的，这也是民营企业能够成功的秘诀。

3. 利益高度相关，有利于产生较佳的激励效果

在家族式企业发展的早期，大多数企业缺乏资金，企业盛衰同家族的利益紧密相连。企业内的主要经营管理人员一般都由家族成员担任，有着共同的家族整体利益，会视企业为自己的生命。为了企业，家族成员可以不惜牺牲个人利益而义务工作。这是一般非家族式企业难以做到的。利益的一致性降低了心理契约成本和监控成本，使企业不必花高价从外部聘请经营管理人员，有利于降低企业内部管理成本，符合管理学最小代理成本原则，也使家族制企业能够在很短的时间内获得竞争优势，较快地完成原始资本积累。最可贵的是，在企业发生财务困难时，企业家的亲属能在企业不能发工资的情况下坚持义务工作以帮助企业渡过难关。另外，在家族企业中也不存在高昂的委托—代理费用。企业运营过程中的人事矛盾和利益冲突也可通过家族成员之间不可言传的共识和对"家长权威"的无条件服从这一"人治"方式弥合，节约了巨额人力资本，为企业的低成本战略奠定了基础。

4. 所有权和经营权合一，有利于降低代理成本

制度经济学认为，组织是有成本的。简单的生产经营形式需要简单的企业组织形式，这样其组织成本最低。组织作为整体其效能只能由个体相互协作而表现出来，而良好协作的基础是信任。因此，信任是维持组织效能与维系组织生存的重要因素。在民营企业创业初期，作为所有权与经营权合一的家族式管理模式的所有者，发起人自己必须谨慎决策；一旦失误，他和家族其他成员所拥有的资本将付诸东流。这种特殊的产权制度是减少企业决策失误的重要保证。凭借着所有者、经营者二位一体所带来的高度责任心，可以使企业对市场机遇准确把握，采取灵活多变的经营策略，可以减少经营风险，实现企业的迅速立足和快速增长。

5. 迅速集聚人才，降低企业成本。

家族成员间的血缘关系、亲缘关系等，使得企业可以用较低的成本迅速集聚人才，甚至可以使员工心态稳定，因此减少了企业人力资源开发投资，降低了员工培训成本。

6. 沟通顺畅，决策迅速。

利益的一致性使得家族企业中的各成员对外部环境变化相当敏锐；另外，家长制的权威领导，使得公司的决策速度最快；在执行上，由于内部信息沟通顺畅，成员之间容易达成共识；在政策贯彻上，权威领导的方式也决定了执行得力。

（三）家族企业的弊端

当代中国社会经济环境中有很多适合家族企业生存的特点，所以经过近20年的迅速发展，用家族制的方法管理企业已经成为70%~80%的民营企业的选择。从国际上看，即使是市场经济发达的国家，家族企业也是最普遍的企业形式，很多闻名全球的大企业也仍然带有家族企业的色彩。

但是，随着市场经济体系逐步发达和经济日益全球化，纯粹的家族企业只是在一些行业、一定的范围内有着有限的生存与成长空间，不再能成为市场竞争中的真正主角。当市场变革速度越来越快、竞争越来越激烈时，完全由家族成员掌控的封闭式家族管理的弊端就显现出来了。

1. 组织机制障碍

随着家族企业的成长，其内部会形成各式各样的利益集团。由于夹杂复杂的感情关系，领导者在处理利益关系时会更为难，甚至会陷入两难的境地。企业领导人的亲属和家人违反制度时，管理者很难像处理普通员工那样一视同仁，这给企业内部管理留下了隐患。

家族式企业还有一个很普遍的特点：可以共苦但不可以同甘。创业初期，所有矛盾都被创业的激情所掩盖，但创业后的"三关"——分金银、论荣辱、排座次，往往给组织的健康成长造成了阻碍。当对待荣誉、金钱和权利的看法出现分歧时，亲兄弟之间、父子之间都可能反目。

因此，在推进家族企业的股权结构设计时，应该充分考虑如何利用制度和结构，尽量避免上述问题的出现和激化。

2. 人力资源的限制

家族式企业似乎天生就对外来的资源和活力产生一种排斥作用。尤其是在家族式企业中，一般外来人员由于很难拥有股权，其身份永远只是打工者，始终难以融入组织中。另外，由于难以吸收外部人才，企业更高层次的发展会受到限制。正如新希望集团总裁刘永行所说："家族企业最大的弊病就在于社会精英进不来。当几兄弟都在企业的最高位置时，外面有才能的人进不来，并且一家人的思维方式多少有些类似，也没有一个突破点。大家各有各的想法，要决策某件事就很难，容易耽误商机。"

第三方股东和第三方人员非常难于进入企业内部，这是所有的家族企业在规范化或者提升的过程中都会遇到的一个难题。案例2里面三兄妹的家族企业，在我们介入之前已经换了五任总经理，不是因为能力不行，也不是因为公司给的薪资不够丰厚——在湖南可以出到50万元年薪去聘请一个总经理，确实算是很高的水平了。但是每一任总经理都会碰到一个相同的问题，就是自己没有办法融入企业的制度文化中去，究其原因就是他们始终不被信任。

3. 不科学的决策程序导致失误

决策的独断性是许多民营企业初期成功的重要保证，许多企业家在成长过程中靠的就是果敢、善断，因为抓住了一两次稍纵即逝的机会而成功的。但是随着企业的发展，外部环境的变迁，企业主的个人经验开始失效，随着生意规模的扩大，投资的风险越来越大，不像创业初期那样，一两次失误的损失还可以弥补回来。这个时候，保证决策的民主性、科学性就显得越发重要。

【案例4】

我曾经为一家非常典型的家族式企业做过辅导。这是一家从事农业领域的企业，父亲是董事长，儿子辞掉公务员之后来做总经理，儿媳则任总会计，是基本上每一个岗位都由家族成员把握的组织结构，即使是最靠外的管理人员也是同村的村民。而老板的观念非常朴素：作为老板就是管理好人、财、物这三样资源，自己则必须是最有能力的业务员。

面对这样的企业结构，如果我们直接进行组织改造的话是非常困难的。比如把一个团队硬性分割为A、B两队，这样第三方加入并产生问题后，所引起的敌对情绪会导致A、B两队之间更加团结。这样，潜在问题根本无法得到解决。这是一个很普遍的心理现象。

于是，我们帮助他建立了2~3个类似于专家委员会的机构（决策委员会）。因为这种方式，无论是作为老板还是其他参与方都比较容易接受，他们会认为这是引进了一个顾问。

当时最开始引进去是某管理学院科班出身的一位外聘总经理，他进去以后第一个想法就是完全按照企业管理制度那一套来操作——所有的人竞聘上岗，所有的组织重新搭建，彻底改造到位。想法很简单，但一旦着手实施，他就发现问题没那么简单。有时候你跟老板口若悬河地讲两个小时的管理理论，还不如他亲近的人一句话有用。

所以我们立即改变了思路，如果以一台电脑来比喻，我们就是帮他在现有的完整组织结构外面插入一个"插件"，即在组织决策流程中插入一些外部机构（律师、会计师以及管理咨询专家）。在执行改造具体操作的过程中，我们会要求企业出台的任何方案都必须经专家委员会认可后才能施行。当这种习惯形成之后，慢慢地他们就会发现组织已经开始围绕专家委员会形成了新的制度，这也为我们下一步推进工作奠定了基础。

（四）家族企业股权设计路径

改革开放以来，中国的家族企业在不到30年的时间里，完成了国外类似企业百年的发展历程。经济发展起来了，企业规模扩大了，但是如何实现现代化企业管理的转型以及如何融合社会资本，实现现代化企业的稳定发展与传承，已经成为束缚家族企业发展以及家族内部矛盾的主要问题来源。而有效解决这些问题的基础就是家族企业的股权结构。股权结构是否科学、合法是决定家族企业内部上演"全武行"而成为"真功夫"，还是遵循商业以及法律原则在律师的协助下完成"和平演变"，成为"海底捞""国美电器"的分水岭。

基于此，我从家族企业的发展与传承角度，简单分析一下家族企业的股权结构设计。

1. 股权简单明晰

特别是在企业初始发展阶段，不能碍于亲情或者友情随意或者刻意处置股权，否则会使股东人数众多，亲属关系复杂。例如真功夫的股权关系中既有直系亲属，又有姻亲关系，这最终导致蔡达标身陷囹圄，真功夫也错过了最佳上市机会。

2. 坚持按照法律和商业规则治理企业

哪怕是最为科学的股权设计和最为完善的企业管理规则，如果不坚定地予以执行，也将成为废纸一张，起不到应有的作用。杜绝"老好人式的"家族治理模式，引入完善的创始人退出机制，是家族企业向现代化企业转型的重中之重，也是家族企业或者家族财富有效、稳定传承的前提和基石。

3. 一股独大

一股独大的股权设计，不符合中国人的"儒道思想"，还会被误解为自私、贪婪。但是在现代化企业的股权架构中，一股独大代表着集责任、风险、高效于一身，利于家族企业核心力量的形成。并且这种一股独大的现象也是暂时的，当企业发展到一定阶段，按照市场经济规则与社会资本融合的时候，它必然完成历史使命而合法、有效地退出。

4. 逐步实现控股公司持股，尽量避免自然人直接持股

这种股权设计模式是基于避免股份分散而引起控制权丧失风险的思维。同时在公司融资、上市等重大事项决策时，这种模式也会起到简化决策流程、避免僵局或者家庭纠纷等其他不特定因素风险。如著名的"土豆网"事件，就是因为创始股东的婚姻家庭问题导致了土豆网的失败结局，也才有了著名的"土豆条款"。

并且，在税务筹划层面，自然人持股与公司持股在股权分红、未分配利润转增股本、股权转让等方面的税务筹划区别很大，自然人持股的话税务筹划空间有限。

5. 提前设计家族企业股权传承

股权设计是家族财富传承的重要环节，随着中国"创一代"民营企业家财富数额的不断积累以及财富形式趋向多样化，在进行家族财富管理时，专业前置的股权设计方案及实施将会对事后可能出现的股东管理僵局及家庭内部矛盾的预防与化解起到至关重要的作用，可有效避免财产纷争。

三、股权结构设计中"形而上"的问题

在做股权结构设计的时候一定要重视一个问题：如何帮助企业去形成自己的价值观、愿景和使命。

很多人会觉得这个问题可能是在夸夸其谈，也有很多人会认为这不是外部机构该做的事情，实际工作中这个问题也并不被企业所理解。如在进行股权设计的过程之初，我们首先需要了解企业的价值观和企业文化，很多企业核心领导人就会不以为然，似乎认为股权设计就是为了解决分钱的问题。当然也有很多的咨询机构也都在宣传，股权结构设计所制定的就是一套分钱模式。但是，即便所有的人都在讲这是个分钱的模式，设计者也不能这么讲。因为一旦你给大家传输的观点是"股权设计就是如何分钱"，那就等于承认在你的价值观中钱排在第一位。一旦企业这么去暗示，无形中就确认了企业的核心价值观是"唯利是图"，那么在这样的价值观文化之下，员工会去工资更多的地方，股东也会为了利益背叛团队，之后他们再跟企业来竞争甚至是厮杀，难道不是理所当然的吗？因为这个企业的文化和价值观就是唯利是图，钱就是唯一的评判标准，那么当然是谁给的工资多就去谁那里。另一个问题是无论是企业还是组织，最终目的其实就是如何在产业链中找到自己合适的位置，并且产生 1+1＞2 的效果。在这个过程中，设计师需要协助企业找到一个适合它的整体的组织模式，但是这个寻找的过程是多专业相辅相成的。

有一个案子我印象很深，在这里与大家分享一下。

【案例 5】

曾经有这样一家企业，其公司领导花了一两百万元听遍了市场上那些培训机构的课程，后来才通过一些途径找到我们湖南元端律师事务所，说自己很认可很多"大师"所分享的"分股就是分钱"的思维。

但是通过参加我们的培训课程，他逐渐认识到自己的想法是非常片面的，因为他更加认同"如果你只把它看成一个分钱的模式，那么你金钱至上的价值观就决定了你员工的忠诚度不堪一击。如果做股权激励，员工很可能会因为多分或少分了一分钱而留下或离开公司。"

在此之前，这家企业就是以这种价值观通过一个"股权大师"协助做的股

权激励，结果设计完成之后就发生了员工离职的事情。

公司是一家从事技术产品及服务业务的专业机构，发展非常快。在推荐股权激励的时候，公司领导反复向员工灌输的就是"将来会带着大家一起发财"这样的观念，这的确十分振奋人心。但是他们制定的核心员工标准是高级技术员以上，有一个踏实肯干、技术优良，但不善于晋升的中级技术员，他的主管向领导反映这个人水平很好，建议破格地给他一个晋升机会，把他纳入到股权激励计划中。因为企业当时处于筹备上市阶段，老总觉得制度就是制度，既然规定了高级技术员以上，那中级技术员就不可以。并且如果每个人都这么讲，是不是要把每个人都纳入进来？那么制度的严肃性又在哪里？从制度角度上而言，这位领导是没有错，因此他也就没有破格通融。这名技术员在公司工作了4年，结果在没有资格参加股权激励，而且全公司都是尽早拿工资、以金钱而不是忠诚度为优先考虑的文化氛围下动摇了。当另一个企业给予他10万元年薪和股票期权的方案后，这位员工年底拿了年终奖就离开了公司。

离开之后，这位技术员就和竞争对手的公司签约了。当然，因为离开前他与之前的公司签了竞业限制协议，而前公司也非常规范地每月按期支付竞业限制补偿金，所以他们开始用一些手段来规避竞业限制。

首先，虽然这位技术员在现在的公司任职，但整个公司名册里面没有他的名字，仅仅是放了一个代号。其次，他名义上是被派到各个地方做售后，但实质上违反了竞业限制协议。天下没有不透风的墙，很快前公司发现了端倪并请了私家侦探，私家侦探也如愿拿到了能够证明这个技术员违反竞业限制协议的相关证据。

于是一纸诉状，前公司将其告上了法庭。他们要求这位技术员根据合同约定，向前公司赔偿10倍工资（该技术员年薪为5万元，10倍赔偿为50万元）。诉讼过程漫长而激烈，双方为了案件都投入了大量的人力物力：对前公司而言，杀鸡儆猴，势在必得；而对于技术员及其身后的新东家而言，也肯定不愿意轻易认输。

诉讼进行了将近3年，最终结果是调解结案，新东家的董事长个人掏了50万元。而背后的深层次原因，则是因为新东家已经通过这几年的时间快速发展了起来，同时也进入了申请上市的阶段，为了公司经历不留污点而痛快结案。

从案件本身来看，似乎原企业完全胜利。但是如果你看到他们的竞争对手因此快速崛起，甚至大量蚕食了前公司的市场份额，而技术员也在新东家上市后，兑现了期权，进账过千万元。也许你会产生更大的疑惑，为什么会发生这样赢了官司但是输了结局的事情呢？

前公司会觉得是律师写的合同没有足够的条款来约束这名技术员，但是这个案件是律师的错吗？其实竞业限制10倍赔偿已经很苛刻了，而当时能把中级技术员都列入竞业限制范围更是想得非常周到了。这个案件不是律师的问题，也不是法律的问题，而是对于制度的理解问题。因为我们认为股权激励是一个以股权的方式对具有"远期人力资本价值"的人才进行投资的行为。因此重要的是如何辨别合适的、值得投资的人才，并通过合理的方式将其招揽入团队。但该企业文化中缺乏对正确的价值观的引导，导致在进行股权激励的时候，没有充分地考虑到人的潜在价值和"忠诚度"等指标，没有不拘一格地吸引和捆绑更多的潜在人才，这些综合因素导致了这样的结果。

试想，在当时主管领导都认为这位中级技术员是一个不可多得人才的情况下，如果当时把他纳入股权激励，结果可能完全会不一样。所以在这个过程中，股权激励对于人力资源来说是一把"双刃剑"，不具有远期人力资本投资眼光的企业会在做决策时非常急功近利，有些人一旦没有用，就会被非常残酷地踢出局。

而且，我们要考虑到客户的决策流程是很有可能会出现失误的，这是基于容错率所要作的思考。这要求我们跟客户沟通的时候，一定要把他没有想到的疏漏找出来。一旦找出来，对我们而言就意味着把控了整个方案的核心思路。

很多家族企业的带头人始终存在着一种不安，因为很多人都在告诉他们家族企业这种模式会在未来某个节点发生问题。因为家族企业是用血缘信任代替商业信任，但是血缘信任绝对不可能自然地变成商业信任。没有制度作为支撑，它最后的结果往往也是血缘抵不过利益的侵蚀。因此家族企业最终走向通过法律来建构自己的现代企业制度，将是历史发展的必然。

信用建设也是如此。比如华为等这些大公司所做的股权激励，有一个非常有趣的特点。华为本身并不是一家公众公司、上市公司或者股份公司。但是华为每年都会花大量的钱去请毕马威这样的大会计师事务所来出具报告，而且这个报告是直接跟虚拟股权的权益相关的。这实际上是华为是借第三方信用来建立自己的信用。这是一种非常简单但又非常有效的方式。因此如何在股东层面上建立企业自己的信用体系，这是我们做股权结构设计需要切实解决的问题。

比较通行的思路，就是在顶层架构的流程节点中以规范化、标准化的思路把这些内容单独提炼出来，形成一套可查可控、最终可验证的体系。如果真能把它制定完善，对于企业的信用建设将有非常大的帮助。

第三节　生产要素有效配置原则

生产要素有效配置的核心观点：通过股权结构设计来帮助企业实现自身的生产要素有效取得，并且以生产要素作为分配的内部动力机制。

生产要素有效配置原则是做股权结构设计的核心思路，而且这一原则必须要贯穿在整个股权设计的过程之中。大部分人所说的股权结构设计其实只是狭义的技术层面，包括合同怎么写、机制怎么设定等。并且大部分的培训课程或者自己的研究都是处于一个"知其然但不知其所以然"的阶段。

很多企业核心领导都会问到一个问题：既然可以给一个团队10%的股权，那么可不可以给到10%、15%或20%？在这个时候，很多人会不清楚其中的要点，会觉得这是一个十分随机的过程。

而我们认为，每一个股东在整个组织结构中都应该是某一个或者某几个生产要素的提供方。如果不能满足这个条件，那么他就不是一个值得考虑的股东。每一个企业都有它的商业目的，如果股东们准备要开始一个项目，一定要考虑清楚该项目需要哪些生产要素（资金、技术、渠道等），并同步去考虑自己的股东中能够对于这些生产要素提供什么样的支持。

【案例6】

有一家做智能硬件的企业，老板是个技术型人才，股东是他两个同学，也都是从事技术行业的。公司最开始设在深圳，后来因为深圳生产成本太高而迁回了湖南。当在深圳把智能硬件开发出来之后，他们对于产品的技术优势是非常有信心的，但接下来的问题是：产品做出来却没地方销售，也不知道销售给谁，也就是说没有一个相应的运营销售渠道。

后来他们找到我们进行股权方面的咨询。谈起资金是怎么解决时，他们是这样阐述的：首先大股东卖了一套房子，然后另外两个股东又投入了其余部分的钱。而技术方面就是三个人一起做研发。但当问起他们的营销渠道，包括上下游资源是什么的时候，他们是比较茫然的："我们只是单纯的想研发出这个东西，至于上游下游是什么，还真是没有想好。"

其实这就是一个典型的技术宅男、技术控的思维，他认为他所研发的东西很好，但是他并不清楚自己的上下游应该怎么去搭建并形成良性的互动，更不用说用股权进行整合了。

于是通过沟通，我们共同确定了一个方案：让他们的公司迁回湖南，并找到当地一家规模非常大的上游连锁企业来洽谈合作事宜。这家企业当时正好也在筹备IPO。事务所设计的方案是：出让给连锁企业60%的股权，以并购的方式让这家企业成为连锁企业的下属子公司。这样，他们公司就只负责进行技术研发，而生产和销售两头全部由母公司进行。这个方案能够让该公司股东团队的技术型优势发挥到极致，而尽最大努力去减少他们在供应链端的劣势。

出让60%是基本没有溢价的，但是作为被收购方，他们提出了非常明确的生产资料量化条件：第一，在生产端方面，要求母公司解决所有的生产投入问题；第二，要求母公司在它所有的连锁门店对该公司所研发的产品和服务保证长时间、大面积的推广投入，并且跟其他相关用品进行捆绑销售。

当时这个设计方案提出之后，那位企业负责人是非常纠结的，因为出让60%的股份相当于自己直接把公司控股权拱手让人，这确实让人难以接受。但后来通过我们的分析，他认识到这个设计方案为企业补强了自己的短板，创造了一个非常好的发展机会，因为在整个项目中他们作为子公司只需要考虑一个问题——技术来源，而剩下所有的生产、运营、销售等要素全部是母公司在做。

在我们所坚持的"生产要素结构"理论里面，一个项目的生产要素其实只有两种获得途径：第一种途径是市场购买，无论是人力物力还是技术，都需要足够多的钱投入进去；第二种是由股东来提供稳定的生产要素支持。

对这家企业来说，当生产要素的问题能通过股东支持的方式解决时，得到的好处是非常明显的：

第一，会大大地提高企业容错率。因为企业是依附在一个极大的集团上面的，而那个集团本身就有生产小型电子硬件的生产线，无非是再多一个产品而已。第二，解决了广告运营投入的费用问题。对于他们企业来说，如果要铺3000个点，仅是3000家门店的入场费他们都是花不起的。第三，保障了后续的研发支持。如果是自己闭门造车，还需要去购买一些竞争性的专利，等等，这些投入都不是一个小数目。

另外，一旦自己的产品跟母公司产品进行捆绑销售的话，他们又可以做出更多衍生的产品出来。因此在这个方案里，他们只是解决了生产环节，但是母公司可以给你整体的生产要素支持。这种优势给企业带来了更大的发展空间，到第二年更加明显，因为当技术和产品进入了一个完整的供应链体系后，整体的营收和利润较以往都以翻倍的速度增长。

而在这个案例中，我们的思考逻辑就是：当股东只解决了某一个点的时候，就应该从整个供应链去进行考虑：要使这样一个项目真正落地和实现盈利，我们还需要想清楚哪些股东支持的问题！

当然也有人会问，如果我所有的股东都是出钱的行不行？并不是只出钱不行，但如果你的股东全部是以现金投入，并且在其他的生产要素上没有足够多的支持能力的话，那么一定要告诉他们一个很明确的要求：投入足够多的钱。因为，如果项目所有的生产要素都来自市场购买，那么资金将成为最为核心的生产要素。

所以我们经常说，如果你要投资一个项目，有一个很大的忌讳在于"因为害怕损失而不给足资金"。一个产品要1000万元才能做到1.0的状态，但又觉得风险太大，决定先投个300万元试试看。这是最愚蠢的投资方式，要么就干脆不做，要么就拿出足够的钱做到尽善尽美（如果自己不能或不愿意全部承担，可以采取多股东跟投等方式）。毕竟如果不能给足必要的资金，项目失败的风险没有化解，前期所投资的资金反而大概率就是成为沉没成本。

所以在这种情况下，企业一定要理清自己的思路。在创业的初始阶段，对股权进行设计时就不要把股东看成某一个人，而需要把他们按照类型区分，即放在项目层面每个人能起到什么作用和提供什么支持，只有量化到这个层面后才可以进一步提出要求。在本案例中，我们就代表智能硬件企业向连锁企业提出了非常明确的量化指标（作为对等条件，智能硬件企业创始股东也同意以基本不溢价的价格转让了自己的控股地位），而量化指标涉及到从生产、销售到全方位支持的各个方面，以保障公司在完成研发的基础上，能够最大程度地利用集团所具有的平台，最快和最大程度地实现产业价值。

而量化指标会和转让给母公司的股权比例相关，也就是交换条件，即法律上所讲的"对价"。但是大部分人把对价理解为一个金钱支付，这是不对的，它应该是一个可用于双方交换的价值衡量。我们的价值交换是以能快速地获得在生产销售及其他端口上的要素支持来保证的，这就一定要有明确的指标。而容易犯的一个错误恰恰是没有制定具体的量化指标。我们经常会概括性地讲这个股东特别有资源，然后以一句"他是我的资源型股东"就轻描淡写地带过了。一般对于这种股东，我们要明白他的资源是什么，他的资源在商业上体现的是什么。所以一定要多问几个问题来搞清楚那个股东提供了什么资源，他的资源在什么阶段、以多快的速度以及多大的量来提供。总之一定要有一个明确的量化指标。

如果股东直接出钱，大家都能迅速地想到他能给多少钱、什么时候到位，以及他出资的节奏。但如果他给的是别的呢？这时候一定要明确量化指标。从法律上来讲，这就叫附条件的股权转让或附条件的增资。而发现、厘清并充分运用这些条件正是专业机构最有价值的地方。所以不要忽视这些条件，这样，与专业机构合作才会轻松地解决问题。我们不妨来看下面这个案例来认识一下明确量化指标有多重要。

【案例7】

有个产品本身很不错的企业（以下称甲方），当时最急切的就是在整个市场上寻找的合伙人，想把产品销售到全国各地去。然后有个第三方（以下称乙方）就来寻求合作，而甲方提出了一个条件：你们在当地有销售点，能不能让我们的产品优先进入你们的销售网点，然后让产品在每个点都全部落地，这样我们就可以迅速完成全国布局。

当时乙方觉得很好，因为对于他们来讲，不仅没有增加太多成本，还增加了一项业务项目，同时甲方的团队还可以直接为他们所用。但是在双方签订合同并正式履行的时候，问题出现了。

首先甲方是按照注册资本没有进行任何溢价地向乙方转让了股权，甚至以甲方实际的资产和品牌而言，以注册资本为基准计算的转让价格，其实是给予了极大的价格折扣，而甲方本身的想法，就是通过这样的价格优惠，来推动乙方积极地将自己的产品进行全国布点。其次，在合同框架里面仅仅有一段描述：甲方和乙方签订的股权转让里面，乙方承诺将甲方所生产的产品在自己的销售渠道中予以铺货。

这段描述看起来很简单，铺货本来也就是这个概念。但是在后来去履行合同的时候，甲方就发现了一个很矛盾的问题：乙方确实也在铺货，但完全不是自己所预想的那样。

第一，他们可能会铺到一些相对比较边远的地方，不是公司业务的核心区域；第二，铺货的速度远远慢于甲方的想象。由于在双方的合同中，并没有对于铺货的具体量化指标、要求进行明确，双方产生了履行上的认知偏差，于是双方之间就发生了很多矛盾和摩擦。甲方会感觉自己引进乙方，并以低价转让了股权并没有达到预期目的，但是合同中又没有关于这一部分的违约或退出机制，这让甲方陷入了两难境地。

从这一案例发现的根本问题在于甲方的量化指标不明确，而且量化指标和股权之间的勾稽关系也是不明确的，这样他们肯定会陷入一种比较被动的状态。

第四节　股权商品化原则

一、资本思维

一般而言，作为一名企业家一定要有两种思维：第一是产业思维，第二是资本思维。资本市场与产品市场，这两种市场都有不同的游戏规则。市值已经变成了现代公司的一种生存方式和价值实现形式，但很多公司只熟悉产品市场和利润的概念，而不熟悉资本市场和市值概念。现在很多做市值管理的公司都开始介入资本运营领域，实际上就是弥补企业在资本思维上的落差。

所谓产业思维其实很简单，例如卖矿泉水，我们肯定要考虑一瓶水的成本是多少钱，目标定价是什么，它的目标市场又是什么，主打健康还是主打别的理念等。有一些企业家脑洞非常大，比如把一箱水送到庙里，让著名的方丈开光，然后卖给那些信佛的群众，价格就一下子近百倍地飙升到200块钱一瓶。这种做法当然是可以的，只是不适合企业长期运作。企业家会有很多这样的思路，但问题是有没有资本思维。而资本思维最简单化的描述，就是指把自己的股权作为一件商品来进行运营的思维。

如果把股权作为一件商品，那它的定价原则是什么？它的营销原则是什么？它的目标客户是谁？它的目标市场又是什么？而企业家有没有这种思维？如果有，就去实现；如果没有，一定要把这个思维建立起来，然后往这个方向走。

【案例8】

2017年春天，我们接到一个项目，当时那位客户非常不认可资本思维，在他看来所谓什么资本都是假的，都是没有太多价值的。

后来我们用这套逻辑跟他进行深入沟通，他才觉得是有理论根据的。他本身是当地国防科大的教授，做的也是军工类产品。他们产品看上去小，但实际上是非常先进的，并且是一种可以军民两用的材料。

产品研发出来之后，他找过很多的投资者，也找过各种投资机构。但一个很有趣的现象就是"看过的都说好，就是没人投"。所以他是非常郁闷的："自己研发的这么好的东西，这些从事资本运作的，竟然没一个看得懂。不仅看不懂，而且根本就没有人对他这个东西感兴趣。"因此他对资本市场很失望。后来我跟他说，之所以会出现这样的问题，就是因为你找错了目标客户（投资机构）。如果你把自己的股权看成一件商品，那现在去找投资机构无疑不会不妥当，因为你现在还处于实验室的中试阶段，要真正形成生产力还有很漫长的一段路要走。我问他："你的产品形成实际的量产大概要多久？"他说："快的话5年，慢的话可能要6年以上。"因为科学是个很严谨的事情，特别是用在军工上的材料，更加不是开玩笑的。所以对于科学家来讲，五六年的研发过程确实很正常。

我给他细致地分析了一下运作流程：一个私募股权投资基金，正常的存续期一般是3+2或者5+2，基本5到7年是一个正常的存续期。这就意味着从募集资金到投入这个项目，再到退出，最长7年之内他必须要完成，否则他就很难面对他身后的 LP 投资人。于是我对他说："您这个产品研发期都要五六年，还不能确定到时候市场能不能接受，当然这种产品的市场购买主要是军方或者政府，似乎这个风险会不大，但问题是，你能保证五六年之后没有同类型更好的产品出现吗？即使是现阶段，你的竞争品是哪些又清楚吗？"他说："无非就是其他几个军工类大学，他们也在研究这种产品，但是我看不起他们的技术研发能力。"我说："这不是你看不看得起的问题，而是你所研发的产品能不能在商业上具备价值，股东们愿不愿意跟你用 5 到 7 年的时间去冒这个险？"

这位教授的研究领域确实比较特殊：第一，投资机构根本就听不懂他的产品究竟是做什么的，因为技术门槛确实很高；第二，大部分投资机构的确不会有耐心，也不可能冒这个风险去对他这个还在实验室中试阶段的产品进行投资，然后在一个漫长的时间周期内等待成熟。

根据我们的分析，能接受他的产品的投资人，很大可能是战略性产业资本，而且是跟他产业上下游有极高相关性的产业资本。这些人才有耐心投资并等待产品成熟。

后来他就根据我的方案找到了一个合适的上游大型企业，通过引进上游企业的资金，将该项目作为一个储备型的战略方向进行孵化，因为这才是它这样的项目比较适合的投资方式。

这就是一个非常典型的例子。在企业进行股权结构设计时，如果能够结合行业与产业特点、围绕产业链进行整合和结构设计，必将起到事半功倍的效果。

二、股权商品化的常用形式之股权激励

讲到股权结构设计，都必须提到其中的一个必备模块，就是股权激励。股权激励有一个问题是很多企业不知道自己什么时候该做股权激励，可能仅仅是凭直觉认为该做了，或者是因为自己的团队已经出现了背离的情况，感觉到痛了才要做股权激励。

当然不应该是这样的，股权激励同样是有逻辑的：股权激励其实就是对人力资产的资本化，也可以说是股权激励就是对人力资本的远期交换。它是对人力资本的远期投资，是企业必须主动而且长期进行的投资行为，也是最安全的投资之一。

举个简单的例子，假设把我视为一件资产，如果我 20 年前站在客户面前寻求合作，可能大部分人都不会理我。因为 20 年前我刚毕业一两年，没有任何实践经验，更没有资历。但如果今天让我们合作一个项目，不管最后有没有合作成，客户肯定会考虑的。也就是说大家会觉得我有价值，我们有合作的基础和可能性，即作为一件资产，我实际上是在增值的。

如果我们建立一个坐标轴，竖轴是人的价值，横轴是人的时间，如图 2-1 所示。以我个人为例，作为律师，大概 35 岁之后，随着我的成熟度、经验、人脉资源的增加，如果把我视为一件资产，我的价值是陡然上升的。

如果我们去对比一个人在一个团队中所能获得的薪酬，并建立一个薪酬增长曲线，脑海里想想这两条曲线，你就能理解为什么当很多人刚刚毕业的时候，即使是面对非常低廉的薪酬和苛刻的条件，但他们仍然会接受。

其实不是生活所迫，而是因为当这个人的人力资产的价值曲线低于薪酬曲线，它处于这个曲线的下方时，大部分人会认同这个薪酬的合理性。大部分的员工不会有不满，因为自身价值还处于一个资产自然增值的过程中。

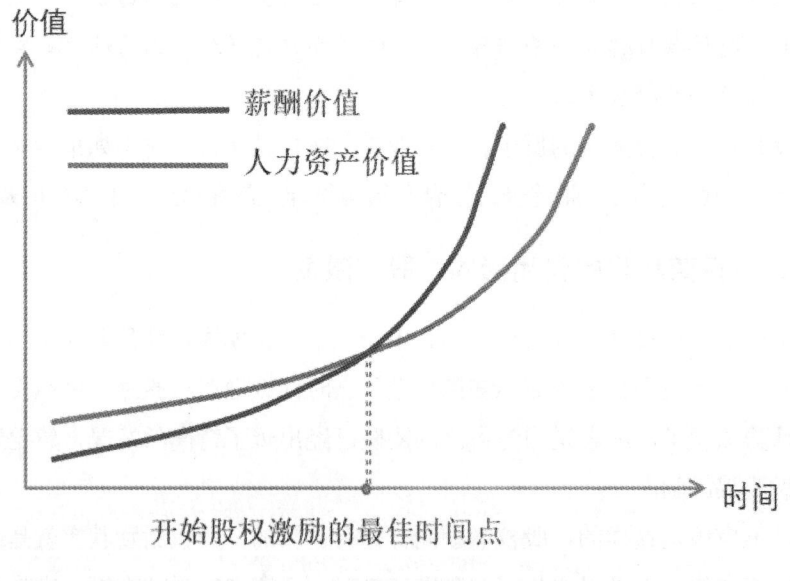

图 2-1　股权激励时点分析

那在什么时候需要做股权激励呢？就是当团队中的核心人员，其人力资产的增值曲线和薪酬曲线交汇并且开始背离的时候。这句话可能讲得稍微学术化了一点，通俗来说，是公司给的工资和他本人的价值相比太少了，他会产生不甘心的情绪，进而会思考是否应该离开团队，寻求能够用一条新的、更高价值的薪酬或者利润曲线去覆盖自己的价值曲线。而他开始不甘心的点，就是价值和价格相背离的点，就是要准备做股权激励的触发点。当然这个点不可能那么精确，但是这个交汇点是真实存在的，它可以通过一些方式来推迟。

第一种方式是涨薪，但是薪酬曲线是不可能这样陡然大幅度提升的，所以大部分人通过跳槽来填补这个空缺——跳到新的东家，换取一个更高的薪酬。

第二种方式是增加企业平台的附加价值。比如，一个人在湖南一家企业做技术员，薪酬是 8000 元钱；但是如果他有机会到深圳腾讯公司任职，同样是 8000 元钱薪酬，他肯定会去，因为腾讯这种平台会给他增加很大的附加价值。

第三种方式是改善企业文化。有些员工虽然对薪酬不满意，但并不会选择离开，因为觉得老板还可以、团队氛围还可以，待着比较舒服。

但是如果最终还是不行，那就必须要考虑股权激励了。

因此，企业需要有一个长期的股权或者合伙人机制，而这种机制能够让团队成员填补薪酬曲线和人力资本价值曲线的落差。每一个问题的背后都是有逻辑可循的，因为每个事物都可以在经济上找到理由，每个问题都可以在经济上找到方法。

在许多具体操作的过程中，股权激励很容易沦落为股权奖励，即论功行赏。所以一定要注意这个原则：股权激励从来不是对过去的评价，而是对人力资本的远期投资，是企业必须主动而且长期进行的投资行为，也是最安全的投资之一。

股权作为一件商品是用来交换东西的；如果是股权奖励，那就是对员工个人过去的评价。比如这个人工作非常努力，就给他一个跟年终奖差不多的奖励，只是换了一种形式。但是如果是股权激励，就一定要清楚明白这个概念，它是对未来的人力资本价值的交换，就需要对整个团队进行评价。

股权激励实际上有两个基础，如果没有这两个基础，那这个企业就应该考虑首先夯实自己的基础然后再来启动股权激励。

首先，基础制度必须完备。很多企业准备做股权激励，但是发现：首先，它没有对员工的评价机制；其次，它没有对绩效或劳动成果的核定机制；最后，没有对未来工作的范围边界以及成果的规划、要求，即希望这个岗位以后要达到什么样子。比如，现在要激励财务总监，对他的评价机制是什么？对他目前的工作成果的这种核定机制是什么？如果不清楚一个好的、适合公司的财务总监要达到哪些标准和条件，把这些内容清晰地描述出来并不是一个很简单的事情。如果只说财务总监是个好人，那就没办法进行股权激励了，因为他必须是一个可以在专业上量化衡量的人才。

三、股权商品化的应用

我曾经在2002年底与某个上市公司的投资部团队一起，接触了当时的华谊兄弟传媒。

当闲聊时，有一位投资经理讲了让我印象非常深刻的一句话："我们怎么去看待这样的一家公司的投资价值呢？"

确实华谊旗下有很多艺人，也有很多名人八卦什么的。通过随行人员的详细介绍，我们听得津津有味又惊讶不已，像是在听天方夜谭。

但当我们来探讨这种业务模式或者说公司的价值时，大家却有些争议，他举了个简单的例子：类似这样的公司，现在跟这些艺人签的都是经济合同或代理合同，当合同到期这些艺人不跟公司续签了，全部走掉，那公司还值多少钱？很有可能根本就不值什么钱了。

所以我们相信，华谊兄弟当时也应该在思考，到底公司的价值在哪里。讲得不客气一点，只要有类似的人脉资源，在外面谁都可以再成立一家同样的公司，连运营模式都可以做到完全一样。

很多企业觉得能赚钱就是企业的价值，其实不是这样的。我们认为：企业价值既跟市值管理相关，又跟生产要素提供相关。

因为像华谊这种电影制作及运营型的公司，它非常重要的市场价值或者生产要素都来自于明星以及在这个行业中具有资源调配和主导能力的各方。我们可以看看图2-2所示的华谊的一些持股人员：

第二章　不以规矩何成方圆：股权结构设计的原则计 〉〉〉

图 2-2　华谊兄弟传媒股东

前面是王忠军、王忠磊两兄弟，这不用说了。第三位是马云，你说王氏兄弟是因为看中了马云投的这 10% 的钱吗？肯定不是的，马云代表的是在这个行业中的名人效应和资源布局：第一，他能起到为品牌背书的作用；第二，阿里本身就有阿里影业以及所整合的电影票销售渠道等。这些对华谊来讲就是一种布局。所以马云在这里面所提供的生产要素不是钱，而是整个行业的资源整合能力，或者是平台能力。

排在第四位的是冯小刚，其中所牵连最深的一个问题就是当年华谊收购冯小刚下属公司，并且签署对赌协议。这背后的逻辑就是，冯小刚对华谊来讲就是一个生产工具，华谊通过持股的方式，深度捆绑了这个核心的生产工具。虽然说一个人是生产工具有点不礼貌，但实际上在影视传媒行业，导演、制片和明星演员本身就是核心的生产要素。而后面的股东也证明了这一点：既有导演、也有明星。像江南村这种情况实际也是如此，华谊肯定也不是因为看重他 4% 点多的投资。

当然这里面可能需要一个配置比例，比如为什么有些人只有那么一点点股权，却也会被捆绑呢？我们不知道这背后有没有对赌协议等，但其实看一看冯小刚这个例子就会发现，资本编织的就是一张将足以支持这个产业运转的生产要素、推动运转工具关联起来的网络。

所以，股权结构设计核心的要素是在合作主体之间建立一个强联系的网。

075

这种联系对外能够为公司的价值提供支持,对内则可以成为绑定人的重要支持。在这个过程中,如果股权是一件商品,我们就要考虑该给谁。

很久之前,我曾经为一个汽车越野俱乐部进行股权结构设计。刚接触之初,发现俱乐部老板既能喝酒又很豪爽,每次碰到聊得来的人都会说:"给你股权,大家一起来合作!"他跟我也说过这样的话,张口就给我10%的股权。当时我看他酒气冲天,估计也是随口说说,肯定不能当真。

后来他请我做顾问,我就这件事跟他诚恳地说:"你仔细算一下,如果把你酒前和酒后送出去的股权加起来可能已经超过百分之百了,你自己说话前一定要想清楚,合作可不是这么玩的。"

虽然这个故事好像笑谈一般,但是这个背后的逻辑则是,以股权为媒介的每一次交换的目标以及它的对价,就是我们进行结构设计必须首要考虑的。

而企业存在于一个动态的时间和空间里,随着它的成长(不管是正向或是负向的),它每个阶段的需求、需要解决的问题也是不一样的;这也是我再三要强调的一个问题:不要把股权结构设计看成一个点上的问题。举一个最简单的例子,对于一家企业来说,"融资是终身的任务",那么处理融资过程中的问题,也是企业自始至终必须面对的。

以我的经验来说,一家企业在完成了初始的股权结构设计之后的大概两三年,它会进入一个新的发展阶段,那么就需要做一个相应的调整。举个例子,客户要引进技术型的股东,在这种情况下我们会给他设计一个对未来的规划,把股权掌握在多少比例之内,然后再给他一个释放的节奏和节点,而这个节奏和节点是跟他的技术研发水平相关的。这是一个大范围上的规划,没有人能准确预测未来技术会进步到什么水平。但是当我们给出客户这个方案时,他会比较清楚在哪个节点上就可以考虑以股权的方式引进什么样的股东了。这就是我们规划的作用。

但是也许两三年之后,技术的进步到了另外一个阶段,客户会发现现有的技术团队不符合企业的需求了,客户更需要的也许是新的技术团队。那么这个时候,客户就需要一个类似足球队的"上下场机制",在法律上来说就是股东的"进入及退出机制"。

所以,什么才是最好的投资?就是对内部人才的投资,其最大优势是安全边际较高。对人才资源的资本化投资可以反向做厚公司的价值，所以我们要以储备资源的心态面对股权激励。

四、重视手中不多的交换筹码

股权商品化的原则就是把它看成筹码，比如一个上市公司有多少倍的估值、有多少倍的变现，等等。但是，现在所有的一切只是解决了当股权价值足够高的时候，向市场上流通或者变现时所获得的价值。而从最开始做设计、做全盘规划的时候，首先要考虑的是股东对项目的价值。

在一个项目的前期，有三种人肯定是我们要考虑给予他一定股份的，或者用股权作为一个交换条件的。他们分别是天使投资人、短期资源提供者和员工团队。其中员工团队前面讲过了，下面重点讲述前两种人。

（一）第一种人——天使投资者

天使投资人又被称为投资天使。天使投资是权益资本投资的一种形式，指具有一定净财富的个人或者机构，对具有巨大发展潜力的初创企业进行早期的直接投资，属于一种自发而又分散的民间投资方式。"天使投资"一词源于纽约百老汇，特指富人出资资助一些具有社会意义演出的公益行为。对于那些充满理想的演员来说，这些赞助者就像天使一样从天而降，使他们的美好理想变为现实。后来，天使投资被引申为一种对高风险、高收益的新兴企业的早期投资。相应地，这些进行投资的富人就被称为投资天使、商业天使、天使投资者或天使投资家，那些用于投资的资本就叫天使资本。[①]

天使投资往往是一种参与性投资，也被称为增值型投资。投资后，天使投资人往往积极参与被投企业战略决策和战略设计，为被投企业提供咨询服务，帮助被投企业招聘管理人员，协助公关，设计退出渠道和组织企业退出，等等。然而，不同的天使投资人对于投资后管理的态度不同。一些天使投资人积极参与投资后管理，而另一些天使投资家则不然。

很多项目首先需要接触到的投资者就是天使投资人，天使投资人其实是在整个公司的前景非常混沌非常迷茫的时候进行投资，所冒的风险远远高于在中

---

① 《明星炒股迈入4.0时代：变身天使投资人》，2015年04月06日，大洋网。

后期进入的投资者。所以在这个阶段，应该可以考虑给天使投资者相对宽松的条件，甚至是较高的持股比例。

最常碰到的问题是，某些天使轮投资者进入的时候，对于自己的股权比例有一种执念，他会觉得既然在前期拿到了30%、40%的股权，在后期就不应该去稀释自己的股权比例，于是会形成一种障碍；并且会有一种想法：我是最开始的功臣，是在你最困难的时候给了支持的人。所以创业者经常会碰到一个难题——最开始的天使投资者往往会成为项目进入第二阶段或者第三阶段的最大障碍。所以当需要引进天使轮投资者的时候，如果是专业投资机构可能会好一点，而最难的就是非专业投资机构，这些机构的股权执念会非常强。

其实，可以提供一种为天使投资者设计退出路径和退出的价值计算公式的方式。换句话说，保障天使轮投资者在尽量降低投资风险的情况下换取最大利益。在这里需要注意的是，所有的交易和所有的谈判，其实核心就两个字：交换。如果创业者需要天使投资者在未来让渡出这一部分利益，或者做出必要的让步，那一定要给天使投资者足够的交换价值，这是一个很重要的原则。

【案例9】

企业：以汽车售后服务市场为主要目标的初创型企业。

项目主要目标：针对核心团队拟定合伙人计划，并通过合伙人计划，锁定大部分的核心人员，以获得一部分的现金投资。

项目主要顾虑：某些团队成员后期可能会存在能力不足或不符合项目发展的需求，需要考虑在后期某些成员不再适合团队的情况下，如何让其退出并回收股权。

主要方案设计点：

设定三年期权授予模式，采取认购方式，赋予团队核心成员股权认购权利。

在三年成熟期完成后，设定两年锁定期，锁定期内对于股东合伙人的退出、权益转让进行必要的限制，以最大程度上保障团队稳定性。

设定提前主动回购机制，根据投资期长短，给予核心团队合伙人保底收益并对照当期净资产，确定回购价格（提前主动回购机制即设定触发条件情况下，大股东可以主动回购该部分股权，并用于特定目的）。

最终整个方案的执行情况很稳定，大股东投入300多万元的资金，核心团队成员投入约 100 万元的资金,第一家形象店顺利开业。现在公司生意做得相当不错,已经连开了 4 家店,整体业务体量也逐年上升,股东们的回报也可以达到 50% 以上的年化率。目前他们正在筹备进一步的扩张。

所以在一个项目的前期,我们可能需要考虑一些比较特别的方式来对冲掉一部分投资者的风险,同时用这种对冲作为条件换取一些回购权或未来的特定权利,为未来股东的引进留下空间。

(二)第二种人——短期资源提供者

如果股东具有极强的行业资源优势,那么我们会把他定义为长期资源提供者。这种股东可以持续地为项目提供资源支持,所以给予他们股权是比较正常的。

而最难的一个问题在于是否应该为短期资源提供者提供股权。我们认为,短期资源听上去是完全可以通过商业交易合同的方式来进行解决的,而不需要考虑以股权的方式来进行捆绑。这种想法的产生主要有以下理由:

短期资源的定性:对于项目只具有短期、阶段性价值;或者是该资源具有非常高效的市场,能以非常低的成本寻找到资源提供渠道,替代性很强。

给予资源提供者股权的逻辑是,通过以长期的利益捆绑机制(股权)来获得对于某些必需核心生产资料的长期稳定和相对低价的供应保障;因此给予短期资源提供者股权会挤占我们对于真正的核心、急需和稀缺资源的取得能力。

不要以股权方式去捆绑"权力"。这个问题在中国很多地方都切实存在,即有一些企业会希望将某些权力者(也就是我们所说的官员或垄断资源拥有者)以股权的方式进行捆绑,但这会有非常大的风险:

法律风险:类似这样的做法会涉嫌行贿犯罪,虽然它的表现形式会比较的隐蔽,但是其行为的实质仍然是一种典型的"权钱交易",因此具有极大的刑事法律风险。

商业风险:即使不从法律层面上而从商业角度上进行分析,对权力资源给予股权也是不符合商业逻辑的:从长期来看,所谓的"权力"都是有自己的"保质期"的。这也是为什么很多腐败分子会以一种所谓"过期作废"的观点去看待自己的权力。而以长期的股权机制来捆绑"过期作废"的权力,实质上是把自己的企业深度捆绑于某些短期资源提供者(而且这些人身上实际上隐含了长期且大量的刑事风险）。

所以一定要珍惜手中不多的交换筹码，以合理的商业逻辑来分辨什么样的股东才是你需要的"资源型股东"，而不要将股权分配给大量的短期资源提供者。

【案例10】

某家环保型公司的创始人是一个环保专业的大学生。因为竞争激烈而自己要求比较高，所以他在大学毕业之后没有找到合适的工作，就回到了老家的县城。

当时县城主管环保的是一位处长。在一次偶然的机会下，处长发现了不得志的他，觉得他很有才干：第一，他是学环保专业的大学生，县里面找不出第二个人；第二，处长感觉他在人品各方面都不错，是一个热情的小伙子。

于是处长找到他，同时又联合了另一位部门主管科长合作成立了一家公司，专门做环保方向的工程。股权比例为：处长40%，大学生40%，科长20%（典型"三国杀"结构）。他们的项目发展很快（所谓公司"上头有人"），迅速地增长一年可以做到上千万元的规模。在做到上千万的规模之后，大学生开始在省甚至全国的更高层面上寻找业务机会，这时候他发现了一个很尴尬的事实：县里面的处长、科长，根本解决不了更高层面上的问题。当然，从法律角度来讲我们可以很明确地告诉他："这是一个违法的行为，可能涉及刑事犯罪。"但是从商业逻辑上讲，当公司达到一定体量之后，短期资源提供者会迅速地成为发展的短板。而面临这样的情况时，作为创始人来选择其实是很尴尬的，因为当上升到一个更高层次时，所面临的问题也相应地更复杂：中国政治清明的要求越来越高，整体的政治空气和反腐的大气候已经形成了高压态势。

当公司上升到更高的层次之后，专业会越来越重要，而他的股份只有40%，其他两个股东占了60%。所以首先他没有决策权，其次主要的利益也被分走了。

当他想进一步投入的时候，发现股东之间的想法不一致了，因为其他股东担心公司会失控——从交换价值来讲，最开始他们获得的股权比例是用权力资源换来的，而当公司进入一个更高的层次时，他们的权力资源和股权比例已经不一致，自然就会产生股权失衡的担心。所以股东之间的离心力可能会越来越大。

对于这种局面，他们纠结了一年多，也想了各种办法。比如，这个大学生曾经想过到外面另开一家公司，也是做类似的业务。不过这样就涉及同业竞争和侵害公司利益的问题。所以他又想回购其他股东的股权。但是这个公司看上去做到几千万元的规模，其实这位大学生并没有太多分红获得，因此他也没有足够现金可以拿出来收购股权。于是就形成了一个"公司僵局"。

当时我们给出了一个方案：当大家对所有大方向都看好，但是在利益上出现分歧的时候，就需要反向考虑一个收购兼并中经常使用的方式——"白衣骑士"。

从收购的角度上来讲，"白衣骑士"是指给予被收购方一定支持的第三合作方。但是在这个项目上我们采取的方式略有不同，因为大家对这个项目的前景是看好的，所以我们引进了这个行业中一家非常具有资源优势的拟上市公司，这家公司又正好也在寻找相应的项目来增强自身的话语权。

当新股东引进来的时候，我们向老股东提出了相应的交换条件：调整股权结构。但是作为交换条件，新股东也提供了一个相应的目标，即投入多少资金、在项目上给予多少支持，等等。在考虑到由此会带来更大发展空间的情况下，三位股东都同意进行相应的股权比例稀释，让第三方获得控股的地位。

而这个大学生作为技术方，我们从股权激励的角度，给予了他一定比例的补偿。

整个方案就是这样一个逻辑：

第一，通过引进资源方，或者说是具有战略意义的投资方，使所有的股东都意识到这个股东的进入能够让公司的股权和整体的业务有大幅度的上升，并且上市就是对各方来讲都可以交换的条件。这样，老股东就能够容忍自己的股权比例稀释，而交换一个更好的行业支持力量。我们遵循的一条商业原则就是通过让对方获利而获得对方一定权利的让渡，或者也可以称之为"使对方忍受"。

第二，大学生是一个核心的技术人员，或者说是操盘手。我们当然不能只把其他两个股东的比例降下来，而他不动，这样做肯定会出问题的。所以在这个问题上大家都进行同比例地、大幅度地下降。但是在另一方面，我们单独设立了一个股权激励方案。因为我们希望能够激励这个大学生（操盘手）通过自己的劳动、技术投入另外获得一笔股权的补偿，来平衡他的利益。

整个方案的设计，遵循的一个原则是：让交换发生的前提是衡量股权及其交换到的产业价值，并让这种交换能带来双赢的后果。

换个角度，如果我们以诉讼思维来考虑这个案例，就有可能会导向到公务员违规违法层面上。当然，这也可以说是另一种方案。但是，一旦这样的话，公司就有很大概率会不复存在。所以我们认为，在股权结构设计中比较妥当的价值取向是：希望我们每一个方案到最后都是在促进整个公司往前走、并获得更大的商业价值，而不是轻易地以诉讼手段来打破整个平衡。

【案例11】

某铁矿公司（代称为A公司），在合作之初，三个股东的信任度很高，整个公司也是平均主义的股权结构（各占三分之一）。随着时间的推移，公司所拥有的矿产整体价值大幅度下降，公司经营开始变得非常困难。

小插曲：当时我去处理这个项目的时候，入住了当地的一家高档酒店。入住当晚，有人在我门口放了一个信封，我打开一看，里面是一颗子弹。当时我十分紧张，这也充分说明当时股东关系的紧张。

公司现状：但因为职责所在，我还是继续了这个工作。通过尽职调查之后，我们发现了大量问题，包括股东、董事长、监事等在内的公司高层均不同程度地存在侵占、挪用公司资金的情况。股东之间矛盾重重，历史问题纠缠不清。

解决方案：直接引进第三方，以全资收购方式，要求三位股东全部退出。通过这种方式，我们可以将复杂的问题直接导向解决的结果。有时这种快刀斩乱麻的方案比厘清每个问题的是非曲直、再寻找答案的方案要更加直接。最终这三方都以自己满意的条件和价格退出了公司，没有将事情恶化成为一场大规模的股东内斗。

通过这个方案的讲解，读者们大概就能明白为什么我会认为所做的这些方案中，解决每一个问题的最好方式总是交换价值了吧。随着现代市场经济的发展，股权已经逐步成为一种重要的无形财产。股权的商品化不仅有利于公司的正常经营，同时也让企业可以以最小的代价（股权）来换取最大的经济利益。

第五节　动态调整原则

股权结构设计中的动态调整是基于权衡公司不同发展阶段中核心生产要素的重要性。而导致新旧股东获取增发股权的逻辑和理由存在差异的原因，在后续增发股权的占比中会体现。

动态调整是个非常重要的原则，但我们现在有一个认识误区：总认为动态调整是不需要确定比例、是可以随时调整的。

其实这是因为，很多机构的动态调整思维仅仅是来自于美国作家 Mike Moyer 的《切蛋糕——创业公司如何确立动态股权分配机制》这本书。这本书里面的逻辑是现阶段股东对公司的未来贡献不可量化，所以最开始这种比例是无法确定的。

而这个逻辑和我的逻辑有着一定的区别。我会把几个核心的指标确定下来，当客户在未来逐一实现这些指标之后，我们再把各种量化指标所对应的股权权益作为基数，股东的贡献值作为分子，整体的贡献值作为分母，然后得出个人的比例。

因为如果在中国的实际司法操作中运用 Moyer 的分配逻辑，我们就会发现一个很难解决的问题：公司一旦设立，实际上比例本身是确定的，工商管理局登记的比例和客户所预想的后分配模式存在着一个天然的矛盾。当然从法律上来讲，这种矛盾可以采取约定条件的附条件未来股权转让，或者这种调整的协议来解决。它是一种比较理想的状态，未来在所有股东都认可这种原则的情况下，当时间、条件一旦触发，我们就进行一轮股权转让。但是事实如何呢？其实这种方式非常难以实现，而且潜藏着巨大的风险：

首先，这种附条件转让所带来的是未来执行层面上的不确定。如果股东不配合，那就只能导向一个诉讼的结果。因为很多地方的工商管理局都是要求股东面签来达成实际确认，一旦有人不配合，就必然出现矛盾和纠纷。当然，也可以做公证，或者其他手段来弥补。

其次，这种未来的转让实际上隐含着税费风险，而这个成本实际上是由这个方案带来的,并不是一个初始情况下必要的成本。采取这种方式去处理,如果公司未来发展得非常好,相应的股权溢价和增值部分很高,同时由于前期设计得相对简单,在确认股权原始取得成本时会存在低估或不确定性,由此就可能带来非常高的潜在税费了。

再次,美国和中国的商业文化传统是不相符合的。中国人虽然不太讲究西方的契约文明,但是中国还是有句话叫"亲兄弟明算账"。如果在前期没有一个相对明确的规则、比例,很多股东可能都会陷入纠纷之中。

所以当我们对未来的判断出现问题的时候,这种规则的设置所引起的争议性是非常难以把控的。

因此,我对于动态调整的观点是这样:

第一,动态调整是必需的,因为公司在发展,市场在发展,外部环境也在发展,所以股权比例肯定也需要相应的调整,这是一个符合事物发展基本规律的做法。

第二,这种方案在呈现上不应该是对原有股权的彻底打乱、重新划分,而是对未来会增发的股份予以重新分配(但是分配的规则将会进行特别设计,同时不会完全遵循等比例原则)。因为一个公司的成长过程实际上受限于创始人为它设计的原则和规则。从未来向现在倒推,所有增加的股份都是为了交换到未来的发展而增发的股份。

所以当我们在未来增发股份的时候,对所交换到的生产要素的支持或需求不一样,可能拿到的股份比例也会不一样。从法律的角度上来讲,这种约定的来源正是公司法。如果股东在公司章程中对于同比例增资进行了特别约定,那么它就可以遵从其约定。在没有进行特别约定的情况下,股东对于未来增发股份的股权,有着同股同权基础上的认购权。

但是公司可以用约定的方式改变同股同权同比例的认购权,而这种特别约定的设计空间在股权结构设计上的价值就在于:公司可以通过改变未来的股东来获得增发股份的条件,以及它的认购原则。这就会直接让不同的股东之间发生动态变化,不再是一个等比例关系。

这种制度设计的公平性在于,每个阶段的生产要素需求会存在不一致,然后我们需要通过对于不同阶段的生产要素取得,以不同权重的股权给予交换甚至是激励。比如,钱在初创阶段远比在第二阶段更重要,因为第一阶段要的是活下来。因此,我们对于在创始阶段或天使阶段愿意投入现金(我们可以默认愿意投入现金的股东,承担了更大的风险、表达了更强烈的投资意愿)的股东,可以让其获得更多的股权;

所以,这就需要我们在不同的阶段对于生产要素获得的条件进行重新设计。实际上,这种设计体现的是股东的价值取向问题。讲得更直接一点就是,在哪个阶段什么样的股东对企业是最重要的。可以肯定的是,不同的阶段对股东的要求是不一样的。当然,我们并不能整齐划一地在当前给予一个标准答案,这需要每个公司根据自己所处的环境、阶段和行业特点来进行具体的分析和判断。股权结构设计的过程,并不是直接给予答案的过程,而是找到适合企业的一个思维模型,是贯彻于从疑问到答案的一个过程。对于在不同的阶段企业,需要做的是引导企业家根据不同的阶段进行分析和思考,并且确定什么样的股东是对企业是最重要的。

股权结构设计是一个动态的过程,在不同的阶段,不同的生产要素具有差异化的重要性。而股权结构设计就是一个寻找、辨别、判断和确认这种生产要素的重要性并给予股东其匹配的股权权益的过程。

第六节 不平衡结构原则

一、需要遵循的原则

(一)控制权优先

近年来,随着资本市场的逐渐成熟,外部投资者与创始人之间争夺控制权的问题日益频发,控制权争夺问题在企业实践中也越来越受到重视。一方面,创始人希望能一直将企业的控制权真正掌握在自己手中;而另一方面,投资者依靠自身给企业投入的股权资本开始参与企业日常经营决策。因此,双方争夺控制权成为必然结果。

在面对控制权争夺这一问题时,大多数创始人或企业家将选择通过持有更多股权资本来解决控制权争夺问题。本书的附录二《股权比例的法律界定》中可以具体看出不同比例的股权对公司控制权的影响。

2015年，沸沸扬扬的"宝万之争"就反映了民营企业创始人丧失控制权可能导致的后果：

1984年，由王石创办的万科企业股份有限公司正式成立。1988年前后该企业开始涉足房地产行业，后来成为深圳证券交易所的第二家上市公司，企业发展之势如火如荼。经过近20多年的时间，万科已跃然成为国内知名的房地产企业。随着万科的飞速发展，各路资本也开始对万科虎视眈眈。2015年7月10日，前海人寿买入5.53亿股万科A，当时其持股占5%，由此拉开了"宝万之争"的序幕。一夕之间，万科和宝能成为了中国乃至世界资本市场上的焦点。深圳市宝能投资集团有限公司成立于2003年3月，姚振华任宝能集团董事长，并且是其唯一的股东，下控子公司有前海人寿、钜盛华等。接下来，由姚振华控股的宝能大举增持万科股份，在连续多次举牌后，2015年8月26日，宝能系第三次举牌，持股比例为15.04%，超过了华润集团成为万科的第一大股东。接下来的几个月中，虽然华润出手两次增持万科股份，试图重新夺回第一大股东之位，然而宝能系多次举牌，不断增加持股比例，到2015年12月11日，宝能系所持万科股比例已高达22.45%，稳坐第一大股东之位。2015年12月18日，万科不得不宣布停牌。在整个事件中，王石明确表示不欢迎宝能系成为第一大股东，不仅是因为其收购方式的"野蛮"，更因为对于王石来说，企业的信用是万科最重要也是最能吸引消费者的东西。因此，万科试图寻求政府的帮助。

在2016年6月17日，万科董事会通过增发股份通过了"引入深圳地铁为万科最大股东"的预案，并且该预案顺利通过了董事会的投票决议。最终，万科罢免王石的董事职位，深圳地铁成为万科最大股东，宝能系强行收购失败。姚振华因前海人寿违规运用保险基金被撤职并禁入保险行业10年。"宝万之争"暂时告一段落。

在企业的发展历程中，引入外来资本满足企业发展的资金需求是扩大该企业规模的主要方式。但在这过程中，创始人和投资者由于对公司治理思路的不一致，二者之间经常会发生控制权的争夺问题。对于创始人来说，他们更看重的是企业未来的发展前景即长期的利益。但跟其相反的是，投资者更注重短期的收益。因此，双方由于阶段性目标的不一致经常会发生冲突，创始人的控制权也会受到威胁。[①]

从"宝万之争"中我们可以看出，企业的控制权是创业者和投资人都聚焦并争夺的重点。在企业发展过程中引入投资人或是技术人才等，都会引起股权结构的变化。因此，防患于未然，提前优化并形成相对稳定和集中的股权结构，预防丧失控制权才是明智之举。

（二）收益权和话语权需要分层来考虑

一般而言，在做股权结构设计的过程中一定要有一个清晰的划分，即收益权和话语权需要分层考虑。股权结构设计之所以可以成为一套完整的体系，就在于具体的过程中设计者需要给股东分层。

讲一个最简单的道理，虽然财产所有权有4个权能[②]，但在具体设计过程中有没有把这4个权能在交易中进行切分？是不是可以搭建不同的交易结构？这就是一种思维模式。

在做股权结构设计的时候，我们首先将股权所涉及的具体权能和权益进行分解，然后再考虑不同的股东对于不同的权益的重视程度。有些股东会特别重视经济方面的分红等权益，相应地他们可以忍受一定程度上的话语权丧失；而控股股东则很多会更加重视控股权益，而能够忍受分红权益被摊薄（就是我们经常讲到的"分钱不分权"）。最直接的体现就是收益权和控制权的分离。

同样，从法律理论上讲，股权到底是属于所有权还是属于社员权、物权、虚拟权利等各种各样的权利，暂且可以不需要深入探究，因为那是理论层面上的探讨。但是可以确认的是股权背后所代表的是股东权利。在做股权结构设计的时候，一定要把股东权利的具体内涵列举出来，如果所考虑的只是把股权分配到某一位股东头上，就很难做到利益平衡，因为那只是在基础层面的思考。如果能够把企业代表的股东权利进行不同层面和维度上的重新分配，必将给方案带来更多的设计维度。这中间的交叉以及交换，最直接的体现就是收益权和控制权的分离。

---

① 《民营企业创始人控制权保护研究》，陈梦瑶、陈俊梁著，载《现代企业》2018年09期。
② 财产所有权是指所有人依法对自己的财产享有占有、使用、收益和处分的权利，即占有权、使用权、收益权和处分权4项权能。

但是如果我们进一步去细分股权，把财产权益，包括股东权利、人身权利根据他的投票、经营、决策、监督等情况全部罗列出来之后，哪一些是可以重新划分的，甚至可以进行交易的，可能就比较清晰了。

因为现在《公司法》的运用还不具有创新性，主要在于具体的设计者没有考虑如何根据股权的各项权能和权益来搭建不同的交易结构、交易方式。其实一致行动协议或者投票权委托是最简单层次上的内容，假如在这个过程中把它做成一个交易的方式，就可以不再被整个公司收益权层面上的部署所约束，能够创造出更加多样化和个性化的结构，同时也就具有了创新意义上非常大的价值。

（三）一定要有"带头大哥"

关于解决初创团队股权结构设计中的一些问题，虽然对专业人士来说是个常识，但对于绝大多数创业者来说，在初创期该如何分配创始团队的股权，往往是个致命问题。在这里需要强调一下"带头大哥"的问题。

企业最重要的是团队的执行力和在重大事项上的判断力。就执行力而言，企业需要一个强有力的带头人，这样在重大事项的判断上，尤其是在方向并不明确的时候，可以有一个人快速拍板做决定。所以在这两种最重要的能力上，我们都需要一个可以独自做决断并带领团队快速执行、且最终为结果负全责的人。这就是"带头大哥"在企业中存在的核心意义。无论是带领领导层体现出执行力，还是拍板并负责重要决定，都需要"带头大哥"拥有足够强大的权力。

所以，"带头大哥"是保障每个公司能够稳定往前走的核心要素。有一些公司的股权结构很平均，他们出问题的概率是非常大的。曾经我作为一家公司的法律顾问，接手工作后的过程是相当艰难的。但经过巧妙的结构调整之后，公司最终走上了正轨。

【案例12】

某家企业成立之初就有9个股东，出于对土地增值可能性的考虑，他们合伙在一条交通要道的旁边买了一块工业用地。

按照之前所述的信任关系，他们在股东团队中自然地分为了3个小团队：同学、同事、老乡。每个小团队占3个人，每个人出钱都一样，每一位的股权比例都是11.11%。结果9个股东合作之后就产生了3派观点：

第二章 不以规矩何成方圆：股权结构设计的原则计

一派认为既然把地买下来了，那就把厂房建起来，认真做这个工业项目就可以了。

第二派主张先把地搁置，等交通要道一开通，就找个开发商转手卖掉。

第三派的观点是等到交通要道开通后找个开发商来合作开发，自己这边则拿一部分钱开一些商铺，以后坐等收租就好。

3派观点争执不下，几乎到了民事纠纷的境地。其中一派股东聘请了我们来为公司的僵局提供解决方案。进入公司之后，我们通过大量的摸底、沟通和访谈，最终找到了方案的破解点：从利益的角度出发，我们发现这3派观点里面其实有两派是有共同点的，就是第二派和第三派。他们都是急于变现的思路，区别只在于是以什么样的方式和途径来进行变现。所以当我们把9个股东全部访谈完之后，就提出了一个具有个性化的解决方案——内部股权拍卖。该方案通过拍卖让要求变现的股东获得收益并退出公司，剩余留存的股东则在他们之间推举一位"带头大哥"接受退出股东的股权，让这位"带头大哥"成为公司的实际控制人。

在接受委托后，首先我们以公平原则制定了一套很完整的内部拍卖规则，基本是：所有股东如要求变现，均有权将自身股权通过内部拍卖方式进行；股东可以自行设定心理底价，其他股东均可以自己或联合其他方进行购买，价高者得。

虽然矛盾重重，9个股东最终还是认可了这个方案，因为想退出的股东目的是想变现，而拿股东的钱和拿开发商的钱是没有本质区别的。而且，现在变现可以立即拿钱，如果等到几年之后再考虑，受资金成本、市场的变化风险等各方面的影响，可能还拿不到那么多钱，为什么不尝试现在就变现呢？

最后在内部拍卖中有4个股东拿钱走人，留下来的主张做实业的有5个。其中最为大家所认可的"带头大哥"也不负众望，凑钱买下了那4个退出股东的股权，最终拿到55.55%的股权。他们成立的公司现在在工业园区里面也运营得十分稳定。

这个案例告诉我们，一个过于平均的股权结构会带来许多的问题。公司没有明确的"带头大哥"，大家股权都是一样的，没有一个人能说了算，凡事都得商量着来，导致公司没有一个人可以进行最终决策。这样公司的运营效率就会很低，只能是陷入无休止的内耗当中去，也谈不上什么快速发展。

即便是在公司发展到一定规模以后，股权分配过于平均也可能导致股东之间争夺公司的控制权。比如"真功夫"的案例，就是因为蔡达标夫妇和小舅子潘宇海一开始的股权比例都是50%，后来蔡达标夫妇离婚，两家对立，开始争夺公司的股权和控制权，最终让蔡达标锒铛入狱，企业的发展也受到影响。所以在股权结构设计当中，确定"带头大哥"的作用是不可小觑的。

其实在股权设计的实操过程中我们会发现并没有人好人坏之分，只是由于投资理念和投资预期的不同，每个人都有自己的判断和想法。所以，做生意从来都不是道德判断，主要还是价值取舍。

选择"带头大哥"的时候是有技巧的：

第一，要选出所有股东都认可的人，这是最简单的一种方式。

第二，不要论资排辈。

虽然中国人的文化就是谦虚礼让，谁也不好意思站出来说自己就是老大，但也不能看谁的年纪大、资历高就选谁。其实想一想案例1中张勇和李强两位合伙人，所幸年纪大的张勇很勇敢地站出来说自己要多拿一个点。而在现实当中，许多合伙人在刚开始时都是朋友式合伙，合伙者们以感情和义气去处理相互关系，这样没有保障的结构最终很容易走向仇人式散伙。所以一定要让他们选出一个"带头大哥"，但是不能陷入"带头大哥一定是股权比例最高的人"这样的误区。

【案例13】

一家连锁型企业在接受了我们的辅导后，扩张节奏很快，在一年之间开了上百家连锁店。它的特点很简单，就是低价快销，基本上能够保证每家店都赚钱，因此加扩张速度非常快。

但是在我们最开始接触到该公司时，对于其股权结构提出了异议——该企业共有4位股东，各持有25%的比例。刚开始他们也不太在乎这件事情，后来听了我们的一些讲座，加上一些朋友的提醒，才觉得这样的结构好像是有问题，但他们自己也不知道问题出在哪里。

首先，他们合作得非常好，也非常融洽。四人年纪基本一致，而且都是同学或者同事的关系，信任基础是没有问题的；其次，每个股东都有相应的分工，从商超的角度上讲，分为运营、采购、物流、仓储、渠道等；再次，他们有自己的"带头大哥"，他不仅能言善道，还有全局性的战略思维。

本来我是想先跟这位"带头大哥"沟通一下，然后再跟其余的股东去沟通，因为沟通股权这种事情肯定会比较敏感。但是他跟我说："你不用担心，所有的话都能当着我们四个人的面讲。"于是我和我的助理跟四位股东一起在茶座里面进行了沟通。

听完他们的创业经历跟各人的分工、技术，情况已经比较清晰了：第一，他们的股权比例是合理的，是按照生产要素来分配股权的。因为他们各负责一处流程，把谁踢出局后这个系统都难以运转。第二，他们股权结构的问题在于，这种绝对平均的按照分工划分原则，会导致第五个人没办法进入股东会。因为当第五个人进来的时候，除非他有明确的分工，且股东类型、信任模式完全一样，他们还有可能各占20%。但是如果这个人不是他们这个投资类型的股东，比如他只投资，那就很难融进来，因为这将打破他们之间潜在的分配逻辑。

那位带头大哥也说确实有很多人愿意投资，但是他不知道怎么让别人加入。因为现在这个非常均衡的结构，没有办法贸然打破。我当时就跟他说："你们要动的不是你们的股权，或者你们目前的股东，而是整个的股权的组织架构。"

当时我当着所有股东的面把其中的利弊讲得很清楚：第一，公司的结构是合理的，因为你们四位各司其职，而这种比例你们自己也是认可的，因为每一个部分的重要性是不分彼此的；第二，这样的结构体系先天就有问题，因为第三方没有办法加入，而当时已有第三方投资机构有强烈的意愿进入。

同时他们自己也看到，当地有一个和自己规模差不多的同行，由于在投资机构拿到风投，现在已经是估值几个亿的品牌了。那一家零售超市跟这边相比无论是盈利率还是数量都差不多，但区别是这边从来没有引进过别的投资机构一分钱，其中的关键是别的投资机构或投资者根本进不来。

最后我们把该公司的股权结构重新调整，形成了以他们认可的那位"带头大哥"为核心股东的结构关系。当然具体过程中并没有损害某些人的利益，而且这个方案跟每个股东都沟通得十分清晰——包括如何来保障他们不管是决策上的还是财产权益上的利益在内，都解释得非常清楚。这样就消除了他们的疑虑。

这种公司的股权结构设计中最难的一种情况就是公司已经形成了不合适的结构，但是股东们自我感觉良好。如果去动公司的结构，大家肯定会有疑虑："怎么会出一个方案要把自己的比例往下调？是不是想玩什么花样，想损害我的权益？"所以在这种情况下，我们在调整的过程中的原则就是"动结构不要动利益"。这是一个很重要的原则，股权结构的设计不是要把不信任的种子播下去，而是在这一过程当中把信任机制建立起来。

（四）利益平衡

公司治理从股东的单边治理逐渐发展为有控股股东、非控股股东、董监高、债权人、核心员工团队等利益相关者参与的共同治理。将各方的利益进行平衡既可以有效保护股东利益，又可以最大程度地发挥经营者的能动性，这是公司股权结构设计的主要任务。一个有发展前途的公司不仅要对股东负责，而且要对经营者、职工、债权人、消费者及供应商等利益相关者承担应有的责任，这就是一个利益平衡的过程，如图2-3所示。

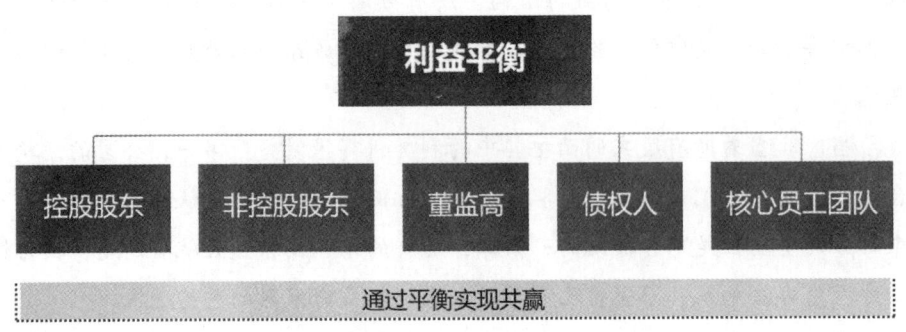

图2-3 设计的核心是各方利益平衡

在一些公司当中，也许因为大股东的话语权比较强，可以让小股东短期之内接受比较苛刻的甚至不合理的条件，但是问题可能会在未来的某个点爆发出来。所以必须要平衡包括控股股东、非控股股东、董监高、债权人和团队等不同参与主体的利益，而不是把制度上的利益全部交付给大股东。尽管后者会容易很多，但是要想经得起时间的考验，就要给予其他各方一定的利益保证。因为只有这样做才比较适合中国人的文化，才能长期维持下去。

二、必须避免的股权结构

（一）平均结构

这是第一个要避免的股权结构。当然现实中有大量的公司都是类似51:49之类的结构，依然在正常经营。我不是说结构不对就一定会让公司崩盘，而是股权结构不对所带来的问题是：在发展到一定阶段之后，会发现该进的进不来，该出的出不去；所想要去整合的资源，也可能由于结构不合理而遗憾地错失吸纳的机会。

所以，任何一家公司在刚刚建立的时候，它的结构就一定是错的吗？我不这么看，我只看它有没有前瞻性地去考虑公司的未来发展，和它目前结构的匹配性。

（二）"三国杀"结构

虽然是"三国杀"，但不一定就仅限为三个人的股权结构，我们所指的更多是公司股权分配过程中，形成了股东多头利益结构，而且互相之间存在着相互牵制关系，导致股东可能将很多时间和精力花费在股东之间的"合纵连横"。面对这种结构，我们要尽量避免让股东们花费大量的时间去搞"合纵连横"。因为民营企业都希望自身的结构尽量简单，希望决策效率通过股权的治理能够明显得到提高。当然中国的文化倾向于三人为众，当一个群体出现的时候，中间必然就会存在着所谓"合纵连横"的阴暗角落，因此如果设计的结构中又给它留出了这种空间，那这个公司的局面就可能会弄得很复杂。

（三）一股独大，却没有小股东的风险对冲机制

这一点可能会让大家产生一点认知模糊——既然说不要平均化，为什么又说不要一股独大呢？请注意，我的措辞是：一股独大，而且没有小股东的风险对冲机制。

一股独大是大部分民营企业最常见的，即一个大老板独占80%、90%的股权，甚至更高，小股东在里面是没有什么话语权的。这种结构的优势就是决策效率高，老板一句话就可以执行。但其中可能会存在一些问题。股东之间实际上是需要有一定的信任基础的，像这样一股独大的公司，比如家族企业，本身就有很强的信任机制，有一些股东是因为跟着老板时间久了就论功行赏，给你

五个点、给他八个点这样而成为股东。当然如果白送股份还好，要是投入了资金，很多小股东其实心里是有疑虑的，一方面是对项目的疑虑，另一方面是对老板为人的疑虑，等等。对于这样的股东，在后期做股权激励时，或者在一些小股东引进的过程中，就需要搭建一个小股东风险对冲机制。

之所以要做这个事情，是因为大家容易进入一个思维模式误区：一谈到公司的控制权，就认为这仅仅是如何保护大股东的利益问题。但是在一个股东群体中，如果不去兼顾到小股东的利益，股东的结构就会形成一个"高压锅"局面——再小的股东如果刻意发难，其破坏力和由此导致的解决成本仍然是惊人的。

【案例 14】

某省有一段时间流行开发建设小水电站，有一位外地投资商就到该省投资了三四个亿，准备建设一个小型水电站。

当时他想找一个短期资源提供者（当地水利部门的某退休干部），因为做水电站需要到省水利厅去拿大量的审批文件，于是希望这位"能人"能够帮助"搞定"手续。

聘用协议约定为给这位资源提供者20万元年薪加10个点的股权，任务安排就是帮助所有的审批流程通过。但是，集团的法律顾问在签订这个协议时没有考虑到任务进度和股权之间的勾稽关系，而且也没有制定具有可操作性的股东退出机制。结果这个股东忙了一年多也没审批下来，老板当然十分生气，决定换个人来要手续。而换人后，真的就顺利完成了。然后之前那位股东的处境就十分尴尬了，从集团的利益出发，他已经不再具有利用价值，属于一枚"弃子"。

但是更尴尬的问题也随之出现了，第一，他们没有回购股权等股东退出的相关机制；第二，所签订的聘用合同中，所明确的年薪、股权等又没有和其工作表现、业绩要求进行挂钩；

于是老板一怒之下，不惜承担相应的法律风险而强行辞退了"能人"。股权虽然不能收回，但是老板的"如意算盘"是对方只有10%的股权，如果大股东稍加手段，这个股权既没有人买也没有办法获得相应的分红，几乎就是一张"废纸"。

而"能人"所采取的反应也是非常激烈的，因为一般投资这种水电站都会去银行贷款，但是首先要经过一个股东会决议才能去贷款，集团当时认为他只有10%的股权，参不参加股东会议都无所谓，还是可以正常形成决议，所以就在没有他参会的情况下通过了贷款决议。

现在双方闹翻后，"能人股东"就动用股东知情权，要求公司提供所有的相关资料。而众所周知，股东知情权是受到法律保护的。同时他也在银行贷款的周期内，针对所形成的股东会决议，连续提出撤销决议或确认无效的股东诉讼，最大程度上拖延公司了贷款和经营的进度。而作为一个投资数亿元的项目，任何一天的拖延都意味着大量的经济损失，让公司深受其害，如鲠在喉。

所以，当我们给予这种小股东一个没有太多话语权的地位时，即使从权力平衡的角度考虑，也应该考虑设计相应的退出机制，让双方在无法继续合作的情况下，能够以一个合理和可行的方式退出公司，建立一种相对健康的股东关系。

（四）过分复杂的股权结构

过分复杂的股权结构可能会带来的一个重大的问题，即导致整个控制链条变长。而一旦控制链条拉长势必导致中间环节非常薄弱，如果中间还采取了多种组织形式，比如公司有限合伙、社团法人等，整个控制成本可能就会非常高。最重要的是，如果在某一个点上失控的话，可能会带来比较大的问题。

我们必须结合公司发展的现状，当公司本身的管理能力、管理团队和管理技术都不足以支持非常复杂的管理链条的时候，就应该考虑相对简化整个控制权体系，不要让股权结构设计成为公司的负担。

（五）没有配套的治理和退出机制

无论是站在未来还是当今的角度考虑，股东退出机制都是必须要重视的。

道理很简单，在长期接触各种投资类项目的法律服务过程中，我们能看到投资成功的项目和投资失败没有办法合理退出的项目，其比值可能是1:5甚至更低。

现实状况就是有大量失败的投资项目是无法顺利退出的，所以这种情况值得我们投入更多的精力去考虑针对存在退出风险的项目，帮助其设立具有合法可操作性的退出机制。

第七节　效率优先原则

股权结构设计是一个量身定做的过程，但这并不意味着一定要复杂才完美，而是要在对企业的流程判断之后，迅速准确地把主要节点梳理出来，从而高效快速并且流畅地完成结构设计。

能否根据客户的特点和发展阶段，选择最为合适的内部治理结构和制度构成，是判断股权结构设计得专业与否的依据之一。

曾经我接手过一个投资的项目，客户让我去评审之前设计团队所形成的股东合作合同。当时我去看的时候就十分惊讶，一个普通的有限责任公司，只有五六个股东，却做了一本非常厚的股东合资合同及章程。出具合同与章程的一方几乎把公司法里面所有关于股份公司和有限责任公司，包括上市公司章程指引里面的内容，全盘引到了这份合同里。当然，这个项目的投资确实也比较大，加起来也有十几个亿了，但问题是他把整个内容全部导入之后，还配套地想把整个流程可视化做出来。但是真正在操作层面上而言，这样的一份合同会在实际履行的过程中无法真正落地，因为它不仅仅是会造成制度冲突的问题，更重要一点就是公司治理的效率会极其低下。

许多企业都会认为做内部治理非常重要，但是当企业自己做内控制度或者梳理内部制度的时候，没有把每一个流程的勾稽关系与真正的决策衔接起来的话，就会导致制度的执行层面、实际运转层面和制度所预想的理想状态之间，存在很大的落差，并最终导致运转不灵。

如果内部治理结构做得非常复杂，相应的问题就是企业组织结构能否承担得起这么大的成本。因为所有组织的运转，都需要配备相应的组织体系和组织成员，会产生相应的组织成本。

比如我们曾经接触到一位企业家，他非常聪明好学，既从培训公司学过激励机制，也学过阿里巴巴的经营理念，还学过其他很多流派的管理思路，但所聘请的管理咨询公司却无法帮助他实现自己的管理目标。因为他的想法非常多，想把所有的东西糅合起来，然后建立一个非常复杂的运行机制。但是公司本身的经营团队和人员，并没有相应的能力和管理技术，实际推行的过程中，会发现公司的团队还根本无力支持这样的结构。

从公司内部顶层设计而言，关于内部治理结构有四个核心要点：

一、确保"信息可知"

通过对股东、董监高等治理相关主体的权利边界（程序和权利边界）的明确来保证信息的基本畅通。

从内部治理的角度来说，首先需要明确的就是参与到内部治理中的主体；从狭义的角度来说，公司治理的主体主要包括的是股东、"董监高"人员，有时也会涉及到员工及债权人；从广义的角度而言，还包括政府等外部第三人。

而治理结构中，在理顺关系之前，首先需要划分清楚各个主体的权利边界；在边界清晰的情况下，就能相对明确地确认其可知信息的范围。

治理过程中比较容易发生问题或者是矛盾、争议的原因，就是由于相关主体不能掌握自己权利边界内的有效信息，进而导致不信任、争议甚至是不作为、乱作为。

因此在权利边界清晰的基础上，让边界范围内的信息能够基本畅通是我们首先需要考虑的。

二、确保"有商有量"

在程序上要保障重大决策有明确的会议召集、召开和议事程序并能形成结果。在公司治理的过程中，能够尽量从形式到内容上，最大限度地保证沟通机制的有效运转，是非常核心的需求。

通过形成有效的的沟通和磋商机制，让各方能够有一个合理的渠道发表意见，最终通过决议机制，实现"少数服从多数"的民主集中结果；这样，无论在程序还是实质上，治理的有效性会大大提高。

相反，缺乏合理的沟通和磋商机制，各方没有合理渠道发表意见，就会逼迫股东或其他主体通过非正常手段进行沟通、表达甚至维护权益，导致公司很容易走向失控。

三、确保"不合则去"

应通过退出机制的完善，保障理念不合、观念不一、方向不一致、信任不再的股东的利益，以尽量低的成本使双方结束合作关系。

退出机制的实质核心在于提供一个低成本的"减压阀"，让已经不具备合作基础的股东，能够通过退出机制，实现低成本退出。

因为在没有退出机制作为保障的情况下，股东的退出是可能带来很多"附加伤害"，而这种伤害其根源在于没有赋予股东在丧失了合作基础的情况下，能够以相对合理、公平的方式退出公司的可能性。

四、确保"损害可追"

对于股东来讲，在保证在他的权益受到损害的时候，给他一个相对明确的应对方案。这样，当有人故意损害股东或公司合法权益时，就有程序可以启动追究。

因此在这里需要注意的是以下这些问题：首先是对于损害的定义，就是股东权益损害的范畴边界是有界定的。其次是对于损害的计算公式，或者获得补偿赔偿的计算公式，需要特别约定。不要寄希望于风险不会发生，而应做到让风险可控。所谓风险可控就在于当风险发生的时候，它的损害范围以及损害结果，能够通过之前所做的制度建设和体系建设而被限制在一定的范围之内，那这样的设计就是成功的。

这一部分的制度设计，其实做的是一个成本控制、预防对冲的工作，而成本最怕的是不可预测。一旦我们能让它变成可预测，那么就基本达到了设计的目的。

第八节　强关系构建原则

股权结构设计最终是要提供一套完整的"关系增强"解决方案，所谓"关系增强"，其内涵就是股权结构设计的目的，不仅仅是建立一个单纯的分钱机制，而是要达到下面三个方面的目标。

首先，帮助股东之间、企业与激励对象之间建立高于契约关系的"命运共同体"关系。可能大家都看过、听过许多不少企业的股东之间、股东与管理层之间由开始的合作到最后反目成仇的故事。这样的结果往往是两败俱伤，企业因此内耗严重，大伤元气，一蹶不振。打垮企业的往往不是市场和技术，而是内斗不断。企业未兴，分歧却渐多，主要是为了利益，而又缺乏管控矛盾纠纷的机制与能力，导致积怨日增，无法调和，结果是害人亦害己，企业走上不归路。因此企业内部各层人员之间必须要基于法律法规的框架，通过机制来实现存同求异、和而不同，彼此包容理解，才有可能长久共处，共创长青基业。不能仅仅依靠个人的信任，而应该让内部人员能够在机制中都有自己相对清晰的角色定位，同时也能明确和他人之间的关系与处理原则。

其次是有意识地促使和帮助企业，无论在内部或是外部，去寻找在价值观、理念和文化认同上具有同频共振的合作方。这就像婚姻中的男女关系一样，双方不光仅仅是找一个人，而是找一个合适的人。企业在寻找合作对象也一样，需要找文化相近、价值观相同，彼此之间有不同资源的人。股东之间能够达成长期合作的最终基础是"'三观'相同、目标一致、互相成就"

最后，不仅仅是完成股权结构设计或完成股权转让、增资扩股等手续，更可以进一步延展考虑如何让股东之间在业务层面、资源层面，甚至文化层面、品牌层面上形成更为紧密的合作关系。

股东之间内部关系、股东和管理者之间的关系，以及管理层与底层员工之间的关系，所有这些强关系如何建立起来是一个长久的命题。如果管理者以股东和员工利益为先，股东和员工自然会对企业管理者给予更多的信任与支持，这种企业走向成功的概率会更高。而一旦股东和员工与经营管理层不能同心同德，企业往往会出现不小的问题。

说到强关系的构建这就不得不提及阿里巴巴和华为这两个明星企业。马云在持股比例不到10%的情况下，多年来稳固地保持着对阿里各项业务的主动权，而这与软银、雅虎等重要股东对以马云、蔡崇信为首的管理团队的基本信任密不可分。同样华为始终坚持"积极、多元、开放"的人才观，构建公司与员工"同创共赢"的人才管理机制，敢于破格提拔优秀人才，给予他们更多成长的机会；同时大胆地开展各类人才的差异化管理，促使各类人才在最佳时间、最佳岗位，做出最佳贡献，获得最佳回报。在后一章我们将剖析这两家企业的股权结构，从中汲取他们的独到之处。

通过股权结构设计这副"强力粘合剂"，我们可以把管理团队与企业、股东紧紧地捆绑在一起，使他们目标一致，正所谓"上下同欲者胜"，劲往一处使、心往一处想，只有建立这样的企业内部人员相互之间的强关系，才能实现企业的健康可持续发展，才能让企业站得更高、走得更远。

第九节　风险对冲原则

众所周知，风险与利益是同在的，获取利益的同时伴随着相应的风险，因此几乎所有的企业都必须要有风险意识。风险意识是企业对利益与风险之间的关系的认识及对风险的态度。风险于企业来说，就是经营成本，这就需要企业必须从专业的角度判断自己的成本承担能力，进而做出合理的控制、降低成本或有效承担成本的决策。尤其在股权结构设计当中，每一位股东的引进，都会给企业带来相应的风险。因此在设计时就需要本着"识别风险、预防风险、管理风险、对冲风险"的原则进行提前考虑。

我们可以从风险的几个维度来分别对此来做一个分析：

一、风险的一般性表现

（一）股权结构的三种形式

公司股权结构一般有三种类型。即：绝对控股型，有利于保障公司重大决策效率；相对控股型，可以对公司日常经营管理事项进行决策；平均分配型，可以阻止通过重大决策。

1. 绝对控股型

有三分之二以上表决权的股东，可以对公司重大决策享有决定权，有利于保障公司重大决策效率。重大决策即关于公司的合并、分立、重组、增支扩股、包括解散、破产、清算等一系列重大事件。《公司法》规定，对于以上事件，要求必须超过三分之二以上股权比例赞成才能够通过。

2. 相对控股型

公司股东会的决议事项，除了前面所述的特别决议事项外，还涉及公司的经营方针和投资计划、公司董事监事的选择和确定等一般决议事项。根据资本多数决定的原则，一般来说由持有半数以上表决权的股东表决通过。因此，半数以上的表决权意味着在这一个层面上的决定权会由大股东控制，而大股东就掌控了相对控制权。

3. 制衡型结构

公司股东所享有的权利中，表决权是最根本的权利。表决权决议的对象可以分为特别决议事项和一般决议事项。公司合并分立解散或变更公司形式修改公司章程等特别决议事项，需经出席会议的股东所持表决权的三分之二以上通过，此时拥有三分之一以上表决权就显得十分重要，因为如果享有34%或以上股权的股东行使否决权，这些特别决议事项就会被否决。因此三分之一是一个极其重要的表决权比例。34%与33%，相差的不仅仅是表面上的1%，实际上是是否掌握特别决议事项否决权的分水岭。

这种无人享有绝对或相对控制权，且股东之间由于表决权分配的比例和规则，导致相互之间处于制衡局面的结构，我们称之为"制衡型结构"。

（二）三种类型的法律风险

除了股权比例不合理带来的股权结构不稳定的风险，实际生活中还有许多复杂的情况。比如在实际操作中存在着多种形式的股权，像是显名股东和隐名股东、控股股东和非控股股东、直接持股和间接持股等。不同形式的股权在分配上会产生种种利益冲突，对股权的管理也带来一定的挑战，这无疑加大了公司运作的风险。因此，在股权激励方案设计之时，就应该考虑到这些问题，并且科学地设计相应的股权结构，使企业获得长足稳定的发展。

一股独大的情况下，董事会、监事会和股东会将形同虚设，"内部人控制"问题严重，企业无法摆脱"一言堂"和家长式管理模式。而公司进入到规模化、多元化经营以后，缺乏制衡机制就会使决策失误的可能性增加，企业承担的风险也会随着公司实力的增强而同步增大。另外，一股独大时，一旦大股东出现状况，将直接导致企业无法正常经营决策。等到一切明朗的时候，企业已经被推到了破产的边缘。股权过分集中，不仅对公司小股东的利益保护不利，对公司的长期发展不利，而且对大股东本身也不利。一方面由于绝对控股，企业行为很容易与大股东个人行为混同，一些情况下，大股东将承担更多的企业行为产生的不利后果；另一方面大股东因特殊情况暂时无法处理公司事务时，将产生小股东争夺控制权的不利局面，给公司造成无法估量的损害。

而与之相对应的就是平均主义的倾向，从中国人的文化基因来看似乎是最合理也是最顾全大局的，但是从股权结构来看却是最差的。股东之间权益对等、权力对等，就等于谁都没有最终的决策权，这使得效率极其低下。冗长的决策过程除了可能导致企业错失商业良机外，也可能最终引发控制权的争夺。

合理的股权架构，既要保证公平，又要兼顾效率。公平与贡献和股权比例要有正向相关。每个人每个岗位在各个阶段会有所差异，因此对于贡献和股权结构设置也就不能一刀切。效率主要从三个方面来考量：首先是利于资源配置，比如人力资源、产品、技术、运营、融资。其次是要这个结构要便于公司治理，特别是涉及一些重大决策的时候，能够在议事规则下迅速做出正确的判断。最后是要让决策更加高效。

在股权架构搭建过程中，为保证公平和效率，需要做到以下几点：

第一，保障创始人对企业的控制力。第二，维护实体公司股权和股东结构稳定和连续性，避免股权均等。第三，股权结构简单明晰。"简单"是指股东的关系结构比较简单（并不完全以人数来确定），这样可以便于沟通，"明晰"是指合伙人之间的权责利都清晰合理。第四，有利于资本运作。在未来融资时，股权要稀释，合理的股权结构有助于吸引投资机构，同时确保创始团队对公司的控制权。第五，提前为未来企业的横向、纵向的发展布局，为公司随着业务扩大而进行业务分拆留一定空间，并具有长远规划和终极上市的目标。

二、通过股权设计提高抗风险能力

股权设计的核心作用之一就是提高组织的容错率，包括主动决策的错误容忍能力和被动抗风险、抗打击的能力。同时，组织的核心战斗力来自于构成组织的个体对于组织的依赖度、信赖度和向心力。所以股权设计不仅仅是为了建立一个利益分配的机制，同时也是为了配套建立一个完整的风险对冲机制，使管理层与股东目标尽量趋于一致。企业在进行股权结构设计时，必须要从实际情况入手，充分考虑和做好风险管理工作。这样一方面可以使企业在具体运营过程中的管理水平得到进一步提高，另一方面也可以有效控制风险，从而促进企业的长期健康发展。

将安危系于一身，对风险心存侥幸是极其错误的，企业家一定要有足够的风险意识。企业管理的目的是追逐可观的利益并且规避风险，但是利益与风险是相伴相随的，有利益就有风险存在，所以管理本质上是责权利和风险的对等。但是长期以来在民营企业当中，通常只有老板在承担风险，员工特别是高管虽然也有着不低的待遇，却不需要承担风险。他们最大的风险就是被公司淘汰，但是被淘汰以后他们完全可以再换一个单位，还可能会获得更好利益。这样的局面显然有失公允，许多老板都逐步已经意识到了，所以就有了合伙人制、内部合伙人机制等让员工成为长期事业伙伴的方式，既解决了资金问题又挖掘了员工潜力，最重要的是能够确保责权利和风险对等，让企业进入良性循环。这样一举多得的效果，恐怕只有股权才可以取得，所以用好股权设计是每一个老板必须要掌握的技能。

第十节　利益平衡与错期满足原则

这个原则主要涵盖了三个方面。

第一，股权结构设计不是为了侵害股东权益而做的结构优化和调整，切记不要随意变更和调整股东的利益结构，这会显著增加工作难度并削弱公司公信力。

第二，尽量关注大小股东之间的不同利益诉求，给大股东更多提供在"控制权"和战略方面的保障，而给小股东提供更多的"经济利益保护"等方面的安全保障。

第三，控股股东要有明确的错期满足心态，即在企业处于不同时期，作为大股东应该有不同的利益诉求点，并要学会用股权的权能和权益来进行交换，以实现错期满足。

下面用一个我经历过的案例来说明利益平衡的问题。

【案例 15】

某一年我辅导过一个房地产跟投项目。团队成员都是出身于恒大、碧桂园这些大企业，所以团队成员会比较倾向于学习大企业的跟投制度。但是在辅导的过程中，我发现最难的点在于不同的跟投对象和公司之间对于利益会存在不同的诉求。从团队成员角度来看，作为小股东的他们投资安全意识非常高。对于房地产项目，人们的意见并不统一，而大部分人持谨慎态度，包括从业人员也是如此。房地产项目跟投金额对于一般工薪阶层来说，也是非常巨大的一笔数字，因此他们会更倾向于尽快回本。

而从公司角度来说，股东们则更倾向于将分配节点往后推移。这样，一方面可以更深地捆绑团队，另一方面也可以从现金流和财务上获得更大的缓冲余地。

其实这些问题的实质就是利益分配的诉求错位问题。当然除了分配，也可能在其他的股东权利方面存在诉求的错位，比如控制权、话语权等。

所谓错位满足就是公司股东里面出现了以下的情况：有很多人想争夺话语权，或不同的人对于权利实现的诉求之间发生了矛盾。

针对这样的情况，我们应该考虑的是：帮助团队设计能够错位满足的权利结构，即当不同的股东所看重的权益、所主张的诉求存在差异甚至矛盾的时候，尽量用错位的方式，用双方之间能够交换的条件，让股东首先满足自己的第一诉求；但是在第二或者第三诉求上，能够给予其他方更多的保障，也就是利用大家对于利益的重视和追求程度存在差异，让大家能够交换彼此的利益。

当然也不排除某些股东对于同一利益均有相同的诉求。对于公司来说，这个时候其实是非常不利的局面，比如多个股东均谋求控制权等情况下，会非常容易导致公司解体，正所谓"一山不容二虎"。因此我们在警惕出现这样的情况的同时，应当积极寻求用股东退出、公司分立或者业务分解等方式，来实现公司的控制权相对集中。

第三章
众里寻他千百度：股权结构设计的内核构成

在大量的股权实践操作中，我们发现很多企业，尤其是初创企业，非常缺少股权方面的认知和理解，进而导致股权结构设计的不合理，给企业后续发展埋下了巨大的隐患。毫不夸张地说，公司的运营"成也股权，败也股权"。因为股权架构是所有公司顶层设计中核心的内容之一，它的设计是否科学合理将会在根本上影响相关各方的利益安排。因此，在第一章中初步认识股权之后，读者朋友们就需要了解"股权结构设计"有什么核心内容。

在做股权结构设计时会涉及到许多的专业知识，包括管理学、社会学、经济学、心理学和诸多的法律知识等。企业的管理者没有必要、也没有时间去学习这么多的专业知识，所以通常情况下他们会寻找一些专业机构来完成这项工作，这也就是所谓的专业的工作由专业的人士来完成。但是这并不意味着企业家不需要了解股权结构设计的内容。这如同司机（企业家）驾驶汽车（股权结构）一样，作为司机无需制造一辆汽车，也不需要去了解高深的汽车制造原理，但是必须要了解驾驶的基本技巧和交通规则。要了解基本的驾驶技巧，就需要知道汽车的基本构造，如果你连汽车的刹车是哪一个都不知道，那么你就一定会翻车的。所以一位精明的企业家一定要了解在设计过程中股权结构内在的核心内容都包括哪些。

一些专业机构和专业咨询机构都会将股权结构设计作为一种产品来服务于企业，所以每个企业家在购买这个产品的时候，都应该要求按企业的情况进行量身定制，这是由于每个企业有每个企业不同的特点。那么企业家是购买玛莎拉蒂还是奔驰、宝马，是福特、桑塔纳还是拖拉机，就需要综合自己的内部和外部的环境条件、自己的经济能力等许多因素来确定。因此，股权结构设计产品也不可能是千篇一律的，但是既然是产品，那么就会有它的共通的地方，就像汽车都会有制动系统、转向系统、行驶系统、传动系统四大系统。股权结构设计包括的核心内容也是四大体系：股东结构设计、股权分配设计、内部治理设计、资本规划设计。

股权结构设计的四大内核体系，在形成产品时彼此之间会有联系。而且在前文中也说到股权结构设计是一个动态的过程，因此，股权结构规划的过程一般也是延伸成为一个长期的服务过程，而不应该是仅仅把它看成一套方案就能解决的事情，而是一个长期与专业机构合作的过程。

第一节　股东结构设计

一、进行股东结构设计的必要性

企业创立的第一步就是要建立自己的核心团队，核心团队决定着企业的未来，也决定着企业的发展方向与事业的成败，因而核心团队是首要核心要素。而创始人如何选择股东就显得至关重要，创始团队的股东结构也是后续推动企业不断成长的基因和原动力。

在创业的道路上充满各种磨难与艰辛，有几个志同道合、立志高远的伙伴（股东）陪伴可以增添几分成功的把握。但是股东之间的合作，不是人员的简单叠加，而是能力的组合。许多企业家都有共同的感觉，那就是在这个世界上，没有任何一个职位像企业家一样对人的综合素质要求如此之高。如果你在某些重要方面存在短板，但是又不愿意通过与人合作来补强自身的问题，就很难创建一个成功的企业。因此我们经常建议创业者能客观冷静地看待自己，找到优势互补的股东和合理的股东结构，团队创业最大的价值和必要性就是能够互相弥补短板，提升决策水平。

因此，如何设计一个能够让股东们各得其所、优势互补的结构呢？仅仅能力互补还不够，创业团队股东之间还要互相信任、互相包容，他们在公司内往往需要负责某个领域，需要独当一面。如果相互之间缺乏信任，互相防备的话，会使大家的精力浪费在歧途从而错失公司成长的大好机遇。

股东结构设计其实就是要确定公司需要什么样价值观，并找到在能力、资源和价值观上能够相互匹配的股东。这是每一个企业家最为关注的问题之一，也是股权设计者要跟企业家沟通的第一层次的问题。比如公司现有的股东结构有没有缺陷？是单一型的还是复合型的？如果是复合型的股东，在生产要素上能带来多大价值？对项目的支持又体现在什么方面？股东结构单一的企业存在的问题是高度同频，股东们虽然能互相理解，但看事情和思考问题的维度却高度统一，这导致无法做到集思广益，难以预估未来的风险。

因而，"和谁合伙"远比"怎么合伙"要重要得多，就像人们找对象一样，和谁结婚，肯定比怎么结婚更重要。下面用一个我亲历的案例来说明股东结构对企业的重要性。因为我后来成为了这家企业的法律顾问，所以对该企业的基本情况相对还是了解的。

【案例16】

湖南省总体的高铁产业相对而言还是很发达的，因为有中车集团有限公司这样的领军企业。而这个案例中所举的例子就是一家处于高铁产业链上游的企业，其主营业务是给一些大企业生产配套零部件。这个企业的股东结构属于单一型，一共有四位股东，而且都是高级知识分子类型的技术人员。他们对于企业核心竞争力的理解，都形成了一个共识：技术研发能力是企业的核心竞争力。当时该企业还没有法律顾问，只是有一些法律方面的方面来咨询我。在问题解决之后，因为我对该企业已经相对熟悉了，就提出公司股东结构不合理的问题，并说明了这个问题的严重性。但他们认为公司目前运营得很平稳而且业绩还在不断增长，我提出的这个股东结构问题似乎是杞人忧天。鉴于几位高管都是这样的想法，我也没再坚持个人的观点。

后来据公司创始人介绍，2013年，公司准备运作新三板上市，但是最终放弃了。原因是从2014年初开始，公司的整体业务发生了断崖式下滑，当时他们都没有预料到，也无法理解为什么公司会一败至此。直到后来才找出了问题的根本，而且我们和公司老总还一起总结了相应的经验教训。

一、股东结构出现问题。作为技术人才，他们认为在研发上的投入是足够的，甚至比一些大企业还要多。但是市场并不认可这种过度超前的研发投入，反而造成了公司没有将最合适的产品投放给市场，使得市场的反馈为订单断崖式下跌。这样的局面让大家措手不及，后来经过深入的调研与反思，终于认识到了问题所在（技术研发过度超前，但是其他配套产业链并没有进行同步跟进和更新，产品没有得到市场认同，直接的反应就是缺乏订单），同时得出一个结论：造成这个问题的深度原因在于股东们思考问题高度同频，思考问题的高度与深度基本相同，而没有结合市场的真实需求进行研发和产能的投入。公司所有股东对于市场的考虑非常简单，做法也很单一，自认为公司的研发投入很高，技术上应该是没有人能超越的，这样的产品就应该在市场上所向披靡，却根本没有科学细致地分析和判断市场，也不去预测市场的走向。在股东结构层面上来说，就是我们所说的缺乏多样化的类型。

2014年，受政策的影响，公司的业务发生了断崖式下滑。由于当时政府提出向平稳型经济过渡的概念，不再用类似于前几年的大基建大投资来拉动内需。而这家企业的订单大部分都是与城铁、地铁、高铁项目紧密相连，这个政策的出台直接给了他们毁灭性的一击，很多地方的项目已经签单，但是既不付钱、也不要产品，企业发展遇到了很大的阻力。

后来企业老总感慨地对我说："袁律师，你原来给我们提出的观点是极其正确的，我们已经意识到公司的股东结构太过于单一，导致每次开股东会议就像在研究所开技术研讨会一样，经常一个问题聊着聊着就聊到了技术层面，最终却没有向其他的管理领域和观点发散。"股东的特点、认知圈和知识结构的高度趋同，虽然一方面可能带来了能够比较快速地形成统一的认识、达成一致的优点，但是另一方面的问题就是不能通过多维度、多角度的观点和认知碰撞，来保证对于一个问题能做到全面和符合实际的考虑和决策。

这个案例给我们的启示是，在组建企业核心团队时，一定要首先考虑股东人员的建构搭配，从而注重整个核心顶层的群体结构。因为合理的股东结构乃是产生群体最佳结合力的前提，所以"互补型"结构是企业核心团队的理想结构。所谓"互补"，就是指通过人员的合理组合，使股东各成员间拥有不同智能等，这样相互得到补充，取长补短，相得益彰。

企业管理属于复合型学科，横跨社会科学和自然科学两大领域，它既不属于一般经济学，也不同于一般社会学科，而是具有多学科互相渗透的特点。企业管理是一个复杂的系统工程，它要求企业的领导者具有较高的文化修养和合理的知识结构。从本案例中可以看出，股东们知识结构的单一，容易造成管理上的同质化。当然，一个人所能拥有的知识毕竟是有限的，而且面比较窄，那种既是技术专家又是管理专家的人才是少之又少。所以，要使核心团队有一个合理的知识结构，必须通过合理选配人员使他们的文化知识水平高低互补，实际工作能力强弱互补。

总之，股东结构在设计过程必须要有一定的思路和方法，并且合理搭配各类型的股东，注重股东成员的知识水平、气质、性格、能力等心理品质，从而达到股东结构中成员知识互补、专业互补、能力互补、性格互补的结构，以形成一个信息通、决策准、指挥灵、效率高的核心团队。这样的股东结构，才能使企业在激烈的市场竞争中立于不败之地。

二、股东结构设计需遵照的原则

在进行股东结构设计时，我们会需要遵循一些基本的原则，其中有两点我认为是一定要把握好的：

（1）不去触碰股东已有的利益分配机制，除非双方之间能够形成有效合意。

在现实操作中，比较容易出现的问题就是贸然地否定之前所形成的股东既有结构，并希望通过所谓的"结构调整"对原有的利益结构进行变更，甚至在这个过程里希望能够去加强大股东的控制权和利益占比。这样的"调整和优化"会触碰到其他股东的核心利益，则有可能导致股东之间产生新的纠纷和矛盾。

（2）尽量以商业交易的方式为公司的现有股东的退出提供解决路径，换句话说，如果在股东结构已经定型的情况下要进行相应的股权比例和结构的调整，我们就要尽量采取交易的方式，通过提供给股东相对比较合理的交易条件，来让股东能够接受退出，这是我个人认为非常重要的解决思路。

我们经常会碰到这种情况：企业在股东结构或者公司架构已经非常复杂的状态下，邀请我们过去进行股权结构的优化。而问题的复杂性在于过去很多的民营企业在创始阶段的投资属于一种冲动型行为，单纯因为一些机会的出现就不做分析地投入资金。

这些企业家们可能确实在商业上具有比较敏锐的直觉，觉得某个项目前景比较好就会快速地决定投入，觉得某个项目值得参与也会迅速地决定投入，然后就会逐步地形成一个特别庞杂的投资体系。无论从股权结构上，还是投资逻辑上，作为民营企业，组织结构越复杂，管理能力就越弱。因为管理范围一旦扩张，如果企业还按照原来那一套管理思维去做的话，必然会做得很累。这样，尤其是规模比较大的民营企业就需要进行整体梳理改造，做一定的结构变异、结构变化，也可以称之为内部集团化改造。对内部进行梳理改造，其实就是对原有的结构进行再规划和再调整。

因此如何在公司的股权结构、组织架构已经相对比较固化的现状下，对公司进行结构优化，就需要遵循之前我们所提到的基本原则。

三、股东结构配置思路

（一）按生产要素配置

1. 按生产要素配置的原因

所谓生产要素，是指进行社会生产经营活动时所需要的各种社会资源，包括劳动力、土地、资本、技术、信息等，而且这些资源随着时代的发展也在不断发展变化。按生产要素分配，就是指社会根据生产某种产品时所投入的各种生产要素的比例和贡献对投入主体进行的报酬返还。

在进行股东结构设计时，首先考虑项目必须具备哪些生产要素；其次考虑这些生产要素如何取得。生产要素的取得方式不外乎"市场化购买"和"内部股东提供"两种。两者的区别在于后者以股东作为主要资源提供方，来为项目公司提供稳定或具有优先性的生产资料供给或交换，能够最大程度上地帮助项目公司获得市场优势。

企业在确定"类型股东"时需要做到以下四点:

(1) 确认项目核心生产要素。

(2) 确认核心生产要素的权重排名。

(3) 确定现阶段核心生产要素的重要性排名。

(4) 对于重要性排名靠前、权重排名靠前的生产要素提供方,建议确定为该阶段重点引进的类型股东。

专业机构在帮助企业做股权结构设计的时候,会考虑一个很重要的因素——时间周期,就是因为在不同的时期需要解决的问题不同,而第一阶段首先要解决的是怎样才能在市场竞争中取得相对优势。

曾经有这样一家企业,公司在进行股权设计时,把公司的一家重要的上游原材料供应商也吸收了进来。这家上游企业占有了公司10%的股权,并且提供的是公司不可缺的基础性原材料,而这种基础性原材料几乎全部依赖进口,在国内的供应商很少。公司并没有要求供应方降价供货,但是要求同等价格下优先保障供应公司的需求,从而保证公司的组装生产自始至终不受延误,甚至有时候供应方在公司资金紧张时还可以赊欠货款,这就是公司利用股东结构设计后形成的竞争优势。

从上述这个事例中我们可以看出,股东结构设计的目的是要在所有的层面保障企业在市场竞争中具有优势。即使股东内部之间可能存在着大量的关联交易,也可能企业在某一方面高度依赖于某一个股东或者合作方,但第一阶段要解决的首要问题是企业赢得市场资源,因为企业在未来还有机会去调整并完善股权结构。

2. 生产要素互补的重要性

在进行股东结构设计时首先要考虑到生产要素的权重排名,确认权重排名不是追求精确化的过程,不是把一些数据精确到小数点后几位,在实际操作中只需有一个大概的区间就可以了。目的是通过权重排名,能够清楚地认识到公司最缺什么样的生产资源、生产资料。

假如在公司的某个发展阶段,我们最终评估公司最缺的是资金,那么在该阶段,能够提供现金出资的股东当然有更高的股权比例;如果公司最缺的是技术，那么该阶段就应该为技术团队或外部技术支持的股东预留相应的股权比例。

不过，重要性排名只能是针对现阶段的。一般2~3年的周期就足够了，而不要一开始就按照所谓"百年企业"的标准去思考。千里之行，始于脚下，只有一步一个脚印地踏实往前走，才有可能成就企业的长盛不衰。

之所以把这个周期定为2~3年，是因为据国家权威部门统计，中国民营企业平均生存年限是2.9年。换言之，如果3年之后企业能存活下来，就可以再继续设计第二阶段的股东结构方案了；如果没存活下来，那只能在下一个创业项目再见了。

所以在这个过程中不要去追求不切实际的目标。俗话说，万事开头难，企业在开业时的首次股东建构所形成的思路与方法会对以后每次进行权重排名时有一定的影响，这主要是指在这个过程中的方法与思路，会形成一定的模式，影响到以后对权重排名的做法。但是核心的思路是不变的，那就是对于重要性排名靠前、权重排名靠前的生产要素提供方，就要确定为该阶段重点引进的类型股东。

在确认权重排名和重要性排名之后，应该从哪些途径获取生产要素？如果所有的生产要素都准备以购买方式取得，需要大量的资金作为支持（也就是我们经常所说的"烧钱"），那么在该阶段，能够提供大量资金供给的股东就应该优先考虑，并在所释放的股权中给予更高的权重。如果某些生产要素，企业希望由股东提供稳定和长期的供给保障，就需要和这样的资源型股东商定一种以股权来交换生产要素或者获得稳定支持的承诺。但是这种交换或者承诺一定要量化，而不是含糊的一句"给予支持"。我们时刻要牢记我们的核心观点——"股权是一件商品，它的作用就是用来交换你所需要的生产要素"。

在引进股东的过程中，最忌讳的就是企业家而是出于短期的目标，大量地引进不适合的股东，而给自己的企业带来很多隐患。我们不妨来看下面的案例。

【案例17】

这是一个创作二次元漫画的项目，初创成员都是年轻的90后。第一次融资时聘请了一位FA（理财顾问），但这位FA非常不专业，给这些年轻的创业者们找来的股东全是60岁以上的老头老太太，而这些人都是通过FA的资

第三章 众里寻他千百度：股权结构设计的内核构成计

源从理财市场上引进过来的，每人出资少则六七万元，多则二十万元。

其实这样的股东引进后，那种啼笑皆非的画面真的让人忍俊不止。一帮90后的创业者给一帮60岁的老太太解释怎么做二次元漫画，这种场景只是想想就觉得违和感很强了。所以可以确定，他们没有找到合适的股东。而之所以出现这么画风清奇的局面，无非是因为他们缺少资金，盲目地认为只要有钱进来一切都不是问题，有点病急乱投医的感觉。

后来这个项目由我接手，经简单了解后我在第一时间与创始人说明了症结所在，他们也意识到是自己操之过急，当时也只能先让这些股东退出。但是清理的过程非常艰难，因为很多老年人投资之后，并不知道股权是什么，一直以为自己投资的是保本理财。所以当时的情况是比较复杂的，如果处理不当很容易引起纠纷，我甚至担心这些老人会联合起来闹事，那就可能把他们推入非法集资的危险境地。经过认真分析与调研后，我们极力地引进了省内一家比较有名的动漫公司入股，该公司入股的前提，就是提供一笔用于清退这些年老的股东的资金。

从上面这个案例可以看出，在引进股东的过程中，一定要有一个相对明晰的思路。先把首要问题摆出来，即公司真正需要的是哪些股东？从哪些途径可以获得？每个创业者都清楚，企业发展离不开资金的支持，也离不开各个股东的合力，而企业这部大机器一旦运转起来，各个股东就像是机器的各个部件，一定要相互分工、协作和配合。良好的股东结构带来的是企业的稳步发展和更高效益。企业的股东结构决定了这个企业的各个重要部件质量能否胜任自己的工作，能否经受住考验。企业机制越合理，发展就越快；股东结构越合理，企业就能走得越远。

股东结构的科学也有利于企业在发展过程中合理分配风险，最大化地化解危机。完成了股东结构的科学设计，企业运行的核心制度建设才能相对完备，企业才能有一个高效健康的平台，才能长久发展。

（二）确定"带头大哥"

1. 为什么要确定一位"带头大哥"？

在对企业股权划分的领域当中，一般把其中一位核心股东称之为"带头大哥"。这位股东在公司整个构建股东结构、推进项目过程中，具有决定性的引领、组织和推动作用，而且一般是全职（自然人）或注入核心资源、提供核心支持（法人股东）的核心股东。"带头大哥"是在发生关键分歧（机会、危机、重大决策等）时，能够深刻理解公司发展方向、发展理念、发展趋势，并且愿意为此承担重大决策责任的关键股东。

中小民营企业在其自身的成长过程中，由于带头大哥可以控制企业的运作，直接决定了企业有着较强的凝集力，而企业凝聚力的大小对企业的效率、利益、长远发展以及企业成员的成长和发展有着重要影响。

常言云："火车跑得快，全靠车头带。"创业的成败，"带头大哥"就起了一半的作用，所以建议这位"带头大哥"的话语权占比要多（不一定是分红权要多）——只有保证核心股东的话语权，才能保证企业的决策效率和执行能力。

当然有人会提到，如果带头大哥的决策是错误的怎么办？其实这涉及另外两个问题，就是公司治理机制（纠错机制）和股东退出机制（在对带头人高度不信任和不认可的情况下，应该允许股东退出公司）。

【案例18】

我曾经辅导过一家企业，可以说这是一家让人难以置信的企业。他们是一家从事供应链金融的公司，一共有12位股东，但是比较奇怪的是在众多的这些股东中，有五六个股东自始至终相互之间就从来没见过面。谁都知道，有限责任公司的核心要素是人和企业，而这家企业竟然有一半的股东互不相识，尽管这样，企业发展运营却超乎寻常地稳定，业绩逐年上升，股东之间也从来没有产生过矛盾，这样的情形的确让我大跌眼镜。

于是我们就深入企业内部做调研，发现其中的11位股东都认识并高度认可第12位股东，这位股东也就是人们常说的"带头大哥"。由于这位"带头大哥"在供应链金融领域里面积累了很多资源和经验，而且无论是人品还是专业度都让其他股东们一致认可，所以即使公司很多股东素未谋面，但大家共同信任这位"带头大哥"，在平日里，他说每个股东投多少资金占多少股份，大家都没有任何异议地遵从，而且公司的重大决定，大家都没有丝毫的异议。

所以，这位核心股东就成为了公司所有股东的信任节点。当然这种股权结构很鲜有，这里并不推荐大家直接借用，因为这需要其中某个股东有极强的把控能力和市场号召力。

很多企业在创始阶段，大家都有激情，彼此之间信任程度也比较高，有好的项目大家一起做，经济低迷也没关系，大家抱团取暖。但是随着时间的推移，每个人对企业管理的认识和理解都有所不同，做事的方法也不一样，问题很快就出现了。因为大家没有上下级之分，股权分配也都差不多，这样一个股东结构中，没有一个"带头大哥"，一旦股东之间发生矛盾和纠纷，企业的抗风险能力就会非常低。

2. "带头大哥"需要具备的基本要求

那么在选择"带头大哥"的过程中，需要优先考虑两点要求：

首先"带头大哥"必须是一位能对整个项目负责的人，他对于项目和公司、行业的理解应该强于其他股东，并能够起到"舵手"作用。

其次"带头大哥"应该是能够在整个项目中提供全职服务的自然人。如果是公司法人作为核心股东，则必须是能够提供项目核心资源的法人。正所谓"无恒产者无恒心"，这句话延伸到股权结构层面上，就是一个股东的责任和压力越大，他的投入度以及为项目负责和提供资源整合的意愿就越大。

有一种局面是要避免的，即"带头大哥"虽然德高望重或者具有很强的资源优势，但是他却不在项目中，公司对他而言是一个可有可无的事业，不重视参与，投资额也不大，仅仅是因为论资排辈而让他成为了"带头大哥"，这样的公司其实失败的风险非常大。

举例说明的话可能大家比较容易理解，比如我们要成立一家公司，突然马云进来了，那大家肯定都会选择马云做"带头大哥"，因为人们会自然直观地觉得以他的地位定能起到很强的领导作用。但问题是他可能只占了很少的股份，而且也没有办法在项目中投入很多的时间精力，即使项目失败了对他也没有一点影响。这样的"带头大哥"其实并不是我们所需要的。

大家需要的是能对整个项目负责并起到核心资源调配能力的核心股东。

3. "带头大哥"需要达到的基本要求

（1）在所有的股东中，具有较好的带头、领导和组织作用；或者在一群差不多类型、水平的股东中，愿意做出牺牲，承担管理、带头或组织职能的核心股东。

这段话中，牺牲不是一个简单的口号，也不是人人都能慷慨做到的。不妨做这样的拷问：为了得到公司的控制权，你愿不愿意少拿很多权益，比如财产分红、股权利益？或者你是否在愿意承担比较大的风险，比如为了公司的发展需要你以个人财产提供担保？如何回答这种直接触及个人利益的问题会让大家分辨出谁才是真正愿意为公司做出牺牲的人，而这样的股东才适合在整个项目中作为核心的"带头大哥"。

（2）能够为公司的发展提供核心要素（资金、技术、渠道或具有较强的管理组织领导能力），并愿意承担责任。

我曾经遇到过一个很有趣的创业者，某一天他找我来做咨询，也不知道哪里找到的一套所谓的资本运作思路跟我聊了起来，满口的"资本运作思维"。什么"这世上最有本事的人就是能轻松让别人的资金为自己所赚钱的人"，什么"用猪身上的钱来赚羊的利润"等。其实不仅是他，很多人都抱有这种观点，在合作项目上一分钱都不想出，就想用自以为是的所谓领导力，让其他股东投资，可谓深受当时各种不靠谱的"资本培训"的荼毒。

当时我和这人大概聊了30分钟，在明晰知道他的思路之后，很客气地回绝了他，因为这样的项目是不可能成功的，毕竟他根本没有在股东之间建立最基本的信任的想法，其思维逻辑的前提是其他人的智商和认知能力都低于他，自以为凭借臆想中的领导力和个人魅力就能够让其他人托付信任，却不用向其他人托付自己的信任。人际关系的构成基于信任，这种人实际上是不值得交往的，而这样的人要组织一个牢靠的股东团队是不切实际的。

（3）"带头大哥"需要对于公司的价值观、理念和发展方向的理解、认识和把握更为深刻并得到大家认同，能够在关键决策过程中，具有承担责任的能力，并对于公司的发展具有更为长远的考虑。

也许有些人并不认同这段话，许多企业家包括一些企业的"带头大哥"也从来没有说起过企业价值观的问题，为什么这里却反复地提出这个问题？因为真正想把项目做大、做好的人，一定是有产业情怀的人，是和企业有着相同价值观的人。一个企业没有情怀当然不是说不能赚钱，但是如果要想做到卓越，就必须要有对行业和社会的情怀。

（4）"带头大哥"是在对于公司的价值认同中会将保持对公司的控制权

和方向上的影响力放在首位，并且愿意在必要时做出牺牲和让步的带头人。

4. 在选择"带头大哥"的过程中应避免的错误

（1）选择过分强调利益的带头人

过分强调利益，必然导致所有股东均是"利"字当头，一旦碰到利益问题，每个股东都不愿意做出牺牲，最终导致在重大利益分歧面前，团队迅速分崩离析。

所以在选择"带头大哥"的过程中一定要跟股东们沟通到位，避免这个错误的思路。很多老板都有一个习惯性思维，认为利益才是核心的内容。当然这也跟整个社会风气有关，任何一个不谈利益的股权结构设计都是要流氓，但是只谈利益的股权结构设计也会很快地分崩离析。因为过分强调利益的"带头大哥"始终在告诉自己的团队："我最相信的就是钱，其他都是次要的。"如果一个团队奉行的是这种唯利是图的价值观，那他怎么能够去埋怨自己的伙伴、员工或股东因为有更多的利益而离开甚至背叛自己的团队？所以这个选择思路一定要避免。

（2）论资排辈

直接以投资比例论长短，或者以某一个不重要的判断标准（比如资历、经验、社会地位等）作为评选标准，将选择带头大哥视为一项论资排辈的过程。

选择"带头大哥"的重要性是不言而喻的，公司需要的是一个"船长"。即使投资额更高的股东，如果没有办法、没有时间精力为项目出力，也是不适合当"带头大哥"的。可以考虑将他定位为单纯的"财务投资人"，并为他划定清晰的获利目标甚至退出目标。

（3）平均主义倾向

不能放任股东们的平均主义倾向，一定要以是否提供核心资源、是否专职服务、在整个项目中的资源的整合能力以及团队的认可度作为核心衡量标准，而不能以人情关系来确定。

5. "带头大哥"应注意避免的问题

（1）不好意思做老大

在过去我辅导的企业中，经常碰到那种比较年轻的创业团队，因为原来大家就习惯在一起侃侃而谈，现在突然要选出一个CEO，好像谁都感觉有点不好意思，除非是性格特别张扬的人，但是性格张扬的人却不一定是最适合的人选，所以大家还是要仔细判断筛选。而在选择的过程中，也要有合理的竞争和讨论，最终使团队形成共识。而被推选出来的"带头大哥"，则要勇于担当。

（2）授权不清不楚

当团队已经选出"带头大哥"后，一定要给予他一定的授权基础，确定这位"带头大哥"的基本权利。当一个团队已经形成共识，"带头大哥"已经明确，股东们一定要迅速帮"带头大哥"确定管理范围和边界，以及他所能做的决策范围和边界。

比如一群人去吃饭，如果主席位置没人坐下来，其他人当然也不好意思就座。同理，如果核心的带头人不能确定自己的定位、授权以及管理边界，其他股东将很难跟他界定管理尺度。从管理学上说这是一个核心问题。现在的授权不是要确定每一个岗位或者每一个股东的分工，而是先确定"带头大哥"的分工，只有他的分工确定了，后面的人才能很清楚地找到自己的位置。

（3）股权分配趋向平均化

股权分配平均化可以分为两种情况：一种是股东们无意识地平均，另一种是大家经过深思熟虑之后的有意识平均。但是不论哪种平均化趋向，都为将来企业的发展埋下极其严重的隐患。

因为最差的股权结构就是合伙人之间均分股权，股权一般是绝对不能平均的。因为每个合伙人对企业的贡献是不可能完全一样的，但如果股权均分，就意味着股权与合伙人的贡献是不对等的。合伙人一起创业，除了情怀，还包括对经济利益的追求，项目没做成功，还好说，如果获利，合伙人的心态肯定会变化。这时候，各种各样的问题就会暴露出来。

（4）单线条思路

股东之间的关系其实是一种多维度的合作关系，然而很多心性耿直的核心股东在分配股权的过程中会按照单线条或者单维度去考虑。一定要预防这种情况的发生，因为一旦某位股东确立了单线条、单维度的思维模式，并和其他股东达成了共识，公司的后续发展将困难重重。

以前这种单线条思路非常常见，比如几个人一起合伙投资，1000万元注册资本，股权分配就是出多少资金就占多少比例，出200万元就占20%，出800

万元就占80%。所有人都觉得这种方式很公平，而没有人会根据股东为项目做的贡献高低来分配股权，也没有其他让人信服的理论或者学说。

其实单线条思路也是可以理解的，因为在这个维度里面分配确实是公平的。你出200万元，我出800万元，肯定我要比你分配的股权多，正常人都会这样思考问题。但是如果公司在股权分配上固化了这种思维模式，那在下一轮需要引进新股东的时候，问题就会变得非常棘手。尤其是传统企业家遇到这种问题的概率非常大。比如公司因为技术原因要引进新股东，他可以不出资或者少出资而占有一定的股权比例吗？既然所有股东一开始都是真金白银投资入股的，你又怎么可以仅凭技术就占有股权呢？在这种情况下，核心股东首先要清楚股权作为一件商品，可以具体交换到哪些利益，同时这个利益有没有其他量化条件以明晰它的价值。比如上面所说的技术交换，可以各方利益形成一个技术指标，从而量化技术的价值。

（三）股权分配中的逻辑

股权的分配逻辑在很大程度上决定了一家公司能否可以长久地发展下去，大到为公司上市做准备，小到合伙开一家店，股权的分配至关重要。我一直强调，要用最接近商业本质的逻辑去看待商业。那么对企业的股权设计来说，有一些本质逻辑需要遵循。

从本质上来说，股权是商品，可以用于交换自己所需要的生产资料和生产要素。因此给别人多少股权，就要交换到多少自己想要的利益。这是每一份股权分配协议中的关键条款，也是最有含金量的部分。

在沟通、谈判中，我们需要搞清楚股东想要交换的具体生产要素或条件是什么，这样最终的交易方式和条款才能形成一一对应的关系。

只有这样才能清楚地让股东们知道自己用股权交换了什么样的条件和生产资源，心理上也相对比较容易接受。这里需要分清的逻辑包括：

首先要明白执行逻辑。对初创企业来说，执行力永远是第一位的，带领团队落实执行才是最重要的。好的执行力远胜于高谈阔论，所以不要单纯按出资比例来确定股权，可以将不同的贡献按照它的法律性质分开进行计算。

其次要有市值运营的逻辑。1000万元里面占80%的股份和10亿元里面占10%股份是完全不同的概念，我们最终的目的是要通过股权结构设计，来帮助企业将自身的市值做大，从而实现让股东所持有的股权能够获得最大化的利益。

最后还一定要有以动态和历史的眼光来看待股权结构设计的思维逻辑。常言道："人无远虑，必有近忧。"我们如果提前预测到公司发展计划中有可能需要做多次融资，那么就要知道经过多轮融资后可能导致股权的持续稀释。因此为了保证在正式进入资本市场之前，虽然通过了多次融资，核心团队仍然能够保持自己的控制权。这就需要我们以历史和动态的眼光，提前规划和计算，并反推每一轮所需要引进的股东类型及比例。

四、股东结构设计方法论

（一）"白衣骑士法"

即通过引进外部投资机构，使原有结构在对全体股东有利的情况下得到调整机会。

【案例19】

曾经有一家企业在十多年的经营过程中，由于前期不注重股权结构设计，为了发展和融资，经过多轮的股东引进，形成了股权结构非常复杂、涉及股东30多人且大股东也仅仅持股占比不到35%、最小的股东占比0.3%的复杂局面。

在聘请我们进行股权优化之前，公司股东之间并不愿意调整自己的股权比例，因此陷入了一种类似公司僵局的状态，公司发展也逐渐陷入困境。

解决方案：由大股东引进具有上市公司下属子公司背景的新股东。新股东能够带来在行业中的新资源和机会，让所有股东看到了新的发展可能性。但是新股东对于公司的股权结构，提出了明确的要求：小额股东全额以投资本金+合理回报方式退出公司，其他股东均转让或稀释部分股权，最终形成以新股东控股的局面。同时，原大股东作为第二大股东，负责操盘；股东人数下降到10人以内，且均以在本公司有实际任职和服务的股东为主；同时将该部分股东均以持股平台方式成为间接持有股权的合伙人，公司名义股东清理为两家。这大大提升了公司的决策效率。

思路：即通过外部强势股东（"白衣骑士"）的引进，为陷入僵局的股东提供了新的发展机会或套现机会，从而打破了原有僵局，使老股东均有了进行利益交换的理由和动力,最终优化了公司的股权结构。

（二）"向上整合法"

即将部分股东向上整合成为"控股股东"平台,通过结构的多元化,来实现决策效率和集中度的提高。

【案例 20】

公司背景：之前实际控制人在多个项目中均进行了投资,同时自己长期合作的团队成员,也会在不同项目中有不等的投资额。随着时间的推移,团队领导感觉自身所投资形成的结构已经非常复杂,但是各个项目都需要自己和团队投入相应的精力,管理半径越来越长,逐渐出现了顾此失彼的情况。

解决思路：由于所投资的公司均围绕其比较擅长的餐饮主业,本身团队也是经历了十年以上的磨合,配合度和信任度均比较好,因此将整个业务板块进行梳理,形成上层的"控股平台公司"；将对下属的投资转化为对顶层控股公司的持股,自己和团队个人所持股权则均转化为控股公司所持有,实现了集团化改造；同时自己和团队也通过向上整合,将核心的管理事务均集中于控股平台。这样就大大提高了管理决策效率。

（三）"向下整合法"

即将部分股东的股权与下属子公司、子平台的股权进行互换式调整,即以给予部分股东下属子公司更多股权比例或更好的股东地位为交换条件,来换取其放弃成为母公司直接股东的机会。

这其实涉及对于不同股东战略地位的区分。有些股东可能在战略层面上具有一定的价值和意义,而有些则是在执行层面上具有一定的价值和意义,这两者应该严谨地区分开来。

大家当然都愿意把资源进行向上以及向下整合,以求得一个长远发展。但不同股东之间对项目的认知是不一样的,一些人经常简单地认为,大家能够携手合作是因为这个项目赚钱,但事实并非如此,股东们的投资目的是不一样的。股东结构设计工作就是整合不同投资目的的股东,或者对他们进行不同层次的区分。

五、股权激励

股权激励也称为期权激励，是企业为了激励和留住公司内部某些重要核心人才，而采取的一种长期激励机制，是当今最常用的激励员工的机制之一。股权激励主要是通过给予员工部分股东权益，使他们能够以股东的身份参与企业决策、分享利润、承担风险，从而勤勉尽责地为公司的长期发展服务，促进企业与员工共同成长，帮助企业实现稳定发展的长期目标。

在做股权激励的过程中，首先要明确最为重要的类型股东——员工。其次需要明确的是股权激励的核心逻辑，是将人的价值资本化。最后，需要厘清股权激励与股权结构设计的关系。股权激励是股权结构中的重要组成部分，但不是唯一部分，股权结构设计应该考虑为激励留存必要的空间和制度接口。

我们会将股权激励视为一个包含在股权结构设计中的模块，但是可以用两种不同的思路去考虑如何将这个模块体现在股权结构设计方案中。

第一种思路是在股权结构设计的过程中，为股权激励预留相应的制度或者平台入口，但不去设计具体的股权激励方案，因为股权激励方案的核心不在于提供的服务，而在于确定激励对象以及激励对象的准入条件和激励考核等，这方面需要另外再做一套方案。股权激励需要和公司的发展阶段相配合，如果某些公司暂时还没有达到必须要对团队进行股权激励的阶段，可以暂时只考虑进行制度和权益的预留（如期权池等），但是在该次股权结构设计中，不明确激励对象、激励条件等激励方案的核心要素。当然我们需要注意在制度中做一定的预留，或者提前考虑。

第二种思路是包含股权结构设计在内一次性做完。从结构设计到股权激励整体都做，而这对股权结构设计者来说是可以实现的。

第二节　股权分配设计

在我国很多的中小型民营企业发展过程中，股权分配问题如果在最开始没有处理好，很可能为今后的创业失败埋下隐患。在创业开始的"蜜月期"股东们可能不会发生太大争执。但正所谓"可以共患难，难以同甘甜"，尤其创业到了一定阶段，企业基本步入正轨时，最容易出现分歧。如果在这个创业团队中没有一个人拥有绝对的控制权，谁也不服气谁，可能最终的结果就是分道扬镳，导致创业失败。股权分配机制，就是用现在的名和未来的利，把当下最有能力、潜力且和老板立场统一的人，统一成一个利益共同体（股东共同体），定好未来与当下的分配规则，这样就有可能再创奇迹。

股权的分配艺术在很大程度上决定了一家公司能否长久地发展下去。

合伙人一起做事情一定要分清楚权利、责任、利益，具体的股权分配方法可以根据不同的项目而定，但核心考虑的点一定是要以最利于公司发展的分配方式进行分配。设置投资人最喜欢的股权架构对初创互联网公司来说非常有利，可以在公司本身发展顺利的情况下进行一轮接一轮的融资，同时又能保证创业团队对公司的控制权。

在确定股权的分配原则和方式时，我们需要遵循以下原则：区分不同权能的法律性质，并进行不同的设计和考虑；对股权所代表的经济权利（我们所说的分红权及增值权益）和的话语权（即表决权）一定要进行区别设计。

在设计的过程中，尽量遵循合法可操作的原则，能够以合法和完善的结构化设计或者是交易方式解决的，尽量避免用比较特殊的方式或法律关系去进行解决。

在进行比例设计时，原则上考虑以下因素的综合平衡：核心股东的控制权；股东贡献率（生产要素的供给、是否服务于公司等）；股东投资目的（长期共存或以套现牟利为主）；公司未来需要引进的类型股东；公司中长期的发展目标及对股东的要求和条件。

我们将在后文中，针对如何具体进行设计进行一些探讨。

第三节　内部治理结构设计

在确定股东结构及股权结构的同时，根据公司的股东类型、发展阶段和需求，根据法律规定为其设计对应的"内部治理结构"。其目的是实现公司最佳经营业绩，其原则是公司所有权与经营权基于信托责任而形成相互制衡关系的结构性制度安排。

一、内部治理结构主要原则

1999年5月，由29个发达国家组成的经济合作与发展组织（OECD），正式通过了《公司治理结构原则》，可以作为设定内部治理结构的基本准则：

（1）公司治理框架应当维护股东的合法权利。

（2）公司治理结构框架应当确保包括小股东和外国股东在内的全体股东受到平等的待遇，如股东受到权利损害时能够有救济、补偿的机会。

（3）确认利益相关者的合法权利，并鼓励公司和利益相关者为创造财富和工作机会以及为保持公司财务健全而积极地进行合作。

（4）公司治理结构框架应当保证及时准确地披露与公司有关的任何重大问题，包括财务状况、经营状况、所有者状况和公司治理状况的信息。

（5）公司治理结构框架应确保董事会对公司的战略性指导和对管理人员的有效监督，并确保董事会对公司和股东负责。

这些原则虽然是基于发达国家的法律体系，跟我国的情况略有差别，但是我们可以在内部治理结构设计的过程中进行参考。

二、内部治理结构设定的思路

针对大部分企业以非上市民营有限公司为主的现状，建议遵循以下思路进行考虑：

（1）以帮助股东之间建立信任机制为重要考虑，以保障"信息公开、重大协商、利益补偿、不合则退"为基本原则。

（2）非上市民营企业以"效率优先、执行优先"为考虑，并不需要刻意设计得制度过分繁杂、流程过于繁琐。

为什么这样说？首先，从股权结构设计的原则上来讲，一定要保证信息公开，重大事项都有相应的协商机制。其次，如果存在利益的伤害——我们称之为瑕疵——需要有一套相应的补偿机制。最后，对于实在不适合的股东，必须要有一套公平合理的退出机制。

如果能保证或者考虑到这些，对于一般的民营企业来说已经足够了，而且也不至于影响它的运营效率。如果企业的组织复杂性和股东复杂性进一步提升，则可以进一步考虑丰富它的股权结构。

三、内部治理结构的方法

公司该建立什么样的内部游戏规则，才能够让这套体系持续地运转下去？这需要进行内部治理结构设计。股东结构设计确定的是企业的团队如何搭建，内部治理结构确定的则是利益分配和基本结构。当这两个关键点确定之后，就可以考虑规则怎么制定的问题了。

在马克斯·韦伯(德国)著的《中世纪商业合伙史》这本书里，追溯了关于公司制的起源。这本书里面非常详细地描述了最开始的合伙体系结构。许多人在研读的时候，都非常惊叹当年的罗马和希腊搭建的合伙体系以及其中的利益区分规则。特别是地商、行商，他们都有一个非常独特的概念叫作"家户"，"家户"是他们非常重要的经济组织体，有点类似于现在的家族企业，但是它里面的规则设定又不同于家族企业。所以，如果回头去审视一个制度的起源，会发现众多的合伙的核心基因和DNA已经嵌在当时的制度里面，并且流传至今，而且那时的制度甚至比现在的某些公司的制度还要更缜密。当时制定制度的思路，也是非常值得我们借鉴的。

内部治理结构起源于坐地商与行商之间的商业关系，行商在其中所起到的作用就是达成目标，因为他们设置有明确的目标。在《中世纪商业合伙史》里面就详细描述了他们在各个环节都有非中常细致的规定。比如行商带着货物去驶往一个目的地，如果因为其他原因绕了路，或者在某一处停留的时间过长误了期限，以及价格的变化控制等造成损失之后责任的承担应该怎么划分，他们都已经做了细致的规定。而这恰恰暗含了现代企业制度中经理和股东之间的信托责任和投资关系。

在这种关系之下，内部治理结构就首先需要考虑"目标"是什么。

公司在创始阶段，设计内部治理结构的时候都存在一定的问题，可能很多制度在拟定的时候，仅仅是以《公司法》为依据而形成的。借鉴《公法》，或者引用上市公司的内部治理结构可以让企业变得更加规范，但是很多时候人们并没有真正理解内部治理结构的目标是什么，形成内部治理结构的最终目的又是什么。这将导致在企业做内部治理结构的时候很容易犯错误。如果不了解制度背后的目的，觉得每一条都有用就把每一条都写上，结果最后是一本外表精美内里却空泛的制度，只能看一眼然后丢进角落里，继续使用原来那一套旧制度，因为上面的错误证明了原先那一套制度才有可能是最有效率的。所以在做内部治理结构的时候，首先要了解制度背后的目的是什么。当然，需要强调的是，治理结构有着层次上的区别，人们习惯遵循的一个设计趋势是越走越往下，最终触及到管理层面。很多企业在做内部治理结构设计的时候，会不自觉地把内部治理结构一直延伸到管理端、生产端甚至销售端，结果就触及到了企业管理制度层面，这是另外一个领域的问题，但是我们并不建议将股权结构设计和企业管理制度和架构设计进行混同，因为做企业管理制度和做上层内部治理结构的思维逻辑是不一样的。

  做管理端或者做运营业务端的制度和结构时需要对企业整体的业务流程非常熟悉，对它的每一个业务节点以及每一个节点的控制指标和要求也必须很熟悉。而顶层设计上的区别在于它的行业属性在股东层面或者股东与职业经理人层面上稍微不那么重要，如果说得简单一点就是"三会一层"[①]，如果说得复杂一点，"三会一层"还应该结合他们的授权提示，以及跟财务运转的体制建立一个勾稽关系。

  简单地理解，就是在这个层面上做内部治理结构，最重要的是要保证边界感明确，让人清楚地知道每一个层次上的权利和义务，以及股东的权力边界。如果现在带着这个问题从《公司法》里寻找答案，很多概念是不清晰的。现行的《公司法》上对于股东会、董事会、监事会，以及经理层都规定有相应的职权范围，但是如果仔细把这些职权范围全抄录下来，放在一个层面上逐项对比就会发现，中间还是有模糊的地带。

  首先，概念与概念之间的边界是不清晰的。举个最简单的例子，《公司法》里有一项规定：投资计划由股东会来决定。但是很多公司对于投资计划的理解

---

① "三会一层"：股东大会、董事会、监事会和高级管理层。

是仁者见仁智者见智的，因为它究竟是一个宏观规划，还是具体到企业每一年的资金投入，甚至具体体现为多少个项目、多少投资，以及投资本身的内涵范围，对于这个概念可以说是仁者见仁、智者见智，不同的人站在不同的立场会得出不同的结果和答案。所以照搬《公司法》的教条并不能完整的解决内部结构治理问题，还需要具体问题具体分析，不同的企业根据其特有的规律和性质才可以进行内部结构的设计。

我们曾经受理过一家国有企业客户的案件，它所投资参股的是一家民营企业，占20%的股份。因为它对民营企业形成了一种投资行为，所以有责任与义务去参加股东会，决定投资计划等各项事宜。但《公司法》的流程是必须先参加董事会，然后再参加股东会。而这个流程让公司的董事们很为难，他不清楚到底是先由股东会制定投资计划，然后再由董事会在投资计划之下细分各种投资行为，还是反之。股东会所确定的投资计划已经明确规定了具体投资哪个方向，但作为董事，他并不想去参与董事会，因为猛然投入一大笔资金，又不知道收益回报是否能成正比，难免会有一些顾虑，也害怕担责。

提出这个例子就是希望大家明白，《公司法》是一个很有趣的法律品类，它给予了我们充分的设计空间。我国的《公司法》的制定者，毋庸置疑都是法学专家。但是，如果我们真正在操作执行层面上认真细究，其实每一个概念、定义的边界，以及"三会一层"相对应的职权范围，条理都不是非常清晰。因此在实际的运转过程，要灵活应用，而不是墨守成规死守教条。

在内部治理结构上，表3-1列举了一些治理结构的指标，以供参考。

四、发达国家的公司内部治理结构

（一）美国的公司治理模式

（1）美国的公司治理强调股权激励和外部监管约束，但因股权过于分散，股权结构不稳定，使股东对公司高级管理人员的监控力度大为减弱。

（2）经理人薪酬过高产生操纵利润的动机。

（3）迫于股票市场的压力，经营者把公司近期利润的实现作为最主要的经营目标，失去制定长期经营目标的动力。

表 3-1 内部治理结构的部分指标

治理指标	变量名称	变量解释
持股结构与股东权益	最大股东持股比例	第一大股东持股比例
	股权制衡	第二大到第五大股东持股之和除以第一大股东持股比例
	股东会次数	公司年度召开的股东大会次数
	流通股比例	公司流通股所占比例
	国有股比例	公司国有股所占比例
管理层治理	"两职"合一	公司董事长兼任 CEO
	管理层持股	公司管理层持股比例
董事、监事与其他治理形式	董事会规模	公司董事会人数
	独立董事比例	公司董事会中独立董事所占比例
	董事会次数	公司年度召开董事会次数
	监事会次数	公司年度召开监事会次数
	委员会个数	公司设立的各种委员会（如薪酬委员会、考核委员会、审计委员会和战略发展委员会等）的数量

（二）日本的公司治理模式

日本企业所执行的公司治理形式是财团。

财团是松散的工商企业为了相互的利益，围绕着一个单独的核心银行而结聚成集团的组织形式。

公司与核心银行之间、各个公司之间存在长期紧密的联系。

大多数财团公司彼此交叉拥有股权，可供外来投资者购买的股票数目远远低于已发行的股票总量。

大多数公司中，经理和高级管理人员控制整个公司，外来股东影响力很小。

股权交叉拥有和经理控制权导致企业并购现象很少发生。

日本公司 CEO 的经营决策是在定期会面的总裁委员会成员达成一致决定的基础上做出的，其收入大大低于美国公司 CEO，激励制度的作用比较次要。

日本公司 CEO 很少运用职权为自己谋利。

（三）德国的公司治理模式

建立在银行主导的金融体制上，不依赖资本市场和外部投资者。

以银行为主的金融机构在公司治理结构中发挥重要作用：提供融资；控制公司监事会；凭借内部信息优势，发挥实际的控制作用。

德国公司治理的典型特点是"共同治理"的治理模式。

大型企业实行双层董事会结构：监事会与管理委员会分离。

半数的监事会成员由包括管理层、员工和工会在内的公司员工投票选举组成，另一半由股东和银行总裁组成。

如果仔细分析或者对比不同国家的治理结构模式，会发现它们有一个很重要的特点——治理结构模式跟它们的经济构成模式非常相似。

比如德国的公司治理模式是以银行为主导的，日本也是如此，因为它们的银行实际上已经渗透并控制了经济，包括各种财团、银团，因为金融上的控制能力导致了企业的治理模式是以银行为主导。

五、股东退出机制设定

（一）退出机制的重要性

许多刚刚开始创业的公司都面临着较大的风险与变数，它们不仅仅是需要一个合理的股权结构和内部治理结构来保障公司的良好运营，同时还需要一个完善的股东退出机制来应对创业团队的变更、解散，以最大程度地减少成员退出给公司带来的"内耗"，以及避免相应的法律纠纷。退出机制的存在也是整个股权法律架构能够健康和永续存在的最重要的保障机制，而一个没有合理退出机制的公司团体将是没有前途的。

退出机制对于每一个企业来讲都是明确的痛点，因为基本上每一个老板都曾经经历或者目睹过，由于没有合适的退出机制，股东退出导致公司遭受非常大的损失，甚至进入面临生死存亡的动荡阶段。

退出机制也是整个《公司法》的核心基础所在。因为，最开始股东们成立公司是为了增大船开出去之后的容错率，而退出机制则是船开回来以后，合伙人之间形成的一套合理的分配和解散机制。举一个很简单的例子，假如某一天婚姻法规定结了婚就不允许离婚，那人们还会结婚吗？

股东退出机制同样如此，一个没有退出路径的公司制度是没有存在必要的，所有的股东进入都是为了退出那一天做准备，只是获利大小的问题。因此，股权结构设计实际上是一个考虑整体流程的过程。

（二）股东退出机制设计原则

图 3-1 是股东进入和退出机制的不同维度图。

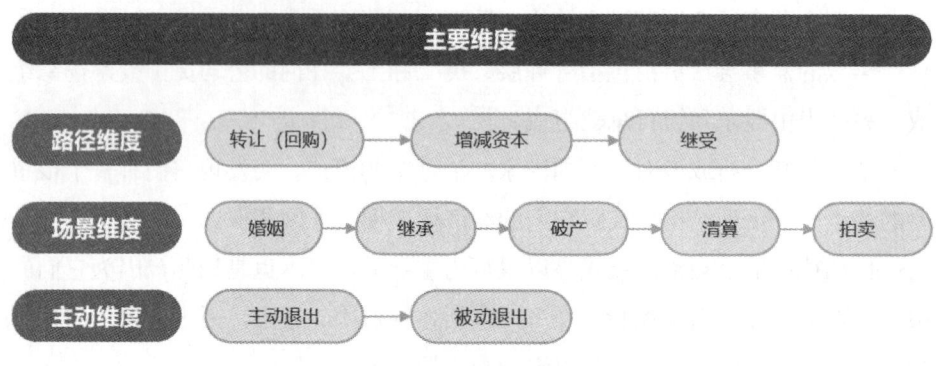

图 3-1 股东退出机制维度

图 3-1 列出的退出机制并不是全部，只是稍微提及，比如不同的退出路径、不同的场景，以及不同原因的主动、被动退出，等等。

股东退出机制应当在创业之初由全体股东共同商定，其基本的设计原则应当包括以下几点：

1. 公平

无论股东因为什么原因选择退出，其都应受到公正合理的对待，这里的公平主要有以下方面的含义：

首先是公司与退出股东之间的公平。公司不应该设立严苛的章程或股东投资协议以过分限制股东的退出，或为了维护公司利益而给予退出的股东较低的待遇。公司应当在防控股东退出带来损失的同时给予退出股东公正合理的待遇，以体现公司对股东劳动与付出的尊重，同时也能打消新加入股东的顾虑。

其次是退出股东之间的公平。公司的股东退出机制应当统一、公开、透明，并保持前后连贯性，尽量避免根据留任股东的个人喜好或意志给予不同退出股东标准不一的待遇。

2. 合理溢价

对处于快速成长期的创业公司而言，无论是股权的获得还是退出都应实现最大程度的激励效果。退出股权的回购、内部转让价格应当在初始股权价值的基础上设置一个合理的溢价，这个溢价应当综合考虑公司市值、参与经营管理的股东绩效表现等因素，对股东为公司做出的贡献进行合理的评价与回报。这不仅体现了公司对劳动和付出的尊重，也是对在职股东的激励，让他们明白努力为公司做贡献，即使退出也能获得相应的回报。

3. 区分不同类型股东

股东退出机制的设计还应当区分不同类型的股东，做出有针对性的安排。创业公司的股东可能包括直接参与公司经营管理的创业团队的成员，也可能包括非全职参与创业的股东以及创业团队外部的投资人。公司应当根据不同类型股东的特点和利益诉求设计相应的股权退出机制，切忌一刀切。例如，外部投资者不参与公司经营管理，其主要目的是获得公司增值的利益，为其设计退出机制时重点就在合理的回报率和风险防控措施上。不同类型的股东各自对应一套股权退出机制，这样才能平衡各方利益、减少矛盾纠纷。

4. 建立"USB 式"的退出机制

这个用硬件 USB 设备来比喻是为了大家形成更加清晰的理解。这里所强调的"USB 式"机制主要有两个特点：

一是"随时插拔"。指退出机制的设计应该简单明确，重点在于可操作性。能够"随时插拔"，就是表示能够让股东在进入和退出时都有明确的触发条件、程序条件、价格公示，以及纠纷预防机制。如果能完善这四部分机制，企业大部分的股东退出风险都是能预防的。当然还有一部分在于对场景化的理解，以及针对特殊化设计的周全性。

二是"不伤主机"。指退出机制的设计是为了保证股东的内部纠纷和矛盾具有合理合法解决机制，不会对于企业造成伤害，或者尽量不伤害企业。建立退出机制的目的就在于股东退出时，企业依然能正常运转。因为退出机制跟股权结构设计息息相关，而在前端的所有设计目标都是希望给项目提供足够的支撑。因此在进入退出机制的设计上，要考虑的是尽量保全企业正常经营的可能性和利益价值。

（三）股东退出机制设计要点

图 3-2 下图是退出机制设计必须要考虑的七个部分。

图 3-2　退出机制设计要点

在设计退出机制结构时，如果想做得简单一点，那就根据这七个部分完成相应的约定即可；如果想做得复杂一点，就需要形成一套完善的机制了。有些企业在刚开始接触和设计股东退出机制时，认为非常简单，但是当真正把它做完，并把所有的解决路径以及对应的流程形成一套机制时，就会发现其实股东退出机制是一套非常有价值的方案，因为它能针对不同的场景设计出不同的解决路径和预防措施。

当然，如果只是想简单地设计一个退出机制，要点还是图3-2所示的七个部分。在完成过程中重点是最后的两个部分。其中的部分"程序确认"，因为在具体的操作过程中会遇到不同类型的股东，虽然同为股东，但他们可能呈现为不同的法律身份和法律地位，因此在操作过程中切忌拖泥带水，形成第一主体身份的对应性非常重要。很多设计机制的人会犯一个错误，比如我曾经看到过一份合同，通篇都在阐述合伙人的概念，但是内容既不属于《公司法》里面的股东概念，也不属于《合伙企业法》里面的合伙概念，其实就是一个基于民法体系的合伙关系合同而已，然而它给股东传递的概念却是同股同权，具有相应的股东权益等，结果导致后来股东退出时因为概念的混淆发展到了诉讼程序。我们介入后在梳理他们之间的法律关系时，虽然有一定的希望去请求法院按照股东关系去审理，但问题是这样一种描述划分，无形中增加了纠纷的可能性。所以，主体法律关系以及它所对应的最后确认程序，一定要简单明确。

最后一个部分是"善后事宜"。善后的事宜不仅仅是关于工商手续的问题，还有其他各项事宜需要完善。在大部分企业中，股东之间的合作都是一个长期的关系，而在这个过程中，他们之间形成的关系又不仅仅局限于投资，还会有一些股东基于不同的身份和公司形成另外的法律关系。对于这种情况，我们的建议是把这部分股东划作一个整体去善后处理，如果考虑问题的方式过于简单，认为工商手续转让完成或者回购减资公告发完，在工商办理完成减资就万事大吉了，那这样的退出机制就不具有可持续性。

六、股权传承

股权传承是一个比较新的概念，对现代的财富传承和财富管理是非常有价值的。从全国很多做财富管理和财富传承的案例来看，其实大多只是一个结合了保险、信托等手段的综合性财富管理方案。如果单纯在股权这个层面上，目前这种传承机制的设计还是在比较初级的阶段。

股权传承制度的建立是帮助企业家建立良好有序的股权传承体系，是保证公司稳定经营和可持续发展的核心条件。

股权传承与股权继承之间既有区别也有关联：首先，继承事实发生时，必然会触发传承问题。其次，传承不应该以继承为唯一考量，也应考虑相较于继承更加全面和完整的维度。再次，传承的手段有涉及遗嘱等继承法律关系中的行为，但是也包括股权信托等更加丰富的手段。最后，传承需要考虑的更多是在公司稳定前进时以尽量减少传承过程中的风险、争议为目标；而继承以实现被继承人合法权益的保护和合法继受为主要考虑。

近几年关于控制权及股权架构设计的热度很高，因此不少企业家都了解了一些股权结构、持股比例和有限合伙企业的知识，有的企业家甚至还能跟我聊聊绝对控股和相对控股。当然我很高兴看到越来越多的企业家了解股权方面的知识，但是，却又担心这些看起来很"高大上"的架构是否能够真正帮助股东解决股权传承的问题。毕竟，要落实一个股权传承的方案，需要的不是几页"高大上"的架构图，而是落实传承规划的具体步骤和一系列具体的书面文件。这需要与专业人士沟通，精心策划与调整方案，并且在后期进行监督和认真执行。

有一句话是这样说的：投资决定财富的多少，法律决定财富属于谁。因此，当在传承财富的过程中遇到传承股权的问题，建议企业家们一定要借助法律人士的力量，识别风险，提前安排，因为传承股权是需要规划的。

从一些行业经验来看，也有一些律师与保险公司合作做法商讲师，所讲述的内容其实有部分涵盖这个问题，但是大家也可以看到，在某单个资产上谈传承，可能涉及到的只是具体的产品，但是如果在股权层面上谈财富传承问题，肯定会延伸到全盘布局。因为大部分企业家的核心资产或者最有价值的资产都集中在股权层面，很多调研数据已经证明了这一点。

近些年，在各种新闻上报道了很多不幸身亡的企业家，通过调查他们的企业并做相应的精确统计后，我得出一个让人瞠目结舌的答案：其中至少60%的企业到目前依然处于控股股东未变更的状态。这就意味着它肯定处于遗产继承纠纷之中，或者处于一种动荡未定的状态。实际上这也意味着大部分企业家对于股权传承是没有计划也没有安排的，这种状态带来的风险是双重的：一方面是在家庭层面上，始终无法确认继承的最终状态，会给家庭财产的安全和安定带来风险；另一方面则是在企业层面上，企业的股东死亡后，特别是如果死亡股东是控股股东的情况下，不能确认他的权益继承，也会对于公司的正常经营发展甚至是存亡产生极大的障碍和风险。

在设计内部治理结构的过程中，企业可以针对企业家本身的财富管理和财富传承需求，相应地导入股权结构设计部分的服务和制度建设，其实这也是有价值的。

第四节　资本规划设计

资本规划设计是针对企业的资本市场规划需求，提供在资本市场对接过程中的顶层设计规划方案和意见。资本规划设计是组成一个完善的股权结构设计的主要部分，是股权结构设计的重要组成部分。为公司做资本规划设计，就是明确公司该如何推进自己的资本运作之路。

通过众多经验的积累和总结，发现大部分企业都会在以下几个阶段考虑资本规划设计的问题：

第一，企业初创，这时创业者往往有一定的股权结构设计意识，因此这是一个比较容易产生资本规划设计需求的阶段。

第二，股东的结构已经比较复杂，进而拖累了企业的决策效率和运营效率。

第三，企业开始进入一个新的发展阶段，而最明显的标志就是企业家开始考虑资本运作上的一些事情。

第四，股东之间开始出现各种矛盾。虽然不是法律纠纷层面上的矛盾，但是股东利益上以及作用上的不平衡，已经让大家感觉到了进行调整和优化的必要性。

近年来，大部分企业对于资本市场的需求还是比较强烈的，所以进行企业资本规划设计也是顺应时代发展趋势的必然选项。

有时候企业自己也会有资本规划设计方面的目标，主要考虑的是这一部分对于方案的意义是什么。在做资本规划设计的过程中，企业资本规划设计会产生两个层面上的意义。

第一，要基于资本运作的考虑。资本规划设计可能不仅仅是为了满足生产要素的需求，因为后期会出现比较多的专业投资机构，虽然专业投资机构也属于生产要素的一部分，但是它们的思维逻辑略有区别。

第二，要围绕企业的资本战略规划来制定方案。规范化对于企业而言不是一蹴而就的，但是企业家要有远见，要明白如何按照流程逐步地将企业规范化：成本较低、能够立即规范的就尽快规范；成本较高、需要时间逐步消化的就慢慢规范。当然在这个过程中，企业可以通过引入投资机构，比如券商，这样可以让自己尽快进入规范化的正式准备期。

当企业的各个方面都已经准备得相对成熟，且具备了一定的规范意识和可能性的情况下，资本顾问就可以提前进行介入。因为法律规范的成本比财务规范的成本要低很多，完全可以提前布局。

目前，在我们所提供的服务中，最受客户欢迎的是资本法律顾问，其作用和功能要凌驾于法律顾问之上，因为它一方面包含了法律顾问的服务，但是又有其独特的优势。大部分法律顾问的目标是杜绝大的法律风险，以及出现法律风险时，帮助企业尽早预防和对抗，而资本法律顾问是在正常的法律服务之外，帮助企业做资本规划层面的服务，能够帮助企业以比较低的成本，提前针对资本运作战略，进行规划、规范和布局。

下面我们通过一个案例（考虑到涉及相关商业隐私，该案例以实际情况为依托，但是进行了相应的调整和改编，并且将其他相关性不高的发展过程及背景进行了省略），来讲述整个公司从设立到上市过程中，围绕每个阶段的战略目标的实现，如何进行资本法律顾问中给予资本规划部分的筹划与设计。

【案例 21】

（一）第一轮融资：公司成立

2008年10月该公司成立，创始股东为张兵、李勇和王霞，其中王霞是张兵的爱人。注册资本为1000万元，王霞的注册资金100万元由张兵代出。张兵为公司的实际控制人和第一股东。公司股权结构如表3-2所示。

表3-2 公司成立时股权架构（第一轮）

时间	股东类型	股东姓名	持股比例(%)	持股数（万股）	投资金额（万元）	注册资本（万元）	实收资本（万元）	未缴资本（万元）	资本公积金（万元）
2008.10	创始团队	张兵	70.0	700	200	700	200	500	0
		李勇	20.0	200	200	200	100	100	0
		王霞	10.0	100	100	100	100	0	0
总计			100	1000	500	1000	400	600	0

每股价格：1.00元
投后估值：1000万元
股份来源：公司成立

点评：

该公司的设立基本与大部分企业的初始设立是类似的，有确定的控股股东，而且也存在很多企业所会涉及的代持股东情况。

从初始设立的角度而言，该公司一开始的结构是比较清晰的，控制权也比较明确，这为后期的调整打下了较好的基础，但代持股东的问题并未明确，是一个未来需要规范的问题。

（二）第二轮融资：天使投资A轮

2010年9月，王霞将5%股份转让给A轮天使投资人1，转让金额为200万元。

投资人进入公司有两种渠道，一是股权转让，二是增资扩股。前者转让款进入股东个人腰包（如本案例中的王霞），而后者进公司的账户，股东无正当理由是拿不走的。公司股权结构如表3-3所示。

表3-3 天使A轮后的股权架构（第二轮）

时间	股东类型	股东姓名	持股比例（%）	持股数（万股）	投资金额（万元）	注册资本（万元）	实收资本（万元）	未缴资本（万元）	资本公积金（万元）
2008.10	创始团队	张兵	70.0	700	700	700	700	0	0
		李勇	20.0	200	200	200	100	100	0
		王霞	5.0	50	50	50	50	0	0
2010.09	天使投资1		5.0	50	200	50	50	0	0
总计			100	1000	1150	1000	900	100	0

每股价格：4.00元
投后估值：4000万元
股份来源：预留股认购（王霞获利150万元，未考虑税务成本）

点评：

在成立不到一年的情况下，能够获得天使投资，同时估值有了一个长足的增长，可以证明该公司的发展态势不错；但是采取股权转让的方式，意味着创始股东获得了一个个人投资的套现，这在创始初期，是很多投资机构相对比较忌讳的地方。因为创始股东过早套现机会，可能会让投资者产生对于创始团队的疑问："创始人是否对于项目信心不足，或没有长期与公司共同发展的意愿？"

从目前来看，为了打消投资机构的疑虑，创始股东张兵进行了一个比较高额的实收资本到位的动作——实际增加实收资本500万元，也向投资机构表明了自己愿意继续投入的信心和决心。

（三）第三轮融资：部分高管及核心员工持股

2011年，王霞将其所持有的5%股份以200万元的价格转让给公司的核心团队（5人）。至此，王霞正式退出公司的日常经营与管理，也标志着公司家族化管理的终结，即通过引进职业经理人，使公司治理结构规范化。公司股权结构如表3-4所示。

表3-4 王霞股份全部让渡（第三轮）

时间	股东类型	股东姓名	核心团队1						
			持股比例（%）	持股数（万股）	投资金额（万元）	注册资本（万元）	实收资本（万元）	未缴资本（万元）	资本公积金（万元）
2008.10	创始团队	张兵	70.0	700	700	700	700	0	0
		李勇	20.0	200	200	200	200	0	0
		王霞	0.0	0	0	0	0	0	0
2010.09	天使投资1		5.0	50	200	50	50	0	0
2011.12	核心团队1		5.0	50	200	50	50	0	0
总计			100	1000	1300	1000	1000	0	0

每股价格：4.00元
投后估值：4000万元
股份来源：预留股认购（王霞获利150万元，未考虑税务成本）

点评：

家族化企业最大的问题在于家族人员占据了在股东及管理层的核心岗位，导致外部股东及管理者难以进入。

该公司能够在比较早期的时候，通过股东的引进，解决了企业家族化的问题，同时还实现了一部分的套利，是比较合理的解决方式。

同时这个方案目的也是为了能够实现对于管理层的团队激励，通过第一次天使股东的引进，也将公司估值合理体现，也让团队对于发展具有了信心。

（四）第四轮融资：天使投资B轮

2012年，大股东张兵将5%股份转让给天使投资人2，转让金额为400万元（即8元/股）。通过个人股权转让，扣除投资成本50万元，张兵共获利350万元（未考虑税务成本）。公司股权结构如表3-5所示。

表3-5 张兵与天使投资人的股权交易过程（第四轮）

时间	股东类型	股东姓名	天使投资2						
			持股比例（%）	持股数（万股）	投资金额（万元）	注册资本（万元）	实收资本（万元）	未缴资本（万元）	资本公积金（万元）
2008.10	创始团队	张兵	65.0	650	650	650	650	0	0
		李勇	20.0	200	200	200	200	0	0
		王霞	0.0	0	0	0	0	0	0

续表

时间	股东类型	股东姓名	天使投资2						
			持股比例（%）	持股数（万股）	投资金额（万元）	注册资本（万元）	实收资本（万元）	未缴资本（万元）	资本公积金（万元）
2010.09	天使投资1		5.0	50	100	50	50	0	0
2011.12	核心团队1		5.0	50	200	50	50	0	0
2012.06	天使投资2		5.0	50	400	50	50	0	0
总计			100	1000	1550	1000	1000	0	0

每股价格：8.00元
投后估值：8000万元
股份来源：大股东张兵转让（张兵获利350万元，未考虑税务成本）

此时，公司第一大股东张兵的持股比例由原来的70%降至65%，失去绝对控制权地位。

点评：

通过本次操作，虽然大股东失去了绝对控制权地位，但是前期所投入的资本金（包括代其妻王霞支付的100万元）共计800万元，已经全部实现套现回本，公司估值也增加到了8倍之多，这一连串操作可以说是非常具有资本运作的意识。

当然，如果在前面核心团队进行股权转让的过程中，能够说服团队采取持股平台方式，然后以自己或控制下的公司担任管理合伙人，则操作上不仅可以实现套现回本，还能继续保持三分之二以上绝对控制。

（五）第五轮融资：风险投资A轮

2012年12月，公司召开了股东会，所有股东一致同意向某风投（VC）定向增发111万股，18.0元/股，共募集资金2000万元，此轮公司投后估值为20 000万元，相应增加注册资金约111万元。公司股权结构如表3-6所示。

表3-6 风投（VC）进入及增资（第五轮）

时间	股东类型	股东姓名	风投（VC）						
			持股比例（%）	持股数（万股）	投资金额（万元）	注册资本（万元）	实收资本（万元）	未缴资本（万元）	资本公积金（万元）
2008.10	创始团队	张兵	58.5	650	650	650	650	0	0
		李勇	18.0	200	200	200	200	0	0
		王霞	0.0	0	0	0	0	0	0

139

续表

时间	股东类型	股东姓名	风投（VC）						
			持股比例（%）	持股数（万股）	投资金额（万元）	注册资本（万元）	实收资本（万元）	未缴资本（万元）	资本公积金（万元）
2010.09	天使投资1		4.5	50	200	50	50	0	0
2011.12	核心团队1		4.5	50	200	50	50	0	0
2012.06	天使投资2		4.5	50	400	50	50	0	0
2012.12	风险投资		10.0	111	2000	1111	111	0	1889
总计			100.0	1111	3650	1111	1111	0	1889

每股价格：18.00 元
投后估值：20000 万元
股份来源：定向增资扩股

正因为风投（VC）的加入，所有股东的持股比例都被稀释了，例如第一大股东张兵持股比例由65%稀释到58.5%，但注册资金增加了111万元，这就是我们经常说的定向增资扩股。

点评：

通该轮操作，引进了专业投资机构，正式开始了资本运作之路；当然随之而来的风险就是自身持股比例及控制权的同比例下降。

在风险投资引进过程中，如何设计公司本身的"游戏规则"（即治理规则，包括投票权的特别设计、引入投票权委托、一致行动人等制度）就变得尤为重要；同时股东的退出机制、对赌机制等都会成为非常重要的制度设计；当然这并不代表应该到这个时间点才考虑这些制度设计，应该在此之前就进行相应的制度准备。但我们不得不看到，大部分公司都是在专业投资机构进入之后才倒逼形成了一些制度上的考虑，这是颇为遗憾的。

（六）第六轮融资：成立合伙企业A

2013年12月，公司成立合伙企业A作为持股平台，股东包括14名高管和核心骨干、6名公司的大客户和供应商。公司向合伙企业A以20.52元/股的价格定向增发股本58万股，募集资金1200万元。合伙企业的GP（普通合伙人）为张兵，另20名公司内部员工与外部投资人为LP（有限合伙人）。此时的公司股权架构如表3-7所示。

表3-7 合伙企业A成立后的股权架构（第六轮）

时间	股东类型	股东姓名	持股比例（%）	持股数（万股）	投资金额（万元）	注册资本（万元）	实收资本（万元）	未缴资本（万元）	资本公积金（万元）
2008.10	创始团队	张兵	55.6	650	650	650	650	0	0
		李勇	17.1	200	200	200	200	0	0
		王霞	0.0	0	0	0	0	0	0
2010.09	天使投资1		4.3	50	100	50	50	0	0
2011.12	核心团队1		4.3	50	200	50	50	0	0
2012.06	天使投资2		4.3	50	400	50	50	0	0
2012.12	风险投资		9.5	111	2000	111	111	0	1889
2013.12	股权激励（核心团队2）		5.0	58	1200	58	58	0	1142
	总计		100	1170	4750	1170	1170	0	3030

每股价格：20.52元
投后估值：24000万元
股份来源：定向增资扩股

此时公司14名高管和核心骨干拥有的公司股份，与前面第三轮融资的部分高管所持有的实股是有本质区别的。第三轮融资的部分高管属于个人直接持股，第六轮融资的14名高管和核心骨干则通过持股平台间接持股。

既然两者存在区别，那么公司14名高管和核心骨干为什么还愿意出资呢？那是因为2013年公司销售收入与净利润同比增长分别达到178%和134%，员工看到公司的发展前途，纷纷出资投入这个持股平台中。

同时公司增加注册资金58万元，全体股东持股比例进一步被稀释。

点评：

本轮进一步进行股权激励也是应有之义，因为公司发展速度颇为理想。但是从长期而言，是否能够留下团队并有效激励，这其实是公司在前几轮融资就应该考虑的问题。

同时本次股权激励的定价也高于之前的风险投资入股价格，其实这是非常少见的情况，大部分情况下，股权激励的定价都会低于市场价格，以给予团队一定的优惠空间，因此也会导致"股份支付"的会计规则适用，进而影响到公司的利润指标实现。

因此公司在已经有市场价格情况下，开始进行股权激励，其实从时间选择上来说，已经是晚了一步，只能说是公司的高速发展，掩盖了问题，顺利地实现了激励落地，但是对读者来说，仍然需要注意。

（七）第七轮融资：资本公积金转增注册资本

2014年3月，为了提升公司的对外形象与展示公司的实力，公司决定提高注册资金的额度。公司所有股东同意实施公积金转增股本（注册资金）方案，从原来累积的资本公积金3030万元中划拨1830万元，充实到注册资金中。因此公司注册资金提高到3000万元，股权结构如表3-8所示。

表3-8 公积金转增注册资金（第七轮）

时间	股东类型	股东姓名	持股比例（%）	持股数（万股）	投资金额（万元）	注册资本（万元）	实收资本（万元）	未缴资本（万元）	资本公积金（万元）
2008.10	创始团队	张兵	55.6	1667	650	1667	1667	0	0
		李勇	17.1	513	200	513	513	0	0
		王霞	0.0	0	0	0	0	0	0
2010.09	天使投资1		4.3	128	100	128	128	0	0
2011.12	核心团队1		4.3	128	200	128	128	0	0
2012.06	天使投资2		4.3	128	400	128	128	0	0
2012.12	风险投资		9.5	285	2000	285	285	0	0
2013.12	核心团队2		5.0	150	1200	150	150	0	0
	总计		100	3000	4750	3000	3000	0	1200

每股价格：8.00元
投后估值：24000万元
股份来源：资本公积金转约1830万元

点评：

注册资金对企业来说，到底意味着什么呢？过去这个问题在上课时经常会被学员问及。另外学员还会提及新创立公司，那么注册资金多少比较合适？下面详细解释如下。

2014年3月1日实施的新《公司法》规定注册资本实行认缴制，即不管认缴多少钱，只要能在规定的期限内把资本注实即可，一般在公司的章程中规定。

如果公司经营不善，资不抵债，法律规定所有的注册股东在认缴的范围内承担连带责任，而认缴的资本首先要补齐。

如果公司引进外部投资人，投资人一般会要求原股东将注册资本补实。例如某电商企业估值1亿元，注册资金6000万元，投资人投入4000万元，但同时要求公司原股东补足注册资金。这对于原股东来说难度很大。所以认缴资本过高对于新创立的公司来说未必是好事。

《公司法》规定：公司每年应当计提税后利润的10%，留做法定公积金，当法定公积金达到注册资本的50%时就不再提取了。所以，公司的注册资本过高的话，这一项提取的金额就会过于巨大。

因此，初创企业注册资金不是越高越好，而是应根据实际情况量力而行。当企业因经营发展需要增加注册资金时，可以采取公积金转增注册资本等方式。

（八）第八轮融资：私募基金进场

2014年10月，公司开始股份改制，并做了上市路演，其中有6个投行（私募基金PE）看好公司发展前景，公司经过慎重考虑，选择了私募资金B（PE）。

公司向私募资金B定向增发1800万股，募集资金1.8亿元，此时股价为27.33元/股。同时公司注册资金由3000万元上调至3659万元，剩余的1.7341亿元资本公积金转增股本。此时公司投后估值为10亿元。公司股权结构如表3-9所示。

表3-9 私募基金进场（第八轮）

时间	股东类型	股东姓名	持股比例（%）	持股数（万股）	投资金额（万元）	注册资本（万元）	实收资本（万元）	未缴资本（万元）	资本公积金（万元）
2008.10	创始团队	张兵	45.6	1667	650	1667	1667	0	0
		李勇	14.0	513	200	513	513	0	0
		王霞	0.0	0	0	0	0	0	0
2010.09	天使投资1		3.5	128	100	128	128	0	0
2011.12	核心团队1		3.5	128	200	128	128	0	0
2012.06	天使投资2		3.5	128	400	128	128	0	0
201212	风险投资		7.8%	285	2000	285	285	0	0
201312	核心团队2		4.1%	150	1200	150	150	0	0
201412	私募PE		18.0%	659	18000	659	659	0	17341
	总计		100.0%	3659	22750	3659	3659		18541

每股价格：27.33元
投后估值：100000万元
股份来源：定向增资扩股

作为对价，原有股东股份自然被稀释，例如第一大股东张兵持股比例由55.6%稀释到45.6%，丧失了相对控股地位。

点评：

作为非常重要的一个时间点，大股东持股比例下降到了50%以下，失去了一般意义上的控制权，当然如果将大股东李勇及团队的持股合计，其可以影响和控制的投票权仍然是可以超过半数。

但是如果在公司设立之初，就考虑将一些核心股东的投票权通过某些技术性手段进行集中，那么这种结构会更加有利于后续发展。虽然公司本身并没有因此出现特别大的问题，但是后续的博弈会进一步复杂化。

（九）第九轮融资：公司IPO上市

2015年12月，公司进行IPO上市股改，即有限公司整体折股为股份有限公司。鉴于公司目前注册资金为3659万元，经所有股东表决同意将资本公积金转增3841万元至注册资金（注：资本公积金还剩余1.47亿元=1.8541亿元-0.3841亿元），此时股份公司的注册资金为7500万元，即7500万股（1.0元/股）。

根据《证券法》的规定，股份有限公司公开发行的股份要达到公司股份总数的25%以上，公司股本总额超过人民币4亿元的，公开发行股份的比例为10%以上。故股改的股份公司对外发行社会公众流通2500万股（募集资金约5亿元），再加上受限股7500万股，总股本为1亿股。此时公司股权结构如表3-10所示。

表3-10 公司IPO上市（第九轮）

时间	股东类型	股东姓名	持股比例（%）	持股数（万股）	投资金额（万元）	注册资本（万元）	实收资本（万元）	未缴资本（万元）	资本公积金（万元）
2008.10	创始团队	张兵	34.2	3418	650	3418	3418	0	0
		李勇	10.5	1052	200	1052	1052	0	0
		王霞	0.0	0	0	0	0	0	0
2010.09	天使投资1		2.6	263	100	263	263	0	0
2011.12	核心团队1		2.6	263	200	263	263	0	0

续表

时间	股东类型	股东姓名	持股比例（%）	持股数（万股）	投资金额（万元）	注册资本（万元）	实收资本（万元）	未缴资本（万元）	资本公积金（万元）
					上市IP				
2012.06	天使投资2		2.6	263	400	263	263	0	0
2012.12	风险投资		5.8	584	2000	584	584	0	0
2013.12	核心团队2		3.1	308	1200	308	308	0	0
2014.12	私募PE		13.5	1350	18000	1350	1350	0	0
2015.12	上市流通股		25.0	2500	50001	2500	2500	0	14700
	总计		100.0%	10000	72751	10000	10000		14700

每股价格：20.00元
模拟市值：200000万元
股份来源：公开发行（公积金3841万元转增注册资本）

此时第一大股东张兵持股比例为34.2%，但其账面价值=3418×20=6.836亿元。根据我国证券法的规定，通过IPO新股申购得来的股票可以在上市当日进行流通，配售与承销的证券机构的则锁定3个月，其他"大小非"一般在上市1年后开始流通（注：占股不足5%的股东称为"小非"，5%～10%的称为"大非"）。但公司大股东或实际控制人（如张兵）手中的股票需3年后才能解禁。

点评：

以上过程是一个非常顺利和典型的公司从创始到上市的全过程，虽然看上去一路顺风，但是其中其实也因为股权的问题，会存在多个利益主体的反复博弈和谈判，最终顺利IPO无疑是最为理想的结果。

这主要是因为该公司基本上实现了是每年均有增长，而且融资的动作一直是贯穿始终。而大部分的企业则可能不会如此顺利，因此提前进行股权结构设计和制度准备，包括围绕融资进行相应的资本规划，则是非常重要的工作内容，可以说创始人的一个重要工作始终就是融资，这也是我们所谓的"资本规划"中最为重要的工作内容。

第四章

条条大路通罗马：股权结构设计主要方法

许多企业家都把商场比作战场。《孙子兵法》明确提出，行兵打仗首先要做到的是知彼知己，方能百战不殆。企业在创始之初进行股权结构设计，其实就是一个更深刻地理解自己商业逻辑、设立初心和发展思路、资源拥有及配置方法的思考过程。因为股权结构是公司治理结构的基础，不同的股权结构决定了不同的企业治理结构，好的股权结构设计能够更加合理地把企业的人、财、物进行规划与统配。实践中许多企业忽视股权结构设计，一方面很容易让公司陷入到内部矛盾和冲突的境地，另一方面也让自己有限的资源没有被合理配置，导致自己进一步丧失竞争优势。因此，合理的股权结构是既是公司稳定的基石，也是健康发展的重要保障。

中小企业在公司的发展过程中，可以结合股权结构设计和顶层设计的相关理论模型及总结，根据自身的发展阶段和公司经营管理的实际需要不断调整完善自身的股权结构，从而达到自己的目的。要明确的是，只有适合自己的股权结构才是最佳的股权结构，只有选择最适合自己的股权结构才能在风云变幻的商战中立于不败之地。诚然，我们希望专业的人来做专业的工作，股权结构设计涉及的知识范围比较广，建议企业最好与专业的咨询机构合作来完成这一工作。但是在设计过程中，如果企业出于偷懒取巧的心理，将设计工作全盘交给外部机构，自己并不参与其中，更没有对设计的逻辑和思路有清晰的了解，这样并不能高枕无忧，也不能解决自己发展中的核心问题。因为股权结构设计的方法并非只有一种。不同的行业与专业领域，不同的企业规模，其股权结构设计的方法会各有不同，那么采用哪种方法才能是自己企业最适合的设计方案呢？这就需要企业家了解股权结构设计的一些基本方法和要领，从而选择适合自己企业的方法来实现企业的股权结构设计要求。由于每个公司的情况各不相同，因此很难有一个统一的最佳股权结构类型适用于所有的公司。此外股权结构是经常变化的，也不是一成不变的，即便是同一家公司，在不同的企业发展阶段，其股权结构设计也是需要采用不同的方法，因此作为企业的掌舵人更应该清楚地了解股权结构设计的各种方法和手段。

在这一章中，我们重点讲述股权结构设计当中的三个方法：生产要素配比法、分层整合法的方法论、产业链串行法。这三种方法并非截然分开或者互相矛盾的，而是有机联系并可以灵活使用的。三种方法核心的区别在于根据企业的发展阶段，确定该阶段主要的或者重点的设计思路、规划战略所使用的思维模型，大家可以根据自身企业的独有特点来选择最佳的方法。

对于企业而言，目标很重要，方法很关键，人们常说条条大路通罗马，选择正确的方法才能事半功倍，这也是企业达到目标的最佳捷径。

第一节　生产要素配比法

一、什么是生产要素

在西方经济学中，生产要素一般被划分为劳动、土地、资本和企业家才能这四种类型。劳动是指人类在生产过程中体力和智力的总和。土地不仅仅指一般意义上的土地，还包括地上和地下的一切自然资源，如江河湖泊、森林、海洋、矿藏等。资本可以表示为实物形态和货币形态，实物形态又被称为投资品或资本品，如厂房、机器、动力燃料、原材料等；资本的货币形态通常称之为货币资本。企业家的才能通常指组建和经营管理企业的才能。[①] 如图 4-1 所示。

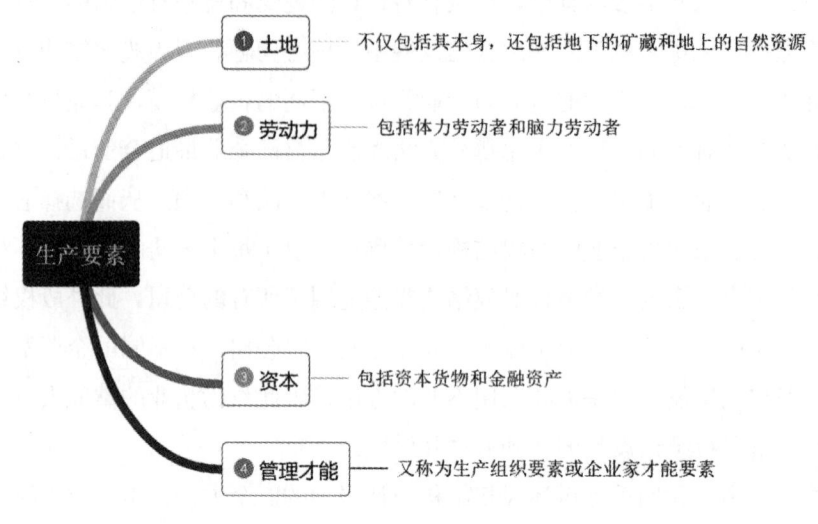

图 4-1　生产要素

　　一般而言，生产要素至少包括人的要素、物的要素及其结合，劳动者和生产资料之所以是物质资料生产的最基本要素，是因为不论生产的社会形式如何，它们始终是生产不可缺少的要素。前者是生产的人身条件，后者是生产的物质条件。但是，当劳动者和生产资料处于分离的情况，它们只在可能性上是生产要素。要将它们变成现实的生产要素就必须将之结合起来，劳动者与生产资料的结合，是人类进行社会劳动生产所必需的条件。没有它们的结合，就没有社会生产劳动。在生产过程中，劳动者运用劳动资料进行劳动，使劳动对象发生预期的变化；生产过程结束时，劳动和劳动对象结合在一起，劳动物化了，对象被加工了，形成了适合人们需要的产品。如果整个过程从结果的角度加以考察，劳动资料和劳动对象表现为生产资料，劳动本身则表现为生产劳动。

　　生产条件及其结合方式的差异，使社会划分成不同的经济结构和发展阶段。在社会经济发展的历史过程中，生产要素的内涵日益丰富，不断地有新的

---

① 高鸿业主编：《西方经济学》，中国人民大学出版社。

生产要素加入其中，如现代科学、技术、管理、信息、资源等进入生产过程，在现代化大生产中发挥各自的重大作用。生产要素的结构方式也在发生变化，而生产力越发达，这些因素的作用越大。因此可以看出，生产要素就是进行社会生产经营活动时所需要的各种社会资源，是维系国民经济运行及市场主体生产经营过程中所必需的基本因素。

生产要素配比法是股权结构设计的第一个方法，而关于生产要素的基本概念，以比较通俗的话来讲，就是社会生产活动以及企业发展经营过程中所需要的一些基本因素，包括：

（1）行业资源：以产业链为核心、以整合效率为追求、以扩展行业可能性为目标的资源。

（2）技术资源：完善的技术支持，后续的技术空间，持续的技术创新。

（3）人力资源：建立员工的发展需求与公司发展战略相一致的共生系统。

（4）资本资源：现代企业制度内在追求的是产业资本与金融投资资本紧密结合。

（5）市场资源：市场共赢体系的建立和市场嵌入体系的完善。

（6）智力资源：公司长期发展需要的是不断的自我否定和自我提高，也就是企业内在智慧和思想体系的不断更新和替换。

把生产要素按照不同的维度进行罗列，其最重要的意义在于股权结构设计的过程中能够便于企业家梳理思路。因为在企业家的脑海里面，对股东的认知大部分都是基于对其本人的能力判断，而不是对他进行类型化区分。因此，采用生产要素配比法主要的动作或者手段就是对所有股东作类型化区分，至于具体的动作或手段，其实在大方向上也不能脱离主要股权结构。

只要逻辑是清晰明确的，它就具有普遍适用性。在企业里面，肯定有一部分股东其实是提供了对生产要素的支持和提供，才获得了未来发展的机会和增值收益空间，而也有一部分股东可以忍受比较高的溢价来购买这种投资机会。所以不同的股东进入公司的理由和取得股权的原因肯定是不同的。

生产要素配备法是将股东获得股权权益的原因归结于其所做出的贡献，而贡献将其具体量化为核心的生产要素提供能力和意愿。一般可将股东区分为"类型股东"，而区分股东类型是基于以下两种股东行为的经济学原理：一是部分股东会愿意通过向公司投入生产要素，来获得该公司的产业收益及未来资本市场增值或股权变现收益的可能性；二是一部分股东会愿意支付较高的交换价值，来换取获得公司股权，进而分享该公司的产业利益及未来股权增值、变现空间。

二、区分股东类型

在设计股权时可以按照不同维度区分股东类型，也可以按照产业上下游来区分。比如和产业相关的不同价值战略型人才，或者财务投资人，等等，都可以作为区分类别，而不是只能限定一种。但是这需要我们根据与创始股东的沟通，来帮助其确定自己所需要的股东类型和该类型股东所能提供的生产要素支持。

通常可以按下面的方法来区分：

（1）按照投资目的区分：战略性股东、财务投资股东、产业投资股东。

（2）按照其所提供的生产要素区别区分：资金型股东、技术型股东、资源型股东（渠道、核心生产资料或支持等）、劳务型股东、管理型股东等。

（3）按照对于投资地位的差别区分：控股股东、参股股东、联合控股股东。

（4）按照产业上下游区分：产业上游股东、产业下游股东。

把股东做类型化区分，要包括现有的股东或者未来想引进的股东。而在这个过程中，需要以一部分股东入股的逻辑作为参考标准。一般将股东获得股权权益的主要原因归结于其所做出的贡献，而我们可将"贡献"具体量化为核心的生产要素提供能力和意愿，以此将股东区分为类型股东。

三、具体方法

下面我以一个代表性的个案为例，来说明应用生产要素配比法来进行股权设计的基本方法。用这种简明扼要又切中要害的方式，可以为大家打开股权结构设计的大门，而且学习之后可以直接应用在自己的创业实践当中。

这个案例来源于我原来辅导过的一个企业，只不过我把过程做了简单化处理，因为其中牵涉很多背景，如果把各种特殊背景全部讲述清楚，可能会让大家纠缠在一些与本文目的无关的细节里面。而我的目的只是想通过这个案例让大家知道类型股东区分大概的考虑范围。

【案例22】

这家企业里面有4位股东，其中3位都与产业运行相关，剩下一位只投资而不参与生产经营。这种结构也是很多企业比较常见的股东类型。这家公司属于初创型，主要从事新材料的开发、生产和销售。初始股东是甲乙丙丁4人，甲以出资及参与管理为主，乙以技术和管理为主，丙以营销管理、销售为主，丁仅出资，不参与经营管理。公司初始投资预期必须在500万元以上，达到相对成熟则需要资金约2000万元，预期公司在3年内将是持续投入、以研发为主，预计两年后可以投入市场，预期第三或第四年可以盈亏平衡并进入盈利期，预期在达到成熟期，公司整体销售收入可以达到1亿元，税后净利润保证在1000万元以上，公司整体估值不低于8000万元。

在做股权结构设计时，我先通过一系列的访谈和沟通，让4位股东明确自己具备哪些生产要素，或者在第一阶段对企业的价值体现有哪些。为企业划分的第一阶段基本是3～4年，或者根据企业未来规划制定一个相对明确的发展节点。按照这个规划所梳理出来的思路就是，明晰企业第一阶段在管理、技术以及营销上，需要投入多少资金，达到什么样的目标，并且让4位股东明确这一节点所需的生产要素。而这个过程实际上就是一个引导思考的过程，比如生产线要达到1.0的技术标准，我们就需要按照规划好的步骤一步一步实现。整个过程可以分为以下8个步骤。

（一）确定"带头大哥"

第一步，需要确定谁是带头人。像偏向于技术驱动型的企业，技术型管理带头人是一个比较常见的现象，他很自然地会成为股东里面非常重要的组织者或者管理者。在跟几位股东们沟通之后，我们确认了乙为带头人，同时也明确了股东之间的分工。前期沟通是一个非常重要且细致的工作，也是后续设计过程的基础，沟通之时首要是确定"带头大哥"。关于"带头大哥"的确定，在前文已经有过明确的阐述。

虽然这里讲得比较简单，但是实际上确认分工就是确认各自任务所必须具备的条件，这并不是一件容易的事情。比如确定某位股东是负责营销、技术、管理，还是只负责投资等仅一方面的任务。确定之后，每一位股东所拥有的生产要素就会非常清晰。

（二）确定核心生产要素配比

第二步就是要确定核心生产要素比。在明确了股东各自的分工以及控制权核心之后，就可以确定第一阶段的核心要素配比。在这一过程当中，需要跟几位股东们反复地探讨，按照全盘百分之百的配比确定生产要素。然后客户会按照自己的想法以及他对于行业的理解，进一步予以确认。

比如公司需要500万元的资金，才有可能在第一阶段达到技术上的相对成熟，实现一个符合要求的标准，以及在营销上的铺展。由于第一阶段其实并不需要考虑收益，最重要的是能够打通必要的市场渠道等，在明确了各自所拥有的生产要素之后，股东们进一步明确了初步的企业战略规划，同时对下一步的企业管理工作做了一个明确的界定，并初步达成了下面的共识：

（1）主要股东为甲乙丙丁4人。

（2）确定股东基本分工和类型：其中甲负责出资及管理，乙负责技术研发，丙负责营销管理，丁主要在资金方面给予支持。

（3）确定"带头大哥"：各方均认同技术的重要性，但乙方也具有一定的管理能力和市场号召力；各方均认可乙方是本公司的核心股东，担任公司董事长和技术带头人。甲方作为主要管理负责人，担任总经理；丙方担任营销总监；丁方不担任公司职务，也不获取薪酬，担任公司监事。

同时，将公司的发展预期暂时分为两个阶段：

（1）第一阶段

通过摸底访谈，将第一阶段为了实现项目启动，所必需的核心生产要素及其配比权重进行确定，如图4-2：

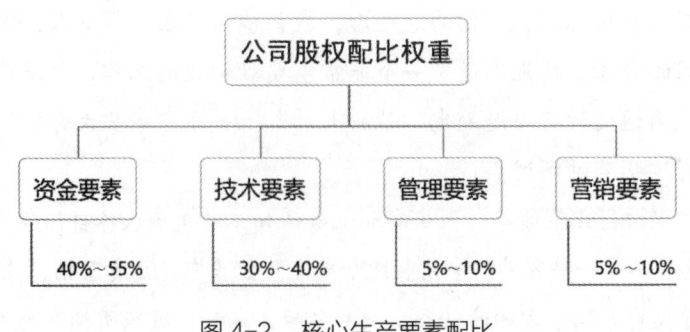

图4-2 核心生产要素配比

第一阶段需要注意的是：这时不要引导他们形成非常明确的配比，比如精确到47.5%或45.5%，这是不可能实现的。只需要基本上有一个总体的比例分配，并有一定的区间就可以了，如图4-2中的各生产要素配比基本上都有5%～10%的调整空间。

配比区间要达到最合理，保持一定的生产要素配比的模糊性是必要的，没有人能够非常精确地做出衡量，而这实际上也在重要性排名之列。第一阶段资金肯定是最重要的，如果企业要更好地生存下去，至少要有生存和发展资源。但是在这些问题上，必须要很清楚认识到，甲乙丙三位股东担心500万元的投资额度要求太高，怕吓着负责投资的丁方，因此他们想先设定200～300万元的额度，以减轻丁方压力。但是在投资这个问题上一定要把所有的预算提前准备充足，必须要在这种基础上计算需要多少资金，企业才能开始正常运转，而不能去顾及太多的其他条件。

当然需要区分的是，资金来源并不只是股东投入，本案例对过程做了简单化处理，设定所有资金来源都是由股东投入。也许公司可以通过其他渠道获得资金，比如政府的财政拨款，或者一些债权性的投资，在本案例中我剔除这些渠道，只考虑股东投入的部分，以便于有每个人能更清楚地看到设计过程中的诸多细节。

（2）第二阶段（成熟期）

确定该项目达到成熟期时，核心生产要素配比情况会发生变化。因此，以项目达到相对成熟为目标，主要股东最终对以下生产要素进行了初步的排名、指标量化及重要性权重区间划分（以100%为合计数）。

资金要求：总投资2000万元（35%～45%）。

技术要求：进入技术2.0阶段并确定技术指标（35%～45%）。

管理能力：项目在第N年达到营收平衡并实现年25%以上复合增长（5%～15%）。

营销渠道：形成国内相对完善的营销网络，至少实现年销售额达到1亿元/年的规模，并年度复合增长率不低于25%（5%～15%）。

这个项目的特点在于，第一阶段主要是将技术提升至相对成熟以及完成基本铺点；第二阶段开始确定收益，毕竟一切生意都是为了赚钱。但是这两个阶段有一定的重复,规划第一阶段是 3 年,但是股东们认为大概两年以后就可以逐渐将现金流转正。对于第一阶段的规划并没有严格的规定,也并非必须到第三年之后才能确定收益。收益方面都是基于股东自己的考虑,他们会考虑第二阶段还需要投入多少资金。在这个项目里,股东们明确提出至少需要 1500 万元的追加投资,以及技术上的要求和节点,即在 2.0 阶段,如果技术要维持在某个水平,需要技术负责人做哪些工作,等等。而第二阶段对营销的要求变得非常高,因为要追求收益,在营销上的投入比例和要求必然会相应提升。

（3）两个阶段的对比

通过跟客户沟通,形成了一个大家都认可的比例关系,可以根据各种指标对比不同阶段生产要素的重要性。当然,这里还是案例简单化处理之后的比例关系,而两个阶段里生产要素的实际权重需要我们跟客户反复交流沟通才能确定,如表 4-1 所示。

表 4-1　两个阶段的量化批标对比

生产要素	第一阶段比例	第一阶段量化指标	第二阶段比例	第二阶段量化指标
资金	55%	500 万元现金	40%	2000 万元现金
技术	35%	技术 1.0 标准	40%	技术 2.0 标准
管理	5%	管理任务	10%	管理任务
营销	5%	营销启动	10%	营销达成

（三）确定具体指标

第三步是确定第一阶段所需生产要素的具体量化指标,该步骤需要与股东沟通确定本阶段(假设为 3 年)所需要的生产要素的具体量化指标及股东所能满足的部分,如表 4-2 所示。

表 4-2　具体指标

序号	内容	标准
1	资金	第一阶段需求 500 万元,均应由股东投入解决
2	技术	第一阶段应达到相应技术指标及成熟度明确
3	管理	全职负责管理并完成相应管理任务
4	营销	明确在第一阶段应开辟的主要渠道及营销指标

具体指标确定下来之后，第一阶段最重要的资金、技术，以及管理能力就可以得到相应的衡量了。比如甲的主要责任就是把管理做好，明确营销指标，这些指标一定要具体化，因为以后会把指标当作一个考核目标来判断股东有没有发挥出自己的作用。

这里需要大家引起高度重视的是：股东能拿到多少股权，取决于他具备什么条件，以及如果最后条件达不到，他要负什么法律后果。而股权设计工作实际上就是把这条思路相对明确地划分出来。

（四）明确责任与利益

这一步需要明确的是第一阶段股东的责任及所对应比例。在这里股东按照各自投入的资金量，计算确认该部分所占比例，如表4-3所示。如果股东不愿意出资，那他在这一部分就没有享受权益的理由，这是一个非常清晰合理的逻辑。比如，有些人不想出一分钱，却还想要占大股，尽管有时候他可能会凭借自己的人脉资源，拿到一些投资或者其他助益，但是如果因此就让他占大股，这会让其他出资股东觉得不公平。除非这个人在某一领域具有极强的资源补充能力，这样才算公平合理，只是一定要将逻辑理清楚，不然大家还是会觉得很不公平。

表4-3 责任与利益

内容	股东责任及所对应比例
资金	第一阶段酌情建议比例为55%；股东按照各自投入资金量，计算确认该部分所占比例；举例股东甲投入现金100万元，则占据该部分比例约为11%；乙丙方均出资25万元，各占比约2.75%；丁方出资350万元，则占比37.5%
技术	明确负责股东为乙，并明确技术节点，该部分配比35%，分3年给予，以达到技术节点为准
管理	明确乙作为董事长、甲作为总经理，均需要全职管理，该部分配比5%，分3年授予，并明确管理指标要求（甲乙内部按照甲3%、乙2%进行分配）
营销	明确由丙全职管理，该部分配比5%，分3年授予，并明确管理指标要求
备注	以上股东未完成第一阶段自己所对应指标要求的，则需相应减少享有该部分比例，所未授予部分留存用于激励该部分指标的后续完成；如完成质量特别差的，不仅不授予股权，还可以酌情启动退出机制

第一阶段资金非常重要，股东也认为这个比例相对比较合理，进而可以根据大家在这一部分愿意做出多大贡献划分到所对应的持股比例，其他的量化指标也同样如此。

这里要提前解决一个问题，不然有人会因为现实中的情况而产生疑问。在实际操作的案例中，股东之间的认可度比较均衡，即互相都认为对方是有价值的。但是有时候会发现某一个项目其实是某一个股东牵头组织的，因此他自然会觉得自己理所应当占大头，并且无论如何一定要拿到控股权，因为大家对股权比例的敏感度都是非常高。

遇到这种问题我们可以做一定的变化，即把其中的一部分股权预留出来，作为创始人独享的部分。但是一定要让每一位股东明白这样做的风险，因为他可能仅仅凭借着自己创始人的身份起到牵头并组织一个团队的作用，就拿到了20%、30%、40%甚至更高比例的股权。但是所占的比例越高，其他股东对他的要求、对他需要达成的条件就会越苛刻，因为其他人所占股份都有对应的条件和理由，而他所占的比例仅仅是基于创始人的身份，这就属于无条件无理由地获得股权。

因此，虽然作为创始人可以这么做，但是一定要考虑到其中的平衡性问题。针对这一问题，应该把不同的生产要素，比如管理部分或者技术部分的划分更加精细化。最重要的就是把他获取股权的条件予以明确，一定要具体到可以量化。当然也有人认为有些东西根本没办法量化，或者创始人自己都没有量化的参照标准，无法给出一个非常明确的条件，那又该怎么办呢？在这种情况下需要对他后续的工作予以评价，简而论之就是：事先有标准，事后有评价。

（五）确定后续阶段的责任与义务

在实际设计过程中，股东们能不能给出明确的指标，取决于他对自己行业的理解。理解越深越容易把各种指标明确，而比较有难度的是本案中对行业理解不深的投资者，那他只能凭感觉去明确。

一般情形下与股东们访谈之后，我们基本就可以大概判断出这个项目成功的可能性有多大了。有时个别股东会觉得自己的知识水平不够，或者某一方面的素养不具备，但这些并不是主要问题，只要他是真心服务于项目，即使知识水平不够，其他股东也会起到弥补作用。因为这些指标是全体股东一起协商确定下来的，或者是几个核心股东确定后取得其他股东的认可和共识，都是可以确定条件的。但是，如果整个核心股东对行业理解都很肤浅，对公司第一阶段要达到什么目标也很模糊的话，那这种公司做大或者做强的概率比一般的公司要低很多。

1. 初步确定股东责任与义务

确定初始阶段注册资本500万元,第二阶段增资到人民币1000万元,根据前几步所确定的规则,我们再进一步确定相应股权分配比例(资金由股东投入解决缺口500万元以上,债权解决1000万元),如表4-4所示。

表4-4 股东的责任和义务

第一阶段	比例(%)	获取原因	第二阶段	出资额(万元)	获取条件
甲	14	现金+管理	现金	400-275=125	满足后续现金出资要求
乙	39.5	现金+技术+管理	技术	400-175=225	达到技术2.0要求
丙	7.75	现金+营销	管理	100-25=75	达到管理任务指标
丁	37.5		营销	100-25=75	达到营销任务指标

在明确第一阶段的生产要素之后,我们就可以开始确定后续阶段的要素提供,以及股东所对应的条件。也可以以增资的方式对下一阶段股东的贡献和股权获得的条件进行评价划分。在这个过程中,不一定非要按照本案中的比例去划分,或者就按照这个量去增发。

第一阶段的工作对应了股东所能获得的股权比例以及获取的条件和理由,那我们的动态调整,或者股权的动态部分又体现在哪里呢?动态股权的概念并不是指股东第一阶段在体系里占比40%,第二阶段就要让出来一定比例,而是指通过对于后续增发股权的不同比例认购权来实现动态调整。

遵循股权商品化原则就会比较容易理解。我们需要把股权视为一件商品,因为公司第一阶段需要达到各种目标,需要股东提供不同的生产要素,不管他提供的是资金、管理,还是其他要素,公司都可以用股权向股东交换他们所付出的要素。到了第二阶段,公司所需要的目标已经摆在明面,所能支付的股权对价也已清清楚楚,所以股权的对价和股东的贡献值将进行重新划分并重新获得。

而在这一阶段,每一个股东在股权价值体系中都不可能躺着赚钱,静等着公司资产自然增长,而是应该在每一个阶段都有所贡献。当然这并不是要求股东一定要对公司做出贡献，否则就踢出局，因为按照《公司法》，除非他的未尽义务符合《公司法》上的规定，我们就不可以除名或限制他的股东权利。但是股权价值体系至少让公司形成了一项动态考核机制，即股东在项目发展的过程中，他所提供的支持以及所对应的权益都是一个动态的过程。

2. 模拟推算

接下来要进行的是模拟推算，在模拟推算过程中，一些数值在现实中需要另当别论。比如第二阶段不一定要增发500万元或者其他硬性数值，这只是照搬了原来做的案例，如果有必要，我们当然也可以在第二阶段增发1500万元或者更多。这件案例里面其实隐含着一个思考方式，为什么在股权增发上第一阶段是500万元，第二阶段还是500万元？这是因为这两者之间在重要性上是基本一致的，第一阶段目的是使项目的成型，第二阶段目的则是市场完全成熟，对于企业而言，这两个阶段都非常重要。

（1）如丁等财务投资人后续以投入资金方式来获取增发股份中的125万元，需出资人民币500万元以上（其他可以考虑债权方式）。

（2）乙须达到技术指标2.0以上才可以获得后续增发500万元出资中的225万元，完成后总占比达到40%。

（3）管理者甲乙两者（也可以酌情将丙考虑进入）需达到相应管理要求，方可分享后续增发的75万元出资额（6:4）。

（4）营销负责股东丙需要达到相应的营销指标，可以认购分享后续增发的75万元出资。

但是再往后发展，如果项目已经非常成熟时再去增发股份，那么可以采取高价出售的方式，以极高的估值进行少量的释放。虽然估值高占比少，但这是非常公平的，因为通过前两个阶段的投入，企业已经奠定了比较好的基础，度过了前期的风险。这也就意味着第三阶段引进来的股东所承担的风险已经非常低，所以要求他支付更高的估值，以对冲掉第一阶段的风险承担。在第一阶段我们讲到原始股或者股权概念，虽然通过低投入获得了高比例股权，但是股东承担了更高的投资风险。因此在第三阶段股东进入的时候，他就必须以高投入来换取现在的安全性，这就是股份增发的逻辑。

所以，当股东在第三阶段进来的时候，他不会因为估值定得高而觉得不公平，因为整个项目的发展历程和股东取得股权的条件是非常明确的。当然具体估值需要具体考虑，而不一定要跟案例一样每次都是500万元。比如有些公司在第一阶段基本不会遭遇生存危机，只要有一定的投入，达到一定的要求，就基本奠定了发展基础。而进入第二阶段后只要项目能成型、发展模式能得到验证，很可能第二阶段就是一个高速发展期。因此第二阶段所需要的生产要素会更重要，可能要加大投入或者进行其他比较烧钱的运作。所以在这一时期股权比例可以适当做一些调整，股权配比可以相对比较灵活，但是概念上是一样的。

3. 最终结果

假设后续资金均由丁投入，其他分工不变且均达到要求，那么比例调整为如表4-5所示：

表4-5 最终比例

股 东	比例（%）	现金出资（万元）	其他要求
甲	11.5	100	达到两阶段管理要求
乙	42.25	25	达到两阶段技术指标及参与管理
丙	11.375	25	达到两阶段营销指标
丁	31.25	850	必要时提供1000万元债权融资

从前面设计的过程中我们可以看到，第一阶段股东也会基于不同的理由相应地调整比例，但是要注意，虽然在上面设计过程中，把各方比例算得非常精确，也只是给大家做一个参考，不是每一个项目都适用，因为这里面有调整的空间并且肯定还有可以协商的部分。另外，这里所说的比例不是控制权比例，不要把它理解成没有控股股东了。因为所做的股权结构设计，是把不同的控制权和财产所有权进行区分，而在这个项目里，通过搭建股权结构，把不同股东在公司所持有的股权作为合伙出资，放在合伙企业平台之上，进而根据第一合伙企业、有限合伙企业、有限合伙企业所具有的结构优势，进行份额拆分，达到两个阶段对于控制权的管理要求。

关于结构设计以达到控股目的，也可以通过以下的另一案例来探讨一下相关的思路：

某家企业有3位股东，在创始初期就形成了3位股东平均分配的股权结构，各自占有三分之一的股权，但是在后期经营过程中，除一位股东全职参与该公司运营以外，其他股东均没有为公司进行全职服务，当然3位股东之间互相仍然是信任和认可的。但是所有股东也均认为：

第一，全职股东为项目投入了更多的时间和精力，做出了更大的贡献。

第二，所有股东也认为公司还是有发展前景，对于直接降低各自比例不是特别愿意接受，同时在职股东也没有办法支付更多的收购股权款项。

第三，各方均认可全职股东的核心领导作用，即我们所说的"带头大哥"。但是平均化的股权结构，也导致新的股东很难进入，包括专业的投资机构，他们会认为这样的结构潜藏着比较大的风险和隐患。

解决思路：

（1）通过协商就公司的分红比例进行特别约定，为全职股东设定了阶梯型的增量分红模型，使其能够享受高于三分之一的分红，同时对于超过预计的增长部分，能够享有更大的分配权益。

（2）将股权结构通过持股平台进行优化调整。将两位非全职股东的16%股权和全职股东的33.3%股权放到了一个有限合伙平台上面，使一家持股65.3%的合伙企业成为大股东，而该合伙企业由股东所认可的在职股东担任GP（执行事务合伙人），使其能够至少占有接近三分之二的决策权比例（我们并没有突破三分之二，这是考虑到其他股东希望能够在重大关键事项上，仍然具备一定的话语权的需求）。

企业所有股东都将一部分股权放在这个平台上，形成一个集团化构架，从而让持股平台不再仅仅具有持股功能，也能具体承担集团一部分的运营职能和决策核心职能。

之所以举上面这个例子是因为它有着典型的代表意义。这其中首先要理解各个股东们的目的是什么，是考虑控制权还是需要兼顾股东的权益分派问题。同时如果股东还希望通过这个过程对自己的公司整个管理架构、管控架构进行优化，就需要梳理公司业务流程，并且根据它的业务流程来考虑相应的组织流、组织架构，进而将其体现到设计方案中。

（六）搭建股东结构

讲明白这个道理后，我们还是回到前面讲的案例中。经这前面的五步并综合考虑之后，由于各方均认可乙方的"带头大哥"地位，在不触碰各方核心分配利益的基础上，决定调整四方结构如表4-6所示：

表4-6 新的股东结构

股 东	比例（%）	结 构
甲方	5	
合伙企业	90	乙方（执行合伙人）+ 其他股东部分股权
丙方	5	

需要说明的是，整体结构在500万元注册资本和1000万元注册资本时是一致的，但是会发生部分调整（所谓动态调整的部分），是指作为合伙企业内部的合伙人。在合伙份额比例上，合伙人结构会因为上述计算公式和原则而发生调整。当然具体比例构成可以根据情况进行调整，并非固定限死。我们也可以考虑做一定变化，以满足不同结构客户的需求。

在现实中，有许多的机构和个人把"搭建股东结构"这六个字看得非常简单，觉得就是搭建一个持股平台而已，因为大家会觉得这就是简单几个字的问题，很多人甚至直接认为这个过程就是一个设立有限合伙公司的过程。其实有限合伙公司是一个非常常见也容易构建的架构，但是我们需要明确的并不是如何搭建一个持股平台、搭建一个有限合伙公司，而是需要理顺为什么我们需要搭建这样的结构，它能达到什么样的目的？

在解决了思路和逻辑的基础之上，再来考虑技术上的可实现性。我一向觉得股东结构搭建的方式好比建新房子，其实重要的不是我们如何去设置门窗、如何去搭建外墙，而是需要将基础逻辑考虑清楚，建立好符合自己未来目标的框架。

又或者说，搭建股权结构其实很像在种一棵树，如果这棵树从一开始就是一棵歪了"脖子"的树，那么当它越来越高大的时候，这个"歪脖子"的问题将会越来越严重，那纠正的成本就会越来越高，并且失败的风险也是倍增的。所以我们宁可多花一些时间去考虑基础层面上的逻辑和原因，等考虑清晰之后再来进行培育和建构，这才是正确的思路和做法。

（七）确定制度及组织结构

第七步则是要确定已经成型的结果，把企业的整体组织结构和相关的约定进一步给予明确。确定相应的内部治理结构，就会涉及到不同的股东。所以在前面六步中，要通过计算让他们能知道自己的权益并没有被侵害，并且再三强调，在内部治理结构中需要考虑到对小股东的权益保护，这是最基本的信任原则，因为搭建股权结构实质上也是搭建一个信任体系。在股权设计过程中，基于人性为股东们消除信任上的危机问题是至关重要的。信任不是靠喊口号喊出来的，而是要设计一个机制来帮助他们消化不信任和疑虑，这也是股权设计中需要遵照的原则之一。如果这个机制仍然不能消除股东疑虑，仍然处于一个不信任的状态，就要另外设置相应的退出机制。可以想象一下，如果一家企业老板，不管采取什么样的机制，始终有一位股东对自己高度不信任，这时候就应该给这位股东一个退出的道路，而不是一直互相猜忌和内耗下去。

我们认为公司，特别是讲究人和为主的公司，它内部的股东关系会像一个高压锅一样，很多矛盾会在其中不断地累积，然后形成巨大压力。而公司治理制度和治理结构，在某种程度上讲，可以视为减压阀。如果具有完善的治理结构，就能够在发生这些矛盾和冲突的时候，让股东能够以合理的方式来表达观点、宣泄情绪和沟通交流。完全关闭这种沟通甚至是"一言堂"，则会形成强力高压状态：表面上似乎风平浪静，但是很容易在公司面临更大的外部压力和重大节点时，让问题在股东之间发酵甚至爆发，带来更大的伤害。

我们希望在确定内部治理及组织结构的过程中有相对明确的授权体系，但这是很多民营企业不太注重的，因此直接带来的问题就是公司内部在管理边界和职权划分上的模糊不清。这种模糊不清实质上就是公司缺乏管理能力的主要表现和容易发生管理风险的原因。我们认为进行公司内部治理制度首先就应该把职能和职权的边界划分清楚，同时把越界的法律后果以及将不同边界之间相互联系的工作程序明确清楚，让股东和所有参与者都能相对明确地知道自己的行为边界、权力边界和责任边界在哪里，同时也能清楚自己如果违反规定、超越边界或不能达成自己的义务要求，将可能面临的法律后果。

在本案例中，为维护甲方和丙方、丁方作为小股东的合法权益，同时降低由于结构调整而造成的不公平感和疑虑，需要进行规范化的内部治理结构调整

和安排,主要体现在下面六方面:

(1) 合伙企业内部,在保证管理合伙人的管理权限情况下,保障LP在重大事项的合伙人会议权利,以及必要的监督和建议权,直至最后的退出权。

(2) 公司层面设定"三会一层"的议事规则。

(3) 设定退出机制。

(4) 设定经营事项(特别是重大事项)的授权体系和责任追究体系。

(5) 设定董事、监事、高层管理人员的任职及责任体系。

(6) 重点考虑给予丁作为最大财务投资人和监事身份的必要监督和保障权利。

为什么我们需要帮助企业建立一个包括组织边界和股东的行为边界、程序边界及其授权边界都十分明确的、边界感比较强的制度呢?

第一,从规范管理的角度上讲,只要能划分清楚边界就能追责。股东越界公司可以追责,股东没有在他的职责范围之内做好事情,公司也可以追责。

第二,在股东层面或者经营层面上,能够极大地减少产生纠纷和矛盾的可能性。所以在做内部治理结构的时候,一定要把所有的授权边界划分清楚,因为它本身就具有相当大的价值。

(八) 确定股权激励方案

1. 股权激励的简单思路

股权结构设计的逻辑实际上还是遵循股权商品化原则。企业以股权来交换人力资本和生产要素,这个原则在公司运营过程中贯穿始终,也是在做股权激励的时候都要坚持的一个原则。所以,在股权激励方案的设置中,首先应该把激励条件和激励对象的识别标准说清楚。对于激励的条件和激励对象的识别标准,其实它的思维逻辑跟我们选择股东的进入标准是类似的,即确定激励对象,并设定激励条件,其目的最终是为了能够让激励对象能够以自己的能力、表现作为交换条件,来换取未来的红利和发展空间(即股权所代表的增值可能性)。

对于激励对象的设置,现在有两种主流思路:第一种是因人设置,第二种是因岗设置。

我们认为第一种思路会存在一些问题和风险,因为第一种因人设置,实际上需要对人有一个评判标准,对他未来的工作成果有一个量化标准和评价标准，而这是最难清晰界定的。另外因人设置还存在一个很大的矛盾，就是老板会带有个人的感情和情绪做决定。比如老板喜欢这个人，他可能对这个人的考虑就会列入优先级，而对于全局的设计方案而言，当最后设计出来的方案一旦和老板对这个人和岗位的判定有差别，老板肯定就会对自己的团队心生不满，甚至与团队之间会产生一些隔阂，以至于最后会把责任归到设计方案的人身上——他会觉得是方案不对，其实真正的原因是他的标准不对。

所以在设计过程中应当尽量考虑采用因岗设置方案，把激励对象明确到岗位，因为岗位可以划定一些具体的标准，同时这种标准的确定，也能够相对明确地给激励对象锁定预期（也就是让他明白，自己需要做到什么程度才能获得相应的激励和权益）。

2. 时机的选择

创业公司发展早期，资金都比较紧张，而资金不足带来最大的一个问题就是人员流失，尤其是团队的高级管理人员、核心员工，他们的流失会为创业公司造成不可估量的影响。企业为了激励和留住核心人才，通过附加条件给予员工部分股东权益，使其具有主人翁意识，从而与企业形成利益共同体，促进企业与员工共同成长，最终帮助企业实现稳定发展的长期目标。但是，我们还需要认识到，股权激励尽管有效，但它绝不是万能的。股权激励有它自己的适用范围、适用对象和适用的时机，如果用错了不仅收不到预期的效果还可能产生相反的作用。因此企业设定股权激励方案，需要回答或考虑核心问题时，可以通过以下四点明确选择推动股权激励的时机。

（1）公司初创阶段，通过股权激励方式，能够弥补创业型企业留存团队可能缺乏薪酬吸引力的问题。

（2）公司发展阶段，重点考虑通过股权激励方式促使公司获得更为快速的发展动力。

（3）公司进入稳定期或瓶颈期，重点考虑通过股权激励挖掘发展潜力或鼓励向上突破的能力和团队。

（4）公司进入转型期或停滞期，重点考虑通过股权激励实现老团队自然脱落（"金色降落伞"），为新团队的进入和股东层的吐故纳新提供空间。

3. 股权激励的核心逻辑

总会有人担心做了股权激励后老板会很吃亏，其实股权激励可以鼓励员工创造业绩增量，而股权激励的分红其实是未来的增量，而且比例也不大，老板不是吃亏了，而是赚了大便宜。因此在设计股权结构时，对股权激励就需要放下包袱，明晰股权激励的一些逻辑。

（1）股权激励实质上是以股权作为商品，或者"标准化度量衡"来交换具有价值的人力资产，并且将具有长期培养价值的人力资产资本化（所谓"奇货可居"）。

（2）帮助企业去衡量和把握"人的价值增长曲线"和"人的价格增长曲线"在同一坐标轴体系之下的相交和背离，并在两者发生明显背离的情况下，建议企业开始启动股权激励方案。

（3）对于股权激励对象，我们需要考虑每个激励对象所做的创业和事业发展的规划，并通过提供一个长期共存的发展平台来帮助激励对象实现事业发展规划。

（4）从公司价值包装、价值挖掘的角度而言，股权激励可以向外部投资人证明公司的价值所在：

① 团队稳定性。

② 团队赋能能力及价值。

第二节　分层整合法

针对公司股东较多，且股东之间存产业相关性比较高的情况，我们可以采取分层整合法。在股东能力、重要性、资源供给能力存在比较显著差异的时候，可以根据股东重要性和资源提供能力进行整体分层，并在不同层面进行结构搭建和顶层设计，最终将不同层级、资源供给能力的股东进行分层整合，实现贡献和价值的最大化。

分层整合法并不是唯一的方法，前面列举了很多从不同维度的划分股东类型的方法，比如可以按照生产要素划分，也可以按照管理层级、战略层级或者执行层级等进行划分。划分方法的非唯一性决定了可以在不同的维度上设计股东整合方案。

分层整合法的整合逻辑包括三点：一是股东能力、价值、资源供给能力存在明显的差异性。二是股东产业相关性比较高，能够在项目本身的产业相关链条中发挥作用。三是股东投资目的存在较大差异，对于短期利益、中期利益和长期利益需求存在较大差异。

比如有一些公司，它的很多股东都是公司旗下的经销商或者代理商，他们的投资目的以及对项目的支持如果具体到某一个股东的价值，其实是非常有限的。但是如果对这类股东的需求以及他们的价值进行分析，有时候会发现一个事实，就是不太适合把他们放在一个平面上进行整合，所以这个时候就需要考虑分层次进行整合。而分层整合之后就有可能形成一个类似于企业集团或者分上下层级的控股公司。

对于经销商的整合，我们的目的是获得以下利益和可以有进一步挖掘的价值：

（1）经营数据整合：通过经营数据整合，能够形成较为固定的现金流数据，通过对于数据的深度挖掘，可能形成在金融层面的价值。

（2）经营流程整合：通过经营流程的整体整合，可以将关键流程进行标准化和系统化，进而降低经销商和整个机构的经营成本，并有可能形成新的商业模式。

（3）集中采购形成话语权：通过整合经销商的经营行为，可以在采购端形成集中采购的机会，进而直接降低成本。

（4）品牌价值：通过经销商整合，可以进一步提升品牌运营过程中的整体性和协同性，从而降低"低依附度"经销商带来的品牌整合与提升的矛盾。

一般分层整合法需要注意以下几个方面：第一是要确定自己的商业模式，及商业模式中所需要资源的层级（地区级、战略级还是全国级）；第二是要确定公司主要业务的核心控股平台（可能是公司、合伙企业等平台），并确定这个控股平台对于整个集团或架构的管理、控制核心地位；第三是将股东按照其价值、资源层级、重要性，区分为控股级和战略级、执行级，由上至下展开整合；最后是将不同级别的股东或合伙人，分别对应不同级别的母公司、子公司和孙公司，来纳入不同层级公司的股东或合伙人，并按照该层级公司的股东进入退出规则，享有和承担不同层级公司的权利、义务和红利。

当然，如果能将分层整合法做到极致，就是一个很厉害的公司了。比如苹果公司，它创造了一种需求，创造了一个市场，并吸引我们消费者进入。但是一般的公司和一般的创业者是很难有如此成就的，我们不可能创造一个业务品类让客户去适应，而是客户的需求才促使我们专业化。所以，行业加股权是我一直很认可的概念，而且我也非常建议大家尝试，如果以后有机会大家可以一起探讨合作。因为这里面有一个极大的机会，即一旦我们对行业的了解度增强了，那我们在业务中就会掌握非常强的话语权。

一、股东分级分层

将股东按照不同的资源供给能力、投资能力和意愿等维度，区分为不同层次和不同级别。

一是按产业相关度。根据与本公司的产业相关度区分为高度相关和低度相关。

二是按产业价值。根据股东所能提供的产业资源层次，区分为高价值股东和低价值股东。

三是按利益价值观。将股东按照获利意愿，区分为长期利益型股东和短期利益型股东。

上述三点是分层整合法中一个非常重要的思考路径，即首先要考虑股东的产业相关性——他是不是公司需要的股东，以及他在什么层面上对公司具有价值。具体而言，我们可以从产业相关性、产业价值以及在产业链条中的位置来判断股东所具有的价值。

二、产业流程和结构分解

这一步是将本公司所从事项目的产业流程和结构进行分解，并将其可能产生的价值、利润率等进行细分，将其区分为核心产业、核心流程及附属产业和附属流程。

第一，要求核心股东和经营层对于自身产业的特点、流程和结构有较为清晰的认识。

第二，抓大放小。明确控盘为主、核心利益为主，并且主动放弃和让渡非核心利益和环节。

第三，要求公司本身对于产业相关链条具有较强的定价能力和资源疏导能力。

三、引导股东形成合作

在实际设计过程中，一般会将公司整体区分为如表4-7所示层级，对应引进不同股东并给予股权。

表4-7 公司层级划分

层级划分	股东身份	股东特点	比例区间
控股层	在标的公司控股平台中以合伙人或股东身份共存	具有较高的信任度、协同性的股东，能够让渡和形成共同话语权	实际控制人掌握话语权，其他股东分享利益
战略层	在标的公司共同以战略投资者、合作者股东身份存在	具有比较高的产业相关性和价值，能够提供较为核心的产业资源或信用背书	原则上以重点考虑战略资源合作和交换，不谋求高比例股权让渡为原则
执行层	在标的公司下属子公司或配套产业公司中作为股东存在	能够在具体的产业上下游某个节点进行合作，并且也更感兴趣于取得该节点利益，而对标的公司本身价值诉求不高	可以考虑在下属子公司或配套产业公司给予较高股权比例或红利分配权，以换取其提供必要的生产资料或资源

在设计的过程中，首先需要与核心股东接触沟通。由于核心股东对公司产业的上下游特点以及它的附属领域，都有一个比较清晰的认识，所以这可以帮助设计者导入思路，进而考虑哪些股东比较适合。这相当于形成了一个类似于企业群的概念，而它的两翼就是所配套的上下游产业，对整合而言也是根据这个原则去开展。

四、明确不同层级的股权交换条件

在多年辅导企业的过程当中，我们发现许多民营企业有这样的特点：第一是原始股东多；第二是小股东多，但是一股独大；第三，所有的股东基本都是家族内部人员，协同性非常高。在家族企业中这三个特点尤为突出，并且公司股东可以划分为三个层次——控股层、战略层和执行层。

这是因为许多小股东对控股股东的认可程度非常高，以老大（"带头大哥"）马首是瞻。但是这种家族企业内部的小股东能力参差不齐，除了少数几个人能够在经营层面上起到一定的作用以外，其他大部分的人其实都处在销售一线。比如公司销售业绩最好的人可能只是某一个大区的负责人或者销售管理者，而真正的集团层面中是没有太多人才的，这是家族企业一个很大的痛点。因此，面对这样的企业我们必须对股东们进行分层整合。

如表4-8所示，可以将股东划分成三层。其中控股层仍然能够保持一个比较长久的控股权，同时，我们希望在这个过程中能够有效地整合所有小股东，并尽量减少小股东存在的数量。虽然"带头大哥"型的家族型企业的决策效率很高，基本上都是老板一句话下面就可以去执行了，从来没有开股东会这个概念。但是必须要考虑到未来企业会引进其他产业相关的股东的情况。如果企业内部治理不规范，就会产生很多问题，而且这些小股东也可能会拖累整个股权设计业务流程的进行。

表4-8 股东层级划分

	控制层	战略层	执行层
交换条件	追求话语权的相对集中	追求产业战略资源的交换和信用背书	融资功能+产业带动功能
让渡利益	给予小股东相对安全保障	通过交易结构来保障对方核心利益	让渡红利等短期收益

而在企业战略层面，一般可以设计一个商业模式。该模式能够把整个产业从单纯的生产制造商或者品牌授权模式变成一个全产业链模式，把所有与产业相关的控制节点全部提炼出来，然后形成一个平台式的公司。这样，就能够实现所有的流程在总公司流转、各个流程完全可知可控的目标。

五、整合示例

【案例23】

下面是我曾经辅导过的一个真实案例。客户拥有一个地方影响力比较大的品牌，在行业内具有很强的市场声誉和渠道资源优势，并且准备进行全国性整合，搭建相应的公司结构。介入以后，我们发现主要问题如下：

（1）原股东结构比较分散，多年形成的家族企业结构也导致外部股东很难进入。控股股东（"带头大哥"）是一个产业思维非常传统的企业家，但他本身自己所持股份也只有大约33%，并未绝对控股。

（2）外部投资者有比较强烈的投资意愿，但是投资者类型比较复杂，包括财务投资人、行业上游企业、下游渠道经销商和家族相关人等。

（3）企业需要更快扩张，如果以传统思维进行，则发展速度极慢。

随着进一步的了解，我们发现该企业逐步发展起来之后却将大部分的资金投入到了扩建厂房上面，美其名曰为建设产业基地。虽然该企业只是一个民营企业，但那种气势磅礴的规模并不亚于一般的国有企业。其中有一条非常宽阔的园区主干道，两边栽满了梧桐树，景致非常壮观。当时我还跟他开玩笑说："仅仅是把这些树卖掉，可能都有几千万元的资金流入。"

但是这种产业基地的思维方式容易产生一个很大的问题，即大量的资金沉淀到了固定资产（土地、房屋以及机器设备）上，却没有形成轻资产运营的条件。同时集团公司缺乏专业优秀人才，这是家族企业最突出的痛点。好在他们的利润率保持得非常好，而且还发展成为全国驰名商标。

我们介入设计整合方案时，该企业其实是存在几个优势项的。

第一，产业本身的优势。建材和房地产是高度相关的，而我们介入的时候，大家都非常认可房地产市场是整体走向趋好。

第二，该企业品牌优势非常强。

第三，整个家族专注于这项产业有将近20年的历史，所以他们对于行业的理解和资源掌控调配能力等都非常强。

接下来我们对公司进行了分层整合：

第一步：对投资者类型分级分层

根据现有股东及投资者特点将其区分为不同层级。第一层级是原股东，他们虽然大部分都为家族内部人员，但是有一部分人一直从事核心管理工作，深入了解行业并具有较好的协同一致性；另外相当一部分人只具有一线销售经验和能力，担任中层及以下职务。

第二层级是可能投资者，包括：

（1）财务投资人：具有较好的资金投资能力和实力、意愿。

（2）产业上游龙头企业：希望通过投资打造更优产品，同时利用该企业已有的销售网络共同发展。

（3）经销商：认可该企业品牌价值，愿意在自己的销售区域内进行深度合作，也有部分经销商有意愿投资公司本部成为股东。

（4）一般性财务投资人：希望获得投资回报，无特别明显的行业或产业价值。

在我们介入之前，这家厂商从生产一直到销售，都没有形成全产业链模式，因为它的产品除了主材，还包括其他附属产品等。如果把各种节点看成是一个从生产端一直到客户端的流程的话，其实市面上很多厂家都有类似的特征。第一是自己生产，第二是把产品销售给客户。但这个过程中间实际上有很多流程是它自己无法完成的，于是会选择外包的形式，比如物流外包、送货外包、安装外包，甚至包括设计外包。但是每个厂商的规模不同，它所能承担的外包成本也不同。而为了能尽量压缩成本，大部分厂商会选择降低服务质量标准。

因此，无论是基于厂商还是消费者的利益，我们都希望把与产业相关的控制节点标准化，进而提高行业整体的产品和服务质量。

但是这个企业在初创阶段所设想的模式存在的一个很大问题，就是产业链太长，所以我们不得不跟他们的管理顾问和股东协商，来设计了一套产业链模式——即在不动摇传统产业的情况下，另成立一家新的公司来控制各个流程。我们把每一个与产业链相关的东西，包括产品的检查项和品控程序，全部标准化，然后形成一套完整的流程。所有与产业链相关的节点必须符合这一套标准。

比如顾客在商城订购了一件产品，然后配送员送到顾客家里，安装工再帮顾客装好，这就是一个消费者可以看得到的服务流程。而我们希望新建立的标准能够对整个流程起到规范约束作用，即每一个节点上面要做哪些动作，以及动作是否做到位了，厂商通过一个APP就能全程监控，并指导下面怎么做才能起到更好的效果，同时客户也能给予评价，形成良性互动。然后希望行业市场内所有的参与方都能用这套APP来统一服务标准，这将给客户带来非常好的体验。

不过这里面的细节比较复杂，已经涉及产业整合的概念了，因此我们需要有一个执行层的概念：

第一，这项业务需要很多战略层面上的合作伙伴。

第二，在执行的过程中，会遇见很多参与其中的其他市场主体方，我们希望能够跟他们形成股权上的合作模式。

产业整合中的股权合作，核心在于将股权的交易与产业的交易进行直接的勾稽关系，需要企业从产业需求出发，将需要整合的产业合作方，明确在产业上的交易关系，并将这种交易关系能否有效地帮助平台创造效益，和能否获得平台股权建立直接的联系和对应关系；

第二步：根据分层原则进行区分——控股层

搭建控股层就是将以下类型股东整合进入以有限合伙模式搭建的持股平台，执行事务合伙人设定为控股股东个人，包括：

（1）原家族股东中担任高管或核心管理岗位，并或具有良好协同性的股东。

（2）能够认可公司目前给出估值水平的财务投资人。

（3）能够接受以有限合伙方式间接持有公司股权的上游战略投资人。

通过整合后，该公司形成控股股东结构——有限合伙企业持股超过70%。这样就把话语权相对集中的，或者协同性比较高的股东，直接放在控股平台上进行整合。但是在整合过程中，我们需要给小股东提供一定的安全保障。当然这个过程中也有一部分小股东会有不同想法，比如他本身在集团持股1%，而他可能觉得这是无足轻重的，愿意把股权让渡出来，不在集团层面持有太多股份；或者有些人是不太认可未来通过资本市场获得高额增值和溢价，会认为比较"虚"，更看重一些眼前的利益，特别是很多从传统企业走出来的人，他们会觉得上市、股权都是一些很悬乎的东西。而这部分人大多是在一线工作的小股东，也许他们打心底里不想与集团层面直接挂钩，而更愿意在执行层面渗透。

因此对于这部分股东，我们采取的是下沉式战略，我们给出一些交换条件，比方直接收购股权，或者根据小股东所负责的部分成立一家子公司。小股东依然在上层公司持股，只不过同时会在下层公司多给他一些股份，让他享受所负责区域的一些权益或者红利。除此之外，还可以给予他一些其他方面的利益。以各种利益为交换条件进行整合后就成功清除了一部分小股东，而这个清除动作其实就是为了简化整个股东结构，同时把主要控股权集中到"带头大哥"手上。

第三步：根据分层原则进行区分——战略层

战略层与产业链相关度比较高，在实操中我们可以将以下类型股东整合进入战略层：

（1）具有良好的产业上下游协同作用，但谈判后不能接受以间接方式持股的战略投资者。

（2）具有较好的市场号召力、品牌加持能力的"品牌型股东"（包括但不限于行业专家、资源节点型股东等），但是所给予比例较少，更多起到品牌加持、信用背书作用。

（3）财务投资人，特别是专业投资机构。原则上这些人可以进入战略层，但是在引进的节奏上要做好考虑，我们偏向于首先完成整体整合与规范，然后再引进私募机构，以确保较好的估值水平。

整体整合思路可以参考生产要素配比法进行考虑和划分比例。整合完成后，形成控股平台持股67%以上，其他战略层股东保持在33%以下的模式。公司估值水平达到同行业平均水平。

在这一层上我们可以根据不同的情况拟定交换条件。因为它所形成的结构大体分为三层：第一层是控股公司，第二层是平台公司，第三层是在各个地方偏向销售渠道的执行层面上的公司。我们会在平台层将一部分战略级别的股东引进来，但是引进的条件会根据产业链的要求，非常明确地这些股东提出需要向公司开放多少"端口"。

当然"端口"是一个形象的说法，实际上是指在产业层面上股东需要向公司提供哪些生产要素。比如物流相关的股东，我们就会明确要求他有多少线路和多少运输车辆；然后他还要符合集团的品控指标——因为在物流送货这一方面，公司都有很明确的品控指标；以及他要在什么时间之内完成，都有非常明确的要求。

通过这种方式，我们实际上要实现的目的是在战略层面上补全整个产业链的漏洞。而补全的标准是什么，就在于企业本身的一些要求了。

第四步：根据分层原则进行区分——执行层

这一步将以下类型的股东进行整合，并使之进入执行层：

（1）对原家族股东中担任中低级职务的人进行"分封诸侯"：通过给予地方经销子公司的股权和直接的分红、奖励收益，来换取其放弃在平台公司的小额股权，以腾出必要的空间方便战略层股东进入。

（2）对经销商股东：将具有投资合作价值的地方经销商按照地域和规模进行整合，进一步使其进入到地方经销子公司平台。

（3）对较为在意短期利益（分红收益）的财务投资人，可以导入到执行层的子公司作为股东。

我们通过采取不同的方式对控股层和战略层进行相应的分层，执行层可以采取分封诸侯的方式，也可以采取产业配套的方式；甚至在一些极端的情况下，我们也可以考虑特殊情况特殊对待。

企业已经成立了自己的产业基地，旗下资产非常多，但是资产收益率却并不乐观。之所以很多人都认为做实体生意并不赚钱，就是因为实体的资金成本沉淀比较高。所以，可以让客户把产品做精细划分，从而区分哪些资产是重要的，哪些是不重要的，然后将一些非核心资产的控股权让渡出去，这样也会把相应的管理成本交换出去，同时还获得了一定的变现空间。

第三节　产业链串行法

《易经》上说："穷则变，变则通，通则久。"随着我国经济改革的不断深化，一些民营企业在发展模式上陷入了僵局：产品链、市场链，甚至资金链都会碰到低成本制造的"天花板"。对于如何寻找转变的方向，不少企业选择在"通"字上做文章——通过积极"打通产业链"的方式控制风险并获得快速发展。这些企业不追求绝对控股，更重视与合作伙伴之间的战略协同。通过股权合作、战略联盟、联合开发等方式促进资源整合并协同产业链，已经成为民营企业股权结构发展的一种新趋势。产业链串行法就是在这种大趋势下出现的，其主要内容是在股权结构设计过程当中，重点分析公司所处的产业链，并以股权的方式对产业链相关的利益各方进行串联整合，从而寻求最大的合作价值。

这种方法与分层整合法的区别主要有两点：一是产业链串行法的主体公司可能缺乏足够的整合能力，而并非以产业链核心的身份来进行整合，因此缺乏主动整合能力，相对更为被动；二是产业链串行的方式与分层整合相比更为被动，分层整合是以整合来促进整个产业链为自己提供资源、降低自己的配套成本，而产业链串行则较为弱势，适合中小企业，更多的是通过主动参与产业链串行来帮助自己提高"容错率""生存率"。

在具体实施中有四个步骤，第一步是明确自身产业定位及产业弱项，第二步是与产业上下游的合作友商串行股权，第三步是考虑串行模式及逻辑，第四步是考虑股权比例及内部治理结构。

一、明确产业定位及产业弱项

对企业进行分层整合，其意义就是可以在不同层次上整合不同的股东，从而为企业良性发展带来相应的机会。这里面其实也包括产业链串行的概念。而在前面所述的分层整合中，其实有一个很重要的逻辑前提：在整合之前必须具有对下游和上游全局整合的能力。然而很多企业家都想着以本企业为中心进行整合，但这并不是一个很简单的问题。我经常遇到一些没有产业基础的客户，他们也想进行资源整合，这肯定是实现不了的。因为这个公司至少要有足够的吸引力，才可以把资源和把产业相关的业务整合起来。即它必须是一个强势品牌，或者强势的资源提供者，才可能采取这种整合方式。

现实与理想往往是相反的，即大部分的企业要有被别人整合的思想准备。而产业链串行概念的本质，就是要主动成为产业链中被别人整合的企业，或者成为别人稳定的合作伙伴。所以，要么被别人整合，要么主动地成为别人产业链的补充单位，我认为后面这种思维可能更现实一点。当然从感情上来说，很多企业家更愿意做整合别人的人，而不愿做被整合的人。

是整合别人还是被别人整合的关键就在于，作为企业要清楚地认识到自己的定位——自己处于行业上下游的哪个位置？在整个产业链中又处于一个什么样的地位？以及自己的优势点在哪里？因此在设计整合方案时，企业家不要盲目自信，要知道自己核心的价值和卖点在哪里。做到这一点，才能做整合设计。也就是需要知道自己的分量，然后再待价而沽。

站在这个层面上，我们需要明确企业的优势。因此采用这种方法进行股权设计时，设计者及公司主要股东首先需要对以下三个问题有较为清晰的认识和定位：

（1）从产业链的角度而言，公司本身处于产业链的哪个环节？

（2）相对于竞争对手，公司本身的优势和劣势，特别是需要外部补强的部分是什么？

（3）对于产业上下游的合作友商而言，自己所具有的利用价值是什么？能否成为别人产业链中一个可以用于补强或增值的部分？

下面是一个具有深刻意义的案例，其教训主要是客户错失了机会，没有对自己在产业链当中的地位做准确的界定。

【案例 24】

共享单车概念兴起的初期，某家企业的创始人创办了一个做自行车智能硬件的企业，虽然他看到了风向，但是错过了机会。之所以这么说，是因为他在很早之前就注意到了共享单车可能将要催生的态势。但是他当时认为投入这么多资金到共享单车领域是有点冒险的。因为时当所有的资本都在注意共享单车这一领域，所以对于所谓的"打通最后一公里"对城市交通的影响都还需要观察。而我觉得他聪明的地方就在于发现了共享单车行业背后的产业链，如果共享单车能成为常态，这就意味着有大量的自行车需要投入到市场，同时自然而然地就会产生很多行业附属的机会。所以他当时就十分坚定地投资相关硬件行业，应该算是起步的比较早，当时也发展得比较成功。

但是后来他又错过了发展机遇，其实当他约我来谈投资共享单车的问题时，通过沟通，我就觉得这个人的眼光确实是很有前瞻性的，只是他的目标是要成为细分市场的冠军。所以他只能接受整合别人，而不会选择被别人整合。在细分市场里面，他的思路和他的经营方式，以及他所生产的智能硬件的技术等都是领先于很多企业的，确实在行业里面有非常不错的经验，这本是他被别人整合非常有利的优势，但是他却一心只想整合别人。当时我建议他考虑主动寻求整合方，同时也找到了可以合作的共享单车相关资源方。虽然不一定能整合成功，或者可以和一些大型的自行车厂商对接，但还是可以考虑把自己的控股权让出来，成为大企业一个很强的补充部分。

我之所以如此建议，是因为他的产品毕竟只是一个附属配套物，而不是产业的核心产品，但可惜的是他一直难以接受被整合，而他比较认可的商业方式是攀附政府投资项目。其实政府投资的共享单车，跟企业投放在市场上的共享单车本质是不一样的，最大的区别就是它不是商业化运营，几乎大多数地方政府城投所投资的共享单车，差不多都是被锁在一个固定的架子上面，属于公益性质，他的智能硬件几乎没有什么用之地。他的商业眼光确实不错，但是他又有一点过于迷信政府机构，希望能成为政府产业或者相关度比较高的附属企业，认为这种收益会比商业市场更大。然而，随着这一股风气慢慢尘埃落定，现在政府基本上很少投入这个项目了，结果就给他造成了一个很大的问题。因为他认为足够好的政商关系能够有助于实现他的企业发展目标，所以他前期花费了大量的人力物力去打通政商关系，想借此进入政府的采购部门。但是他错过了两个风口：其一，当政府投资足够多的时候，他才刚刚进入这一行业。而且政府不是只采购自行车智能硬件，而是要采购整辆的自行车，所以，他还要跟其他上下游厂商建立合作关系。其二，他又错过了商业化的这一个机会风口，当共享单车的大潮退去，资本逐渐退出这个行业及相关产业链的时候，像他这样抗风险能力很弱的企业，就会首当其冲地成为受害者。如果当时在共享单车最火爆的时候他能成为某一个核心自行车厂商的下游供应商，至少他的企业还有一段好日子过，或者发展到现在还会有转型的机会。但是非常可惜，有些机会错过之后，就不会再有重来一次的机会。

所以从上面这个案例可以看出，要想成为一个有魄力的企业家，首先要过的就是"感情关"——要不"耻于"成为别人的跟随者，而不是总想着去整合别人，这是很多企业家需要改变的思维方式。

其次，要学会在友商之间考虑以股权的方式进行交换，或者进行捆绑合作。所谓捆绑合作，它最大的要点在于让企业在整个产业链中获得稳定的利益。一定要注意最重要的不是股权配比问题，也不是价格高低问题，而是我们能不能清晰地让企业在整个产业链中获得稳定的收益。无论是供应端的稳定，还是采购端的稳定，都比其他问题重要。

因为凡是这样的公司，最大的问题就是抗风险能力比较弱，需要背靠大企业来获得自己的生存发展空间——在残酷的市场竞争当中，依靠大树来为自己遮风挡雨——这就需要睿智的眼光和明智的决断。当决定要依靠大企业的时候，就一定要想清楚，自己需要大企业提供什么资源，一定不能含糊其辞地去谈被整合条款。因此在与这些大企业相互交流和谈判过程当中，其实真的不用太纠结，实际上要谈的主要问题不是占有多少股份的问题，也不是价格或者市场调控的问题，而是一定要很明确地知道自己需要什么，对方又能给什么，这一点尤为重要。当然还有一个核心问题要考虑，即董事会愿意让出控股权还是不愿意让出控股权，这是一个核心的区别。

二、与产业上下游的合作友商串行股权

关于产业链的整合，还需要理清一个逻辑思维，即在很多市场领域的专业化是企业间相互促成的，这些企业来自不同的方向，有着不同的要求，才促使专业化的技术手段不断更新。所以最合理的逻辑是市场让我们专业化，而不是我们的专业化创造了市场。

【案例 25】

我曾经辅导过一例非常成功的产业链整合案例，这件案例最开始只是一个非常简单的业务——一个大的专业化市场的开发商需要开发相应的物流配套。当时他看好了一块物流用地，就去跟物流公司洽谈合作事宜。这块地大概有50亩的面积，开发商的思路是让物流公司买地、建物流区，并经营物流业务，大概就是这样一个简单的合作机制。而开发商最初找到我们的时候只是希望我们帮助审核一下合同，因为他们并没有太看重合同规定的各项事宜。

但是当我在仔细了解这件案子后，就产生了一个直觉——这里面可能会产生一个双方合作共赢的机会。当时我们以最快的速度对这个行业做了一定的了解，并在之后跟开发商沟通的时候提出了我们的另外一种想法。

由于专业化的市场物流配套是必需的，而大部分的市场都是采取招商的方式——找一家优质的物流商，由物流商负责买地、建设、经营配套物流。另一种是租赁的方式，由开发商负责买地、建设，然后把场地租给物流公司，让他们经营配套物流。现在市场上基本就是这两种方式，其中租赁是大部分公司采

用的方式，毕竟第一种方式需要物流商投入大量的资金，他们不一定承担得起。

基于此，当时我们提出了第三种方式，就是让开发商在物流企业入股，以土地和他目前在市场上所开发的专业化物流队伍以及今后物流配送的优先权作为股份交换条件。因为物流市场大部分是以租赁的形式运营，一个市场有多个物流配套是常见的情况。但是物流行业最有价值的是线路，如果有足够多的线路，那在市场上的边际成本就能降下来，从而获得足够多的发货量，这对于物流企业来说是很有价值的资本。

我们提供的建议是，开发商以土地作为交换条件在物流公司公司占有相应的股份，经过测算，换来30%~40%的股份都是可以接受的。而我们的交换条件相对而言比较优厚，因为开发商在全国大约有二三十个类似的市场，以湖南为主，可以辐射全国各地。而各个市场的物流配套大部分都是采用租赁方式，因此在同等条件下，原先合作的物流商在租约到期后开发商将不再续约，而是优先选择这家物流公司，把主要物流线路的经营权都交给他。

通过跟开发商细致深入地沟通，我们发现他们市场内部的物流配套每年的业务量都可能在几千万元以上，即开发商本身为了在几十个市场之间平衡管理包括运营维护等都有几千万元的配套基础业务。同时因为他们也会接一些别的业务，所以能够带来比较多的业务增量。基于此，我们当时所拟定的方案重点谈判两个条件：第一，开发商把市场中能够进去的点的优先权给物流企业；第二，把物流企业自身物流的业务量优先给该物流企业经营，但是物流企业同时承诺给集团相应的优惠，可能同等条件下比市场价格会更加优惠。

我们当时仔细估算了一下，开发商其实只需要用一块土地及后续的线路优先权作为交换条件，而物流企业只需要出让部分股权和开发商的自有业务进行优惠承诺，双方就可以形成一个双赢的局面。

对物流企业来说，可以很快形成几十条成熟的物流线路，而且无需再进行更大的固定资产投入；同时他们承接了开发商的自有运营业务，能够获得一个比较大的业务增量。

而对于开发商来说，既盘活了土地资产，同时又可以为以后各个园区的物流运营提供更加便捷的配套，再通过自有的物流业务的优惠，每年可以节省几百万元的运营成本。更不用说投资这样一家物流公司，还可能获得分红和长期的股权增值收益。

因此，这项简单的审核合同的业务，最后变成了一个规模更大的市场整合项目。其关键在于我们需要以通过股权结构调整，对双方利益进行一种增量式的整合。

总而言之，与产业上下游的合作友商串行股权的主旨涵盖了三个方面：一是通过对于自身价值、特点、优劣势及产业定位的清晰分析，主动与产业链上下游或具有相关性的邻近产业的强势品牌进行股权串行。二是主动成为被整合对象，通过"股权置换""相互投资"等方式，使自己在产业链中具有较强的生存能力。三是股权串行的本质逻辑，是通过股权形成"强链接"，进而帮助自己在市场竞争中获得更为稳定的供给或销售渠道并降低成本。

三、串行模式

在应用产业链串行法的时候，要注意对串行模式的区分，常用的模式主要有以下三种：

（1）控股型串行：即客户公司可以接受成为被控股方，而对方具有极强的优势项，可以极大地降低自己的生存风险。

（2）参股型串行：即双方均只是在对方公司中以参股小股东身份进行少量投资（即不谋求控股地位），串行的目的更多不在于获取股权收益，而在于通过股权链接的形式，建立有别于一般市场主体之间关系的"强联系"，并取得对方在某些产业资源供给或保障方面的承诺。

（3）产业协同型串行：即双方均保持主体公司的相对独立和区分性，但是会将具有较高产业协同价值的部分拿出来共同投资设立独立子公司。也就是将双方的产业优势项或者是闲置资产进行整合串行，来增强某方面的市场竞争力或者是产生额外增量。

采用产业链串行法，当确定基本逻辑和方式之后，针对新公司的设立，依然需要考虑三个核心问题：一是比例结构，二是内部治理结构，三是股权激励模块的预留和资本规划。

第五章

循序渐进顺理成章：股权结构设计的流程

《史记》有云："运筹帷幄之中，决胜千里之外。"意思是在小小的军帐之内做出的正确部署，能决定千里之外战场上的胜负。穿越历史的长河，老祖宗留给我们的智慧至今受用，做好战略部署对后期工作能否取得成功有重要影响。

同样，在股权结构设计工作当中需要理清步骤，即在不同的阶段做该做的工作，按照先做什么、接着做什么、最后做什么的先后顺序按部就班地进行，才可以取得最好的结果。咨询机构为企业做股权结构设计，并不是所有的工作他们都可以大包大揽，而是需要与企业互动合作进行。大家都清楚巧妇难为无米之炊的道理，优秀的咨询机构如同巧妇，而企业则需要为他们提供详尽的资讯，并要将企业股东的诉求进行明确的表述，这样咨询机构才可以有序地开展股权结构设计工作。同时企业的创始人亦可借此梳理内部的股权结构，从而进一步制订企业的战略规划与经营方略。

在前几章中我们明确了股权结构设计的概念，以及设计过程中的工作内容和工作方法，这一章我们来了解股权结构设计的流程。通过了解详细的流程，可以使企业内部人员与咨询机构之间在合作中配合默契，提高工作效率。通过双方的有机配合，利用股权结构消除管理工作过程中多余的环节，进一步明晰股东之间的权、责、利，科学体现各股东对企业的贡献、利益和权利，维护公司和创业项目的稳定，并确保创业团队对公司的控制权，使后期企业管理工作更为经济、合理和简便。

股权结构设计的具体流程和基本要点可以总结概括为八个部分：第一，做最初的尽职调查；第二，做前期访谈；第三，拟定初步方案；第四，进行核心沟通；第五，提交正式方案；第六，提供配套文件；第七，开始执行落地；第八，进入辅导期。

从整个流程来看，前四项是整个股权设计的基础工作，工作量和工作难度是非常大的，只有做好了这四个方面的基础工作，后来的结果才可能达到圆满。但是许多企业会更注重后面四项工作，而轻视前面四项工作，这就容易让股权结构设计患有先天不足营养不良的病。

毛主席在著名的《论持久战》中指出："凡事预则立，不预则废。没有事先的计划和准备，就不能获得战争的胜利。"那么在股权结构设计过程中，企业和咨询机构应该如何默契配合，企业应该如何更精准地提供有效的资讯，咨询机构又该如何清晰地梳理出完整有效的股权架构呢？下面就让我们一起来了解这个设计过程中的应该要准备和计划的内容吧。

第一节　尽职调查

在股权结构设计当中的尽职调查是指在对公司的各类生产要素、各位股东在公司中的作用、公司资产和负债情况、经营和财务情况、法律关系以及目标企业所面临的机会与潜在的风险进行的一系列调查，是股权结构顶层设计最初也是最重要的环节之一。这一工作也是企业可持续发展的前期检查。调查过程中通常利用法律、管理、财务、税务等多方面的专业知识与专家资源，形成独立观点，用于企业股权结构设计的决策支持。

一、尽职调查的内容简述

在股权结构设计中所说的尽职调查和 IPO 或者新三板上市、收购兼并业务中的尽职调查是有区别的，因为调查的重心和要点不一样。如果站在股改的角度去做尽职调查，关注点可能更多是它的前期资料收集，如从历史沿革、资产现状，以及业务模式等，然后进行分析。而进行股权设计的尽职调查则是注重企业现在和未来的发展，工作重点是放在对企业发展与实际的动态变化分析方面的。企业家也可以通过机构对企业的尽职调查，进一步地了解本企业的实际地位、竞争优劣。

股权结构设计的尽职调查与股份制改造、收购兼并等业务中的尽职调查的区别在于四个方面。

（1）目的不同：股权结构设计尽职调查的目的主要是充分了解结构设计过程中，由于公司历史沿革、组织机构和前期制度、形成文件等所存在的问题，导致在结构调整过程中可能存在的法律风险、障碍等。

（2）重点不同：股权结构设计尽调关注重点在于公司目前的现状、公司历史形成的制度性文件、特别约定，财务等方面的情况也有涉及，但是并非核心重点。

（3）方式不同：不需要第三方开具证明等文件，也不需要通过保证承诺等方式来进行确认，而更看重对实际情况的了解与核实。

（4）形成的尽调报告结论不同：股权结构设计尽调报告的重点是股权结构设计、优化调整是否构成障碍，而股改和收购兼并的重点在于完成交易的风险分析。

从股权结构设计的角度而言，股权结构设计尽职调查主要调查要点是以下几个方面。

（1）企业的股权结构、股东构成及形成的历史沿革。首先需要重点关注的是股权形成的过程，要考虑到在后期需要调整的时候，会不会由于前期的操作过程不规范导致难以进行。因为毕竟这属于资本规划的部分，在这一部分需要企业自身提前考虑和适当调整。

（2）股东背景。主要从股东的类型考虑，并有意识地了解股东进入这家公司的理由是什么。

（3）股东之间是否有特别约定。这些情况是会经常会遇到，特别是那些想寻求上市的企业可能会给股东一些承诺甚至对赌协议。当然如果承诺规范化的话，一般不会造成不良的后果，但是如果是存在一些硬性条件或者是不规范的形式，则有可能会对企业后续调整带来一些障碍；或者需要做一些清理，使之规范化。这一部分是需要尽职调查确定的。

（4）企业财务和资产的现状。对于这些现状的了解主要是涉及到一些税收筹划的问题，如果要进行股权结构调整，比如要做股权的转让、分立、合并，那么企业现存的各种资产的状况，以及财务上的一些数据可能会影响到未来税收筹划等方面。

（5）另外，在尽职调查过程中可能还会了解企业以前的治理模式和以前所形成的一些治理结构等，这也是比较重要的调查点。其他如潜在股东（潜在性的激励对象）和现金流，也需要做一定了解。因为如果股权激励方案主要体现为短期分红这种简单粗暴的方式，或者是以分红回报型为主，那么就要考虑企业的现金流是不是能够支撑短期分红的方式。如果没有做到深思熟虑，可能到时候会出现很尴尬的局面。

曾经有家公司出台的是类似华为的虚拟股权，采取的就是分红的方式。但是最开始帮他们设计股权的机构，由于考虑问题太过简单，结果最后虽然公司的账面上是盈利的，但是实际现金流却是个负数，需要从银行贷款来兑现给股东的分红承诺，这无疑变成了一个很尴尬的状态。虽然它的现金流为负数，但是它的财务利润计算出来却是正数，因为公司大量的利润实际上都沉淀在应收账款或者应收债权里面，而这对企业而言是比较致命的。就像很多企业，账目上是有收益的，只是赚了一堆存货和一堆应收账款，实际上却是没有分红能力的。因此，如果不做尽职调查就设计这样的方案，那么后果是难以想象的。

总而言之，股权设计尽职调查的目的是通过对于企业情况的全面调查和了解，确定企业股权结构设计中所需要考虑的财务、资产和业务状况，形成股权结构设计的基础资料。通过尽职调查，能够让设计机构对于公司的现状、业务和财务情况，以及是否存在潜在的风险或需要解决的历史沿革问题，有相对清晰的了解，这样在结构设计时，可以提前进行规避风险、解决问题、确定重点等。在此过程中，设计机构一般会提供针对性的尽职调查清单，企业应与设计律师进行充分沟通，了解所需资料的具体形式、内容和取得路径，并最终提供比较完善、真实的资料底稿，帮助设计律师能够全面、真实、准确地了解公司现状和发展规划，为量身定做股权结构设计打下基础。

二、尽职调查的方法与原则

尽职调查是对公司进行的更深层次、更全面的了解。可以采用下述调查方法：

（1）审阅文件资料。对在前期准备阶段收集的材料进行具体分析，了解公司背景情况，在分析调查资料的过程中，记录并分析资料中的异常及重大问题；记录所缺失的资料，再次提供具体的尽职调查清单，实时接收材料；根据调查进度和情况不断补充尽职调查清单。

（2）参考外部信息。通过网络、行业杂志、相关业内人士等信息渠道，了解公司及其所处行业的情况。

（3）交流访谈。与公司内部各层级、各职能人员与中介机构进行沟通交流。

（4）公司实地调查。根据调查资料显示的内容，对公司进行实地调查，主要包括公司的地址、经营范围、经营状况、有形资产的核实等。

（5）团队内部沟通。对不同性质、不同经营范围的公司部分情况的分析需要参考运用到其他专业的知识，设计团队进行讨论可以集思广益，发挥每个律师的优势，形成合力，分析公司的实际状况，最终形成调查结论。

在运用上述调查方法进行调查的过程中必须要贯彻以下几项原则：

（1）证伪原则。律师在根据不同的调查方法在同一调查事项上得出不同的调查结果的，律师需要将疑点内容通过其他手段和方式进行印证和核实，循着"问题—怀疑—取证"的思路展开尽职调查。

（2）实事求是原则。律师需要以客观公正的态度对公司进行调查，不能有任何的偏见或是包庇的心态，这是法律人必需的素养。

（3）事必躬亲原则。无论用何种方式来调查公司，项目律师都必须得亲自实地考察、访谈、体验等，不能道听途说；

（4）突出重点原则。在调查公司的过程中，不能眉毛胡子一把抓，必须有调查的重点，尤其是与此次法律服务项目有直接或是间接联系的方面，另外也包括根据律师的经验总结出的大部分公司会都有缺陷的方面。

尽职调查阶段是项目服务过程中最关键的环节，后期工作的展开，比如尽职调查工作报告的出具、法律意见书的撰写、公司治理及股权设计方案的制定等都是以此为依据，这一环节决定着后期工作的质量以及可行性，所以项目律师需要对尽职调查工作引起高度的重视。

三、尽职调查的实操步骤

在尽职调查阶段，实操律师需要明确具体的尽职调查步骤及节奏，做好相应的素材整理和配合工作。具体而言，尽职调查阶段主要包含以下步骤（可选择同时进行）：

（一）提交尽职调查清单

尽职调查的核心目的在于对目标客户进行全面、系统地了解、核查，并对目标客户所需法律服务背景及要求进行梳理。提交尽职调查清单前，承办律师应就具体清单格式和内容与客户企业有关实际情况进行交叉核对，并进行相应调整、核查，确定最终的尽职调查清单。

法律服务项目不同，尽职调查清单的内容亦应有所变化，不可一概而论。承办律师可以根据实际情况，在符合法律、法规的情况下对于调查的具体内容作适当增加或减少。表5-1—表5-10提供了尽职调查中的相关内容，可以在具体工作中选择使用。

表5-1 项目主体基本情况及历史沿革（形式上确认项目涉及相关主体历史概况）

内　容	是否提供	份数	提供人	情况说明
1-1 公司拟进行集团化公司构建相关情况的简要说明（包括但不限于拟纳入项目的主体、考量因素、预期成本、阻碍或顾虑因素、拟达到目标或整体运营模式等内容）				
1-2 公司及项目整合主体成立至今的全部工商登记档案资料，并由工商行政主管机关在该等资料之上及/或其骑缝处加盖工商查询章（即全部内档资料），以及公司设立时的政府审批资料				

续表

内　容	是否提供	份数	提供人	情况说明
1-3 公司及项目整合主体现行有效的"三证合一"证照；工商行政主管机关备案的公司章程，以及成立至今历次备案的公司章程修正案				
1-4 公司及项目整合主体股东会、董事会和监事会及其他内部组织有关文件；以及成立至今历次的股东会、董事会和监事会决议和会议记录				
1-5 未在工商行政主管机关登记或备案，但与公司及项目整合主体设立及历次重大变动情况相关法律文件，包括但不限于：发起人协议、增资合同、审计报告、验资报告、资产评估报告等				
1-6 公司及项目整合主体成立至今历次重大资产重组情况相关资料，包括但不限于：合并、分立、增减资本、重大资产重组决议，政府批文，相关合同、协议、验资报告，评估报告等				
1-7 其他有关公司及项目整合主体发展历史的背景文件，公司历史上重大事件简要说明（如有）				
1-8 公司董事、监事、高级管理人员的专项调查访谈笔录及其他有关文件（如需）				后续由项目小组安排

表 5-2　项目主体股东及股权结构（形式上确认项目主体股权结构基本情况）

内　容	是否提供	份数	提供人	情况说明
2-1 公司及项目整合主体目前的股权结构图，股权结构图应完整地逐层追溯披露至各个股东的最终权益持有人（即实际控制人）				
2-2 公司及项目整合主体所有法人股东的全部工商登记档案资料（如有重复无需重复提供），以及自然人股东的个人基本情况（姓名、性别、年龄、学历、职称、主要业务经历、曾经担任的重要职务及任期、现任职务及任期）				
2-3 与公司及项目整合主体股权有关的任何合同，包括但不限于：公司成立至今签订的股权转让协议、增资协议、投资协议、股权代持协议、优先购买权协议、表决权协议、独家购买权协议、股权托管协议、一致行动人协议等及其附件、补充协议等				
2-4 请简要说明公司及项目整合主体股东之间是否存在关联关系（含亲友关系），并说明股东是否存在委托持股、信托持股或类似安排？如有，请提供有关资料				

续表

内容	是否提供	份数	提供人	情况说明
2-5 公司及项目整合主体股东及其关联方在公司任职情况说明；以及公司股东在母子公司任职的情况说明				
2-6 关于公司及项目整合主体股权是否存在股权质押情况说明，如存在股权质押，请提供： （1）关于股权质押情况的简要说明（说明股权质押的发生原因、各方为股权质押签署的协议及其履行状况）； （2）股权质押所担保的主债权文件； （3）股权质押协议； （4）记载股权质押的股东名册； （5）办理股权质押的工商登记文件； （6）其他与股权质押有关的任何文件				
2-7 关于公司及项目整合主体股东是否存在代持股/信托的说明，如有，请提供： （1）有关代持股/信托情况简要说明（说明代持股/信托的发生原因、各方为代持股/信托签署的协议或文件及其履行状况）； （2）代持股协议/信托协议和其他履行证明文件				
2-8 请提供公司及项目整合主体成立至今历次股权结构变动说明，以及历次股权变动签订的有关股权转让协议、增资协议或股权置换协议等，履行内部决策程序的文件，是否办理工商变更登记手续				
2-9 公司董事、监事、高级管理人员的专项调查访谈笔录及其他有关文件（如需）				后续由项目小组安排

表 5-3 项目主体公司治理及组织结构（形式上确认项目主体公司治理情况）

内容	是否提供	份数	提供人	情况说明
3-1 公司及项目整合主体"三会一层"（即股东会、董事会、监事会及高管层）的相关文件，包括但不限于"三会"议事规则、"三会"会议决议、"三会"会议记录及其他与"三会一层"相关的文件资料				
3-2 公司及项目整合主体的组织架构图，人员组成情况、日常工作流程（包括但不限于现设部门及部门职能、各部门的负责人、人员配备、工作流程等）				
3-3 公司及项目整合主体制定的公司内部各类规章制度、管理治理文件（包括但不限于财务管理制度、人事管理制度、考核管理制度、薪酬制度等）；				

续表

内容	是否提供	份数	提供人	情况说明
3-4 公司及项目整合主体与高管人员签署聘用合同，与公司员工签署劳动合同、保密协议及/或竞业禁止协议、购买社保、公积金情况				
3-5 公司董事、监事、高级管理人员的专项调查访谈笔录及其他有关文件（如需）				后续由项目小组安排

表 5-4 项目主体资产及其权属状态（形式上确认项目主体资产体量情况）

内容	是否提供	份数	提供人	情况说明
4-1 公司及项目整合主体主要/重大资产（包括不动产、动产、其它有形资产、无形资产）及其权属情况清单				
4-2 公司及项目整合主体主要流动资产项目明细科目账面余额及主要债权、债务清单				
4-3 公司及项目整合主体主要固定资产及无形资产清单及相关权证，包括：土地：出让合同及土地使用权证；房屋：房屋所有权证或租赁协议；车辆：行驶证；无形资产：相应的权利证书（包括专利证书等）；设备：主要设备的购买合同、进口设备的报关单、项目购进设备的项目批文；其他资产				
4-4 公司及项目整合主体主要/重大资产是否受限制性约束或存在权利负担、或存在第三人请求权的情况（如：抵押、质押、设置其他权利负担）？如有，请提供资产受限制的法律依据（如：抵押合同、质押合同等）				
4-5 公司及项目整合主体经营场所属自有？还是租赁？如自有，请提供相关的购房合同、房产证或取得土地使用权的相关资料；如租赁，请提供租赁合同极其履行的相关资料				
4-6 公司及项目整合主体自有土地、房产清单,包括对土地/房产面积、位置、使用权利、权利性质、权利年限、抵押情况等详细说明；若土地/房产目前尚未确权或存在权属纠纷，请说明情况及有关政府确认土地权属的批复或其他确权文件				
4-7 公司及项目整合主体主要/重大资产近期对账记录（银行对账、往来对账、存货盘点记录）				
4-8 公司董事、监事、高级管理人员的专项调查访谈笔录及其他有关文件（如需）				后续由项目小组安排

表 5-5 项目主体对外投融资和对外担保（形式上了解项目主体的资信能力情况）

内容	是否提供	份数	提供人	情况说明
5-1 公司及项目整合主体向第三方或者公司股东及其关联方的投资情况，包括但不限于：投资项目名称、投资主体、投资方式、投资时间、金额、收益等，以及相应的投资协议或出资协议				
5-2 公司及项目整合主体向第三方或者公司股东、公司内部人员的借款清单，明细包括：贷款人/出借人、借款人、借款金额、借款时间、期限、利息、用途等，以及相应的借款文件和协议				
5-3 公司及项目整合主体所有其他重大投融资的文件和协议，包括对外投资（含股权投资）、对外担保、委托理财、关联交易、融资租赁、销售后立即返祖（回租赁）的安排、分期付款的购买安排等文件及与之有关的公司内部决策文件				
5-4 公司及项目整合主体担保/履约保证： （1）向第三方的责任和/或负债做出的担保文件，包括任何抵押、质押或其他担保清单，有关设置任何抵押权、质权或其他担保权的任何协议，及其相应的公证、登记证明（包括公司对第三方的责任和/或负债做出的反担保；若有反担保的情况，请同时提供原担保的有关法律文件），及上述协议履行情况的说明； （2）与担保有关的主债务合同及其履行情况的说明； （3）有关履约保证函或履约保证金（如适用）的文件				
5-5 公司及项目整合主体所发行的公司债券、企业债券及其他类型债权，以及相应文件资料				
5-6 公司及项目整合主体股东是否存在以公司/项目名义向第三方借贷，或以公司名义为股东及其关联方提供担保情况？如有，请提供相关文件资料				
5-7 公司及项目整合主体之间、以及个股东之间是否存在相互借贷，或相互提供担保的情况？如有，请提供相关文件资料				
5-8 公司董事、监事、高级管理人员的专项调查访谈笔录及其他有关文件（如需）				后续由项目小组安排

表 5-6 项目主体主营业务与资质情况（形式上确认项目主体持续运营情况）

内　容	是否提供	份数	提供人	情况说明
6-1 公司及项目整合主体对目前从事的主要业务的具体说明，包括：（1）公司所经营的业务种类；（2）各业务在公司赢利中所占比例；（3）公司的业务流程；（4）公司所从事的主要业务的主管部门或协会（包括地方主管部门和国家主管部门）；（5）公司是否存在超出核准经营范围经营的情况				
6-2 公司及项目整合主体经营业务所需的所有资质、行政许可文件清单？是否取得相应的资质、许可；如有，请提供相对应的资质、许可文件（包括证书和年检记录情况以及为获得该等许可而支付的费用凭证，如有），以及该等资质、许可文件是否存在被吊销、撤销或不被延长情形的说明				
6-3 公司及项目整合主体所拥有的特许经营权清单及其相应的特许经营协议				
6-4 公司及项目整合主体的经营业务、产品、技术、业务经营、管理等方面已经获得的所有认证证书、许可证书或获奖、荣誉授予证书等（包括但不限于知识产权证书等）				
6-5 公司及项目整合主体是否已经办理环境影响评价手续，取得环境影响评价报告，是否发生重大变化导致环境影响评价审批失效；环保审批是否符合分级要求；是否已办理环保竣工验收等，如有，则提供；如无，则简要说明情况				
6-6 公司及项目整合主体的主营业务/产品的品种、特点、风险、盈利、市场占有率、销售情况等，以及为生产销售该等产品所具备的任何许可、资质、批文等（包括但不限于公司生产产品所适用的标准（国颁标准、部颁标准、企业标准）、公司产品符合标准的有关证明文件、公司产品质量认证证书）				
6-7 公司及项目整合主体的主要客户及供应商的资料，包括：前 5 名供应商的采购额、占年度采购总额的百分比；前 5 名客户的销售额、占年度营业额或销售总额的百分比；以及公司董事、监事、其他高级管理人员和核心技术人员及其关联方或持有公司 5%以上股份的股东在上述供应商或客户中所占权益的情况				
6-8 公司及项目整合主体经营业务所涉及的政府特殊政策、行业规定文件				
6-9 公司及项目整合主体当年及未来两年内的业务发展规划，包括：发展战略、整体经营目标及主营业务的经营目标、产品开发计划、人员扩充计划、技术开发与创新计划、市场开发与营销网络建设计划、业务发展目标、业务运营模式变化等				
6-10 公司董事、监事、高级管理人员的专项调查访谈笔录及其他有关文件（如需）				后续由项目小组安排

表 5-7　项目主体债权债务及财务、税务情况（形式上了解项目主体偿债能力情况）

内　容	是否提供	份数	提供人	情况说明
7-1 公司及项目整合主体重大债权债务情况简要说明，包括但不限于是否存在重大负债、重大债权债务形成原因、金额、是否已届清偿，以及相应的合同、协议				
7-2 公司及项目整合主体重大债权债务的担保情况，如有，请提供相关担保协议、相关登记手续及其他有关文件				
7-3 公司及项目整合主体财务管理情况，并提供以下材料：财务管理制度、部门设置、财务人员是否在关联方兼职领薪、财务核算体系和财务决策是否独立等				
7-4 公司及项目整合主体员工名册及最近两个月工资明细表（复印件）				
7-5 公司及项目整合主体上一年度审计报告或年度财务会计报告（包括但不限于：资产负债表、现金流量表、利润表；税种、税率及纳税情况）				
7-6 公司及项目整合主体目前享受的税收优惠、政府奖励和其他优惠政策的资格证明文件，及获取该等优惠政策的任何政府批准文件，包括但不限于：任何认定具备享受减免税资格的批复和批准证书，任何政府部门同意提供"先征后返"、财政补贴等待遇的批准文件、通知等				
7-7 公司及项目整合主体历史上受到税务处罚的情况说明，罚款缴款凭证；以及是否存在未清偿或者存在争议的纳税义务情况？				
7-8 公司董事、监事、高级管理人员的专项调查访谈笔录及其他有关文件（如需）				后续由项目小组安排

表 5-8　项目主体重大合同及履行情况（形式上确认项目主体履约能力情况）

内　容	是否提供	份数	提供人	情况说明
8-1 公司及项目整合主体签署的重大战略协议，包括但不限于合资、合作、联营、合伙协议、投资协议、战略合作、委托管理协议				
8-2 与任何其他第三方签署的相关重大协议（金额500万以上），包括但不限于：(1) 签署的工程建设合同、承包合同等；(2) 与主要原材料、设备配件、器械供应商等签署的相关协议；(3) 对各项目主体有重大限制的合同（如不竞争协议、限制销售和市场划分协议等）及/或政府文件；(4) 与招商相关的协议及其他相关资料；(5) 除前述重大合同外，其他对各项目主体的主体地位、生产经营有重要影响的任何协议和合同，如自成立以来的重大兼并、合并、收购、资产出售、剥离、划转等协议				
8-3 公司及项目整合主体对重大合同的管理制度（包括台账及审核签发制度等）				
8-4 关于公司及项目整合主体所有重大合同的履约和违约情况说明				
8-5 公司董事、监事、高级管理人员的专项调查访谈笔录及其他有关文件（如需）				后续由项目小组安排

表 5-9　项目主体涉诉、仲裁、行政处罚等情况（实质上确认公司及目标单位经营情况）

内　容	是否提供	份数	提供人	情况说明
9-1 任何涉及公司及项目整合主体已经发生的、正在进行的或已有明显迹象表明可能要发生的诉讼、仲裁或者行政处罚情况和文件，包括但不限于判决书或仲裁裁决或行政复议裁定，其最新进展（包括但不限于原被告起诉状、仲裁申请书、各类判决裁定等）				
9-2　任何涉及公司及项目整合主体的财产存在被任何行政机关、司法机关查封、冻结及其他采取强制执行的措施或程序				
9-3 任何涉及公司及项目整合主体持股 5% 以上的股东的已经发生的、正在进行的或有明显迹象表明可能要进行的诉讼或者仲裁情况和文件，包括但不限于该诉讼和仲裁之有关文件、判决书和仲裁裁决				
9-4 任何涉及公司及项目整合主体股东之财产上（包括但不限于其在公司及其主要子公司之股权上）存在的被任何行政机关、司法机关查封、冻结及其他采取强制执行的措施或程序				
9-5 请说明公司董事、监事、高级管理人员是否涉及重大诉讼、仲裁或行政处罚事项或存在尚未进入诉讼、仲裁程序的重大纠纷，并提供有关法律文件				
9-6 公司及项目整合主体最近 3 年存在的违法违规及受处罚情况				
9-7 公司持股 5% 以上的公司股东、董事、监事、高级管理人员最近两年存在的违法违规及受处罚情况				
9-8 公司董事、监事、高级管理人员的专项调查访谈笔录及其他有关文件（如需）				后续由项目小组安排

表 5-10　项目主体提供的其他补充材料

内　容	是否提供	份数	提供人	情况说明

签 收 人：　　　　　　　　　　　　　　　签收时间：
联系方式：　　　　　　　　　　　　　　　签收地点：

（二）进行尽职调查资料整理

依据尽职调查清单获取的有关尽职调查资料，应做到及时地整理与核对。对于客户企业尽职调查资料的搜集及整理，应坚持以下原则：

（1）审慎原则。勤勉审慎是承办律师在尽职调查过程中，应首要坚守的原则。具体而言，承办律师在搜集相关资料时，应对各项资料的合法性、完整性、有效性等进行确认，保持合理怀疑。

（2）中立原则。对于集团化构建、股权结构调整、股权激励等牵涉多方利益的法律服务项目而言，承办律师应当保持独立性、中立性，即避免对任一直接利益相关方产生倾向性态度，以免增大后续相关方案的实施难度。

（3）专业原则。承办律师应基于自身专业知识的理解对尽职调查阶段相关核查事项及时做出专业判断或处理。如在客户的有关主体资格核查过程中，对于牵涉需要政府部门批准或与国有资产相关联的审批程序的完整性进行核查时，承办律师应及时做出专业处理。

（4）保密原则。承办律师对于在尽职调查过程中获取的有关客户的任何信息资料，未经客户的许可，不得随意处置或外传。向客户明示并坚持此原则，亦能增加客户企业对承办律师的信任度，同时可增加资料的获取便利度。

（三）尽职调查配套访谈

承办律师对已确定对象进行当面访谈，是尽职调查阶段至关重要的一环。面访作为普通调查手段的辅助获取渠道有其自身重要性，基于面访的实务操作技巧，亦有其不容小觑之处。

实操过程中的面访，应事先明确访谈内容、时间、人员安排等方面的具体内容；基于面访工作的特殊性，承办律师作为面访者，询问话题应避免主题及角度过小，使受访者交流时思路或想法受局限；此外律师应尽量保持询问角度客观公正，避免给受访者心理造成一定程度的波动，如可能产生一定的期待或较大的心理刺激等，以免在后续方案的确定及实施等方面埋下员工反对或不配合的隐患。

此外，在面访实际操作过程中，应注意尽职调查访谈的实操技巧：在实际访谈案例中，承办律师应与公司领导层或公司管理层进行沟通后，选择确定具体的访谈对象。选择确定的访谈对象不宜过多，一般应包括对项目的实施有切实推动作用的领导层或管理层，一般而言，该类主体人员相对较少，如若所涉领导层或管理层过多，则承办律师可在征询该类主体意愿的前提下确定具体的访谈对象，予以分批次、分阶段进行。访谈对象的确定，除已有的领导层或管理层外，所涉其他普通职工的选择确定，结合不同项目需求的同时，亦应与客户的领导及其人力资源管理部门进行适时的沟通判断。

以股权激励法律服务项目为例：根据客户的不同要求，应有不同人员的具体安排。如客户已有确定激励人选的，则可对于已确定的激励人员选择代表进行面访；如客户未有明确激励人选的，则可在客户所欲激励范围内进行选择具体受访人员或受访人员代表；以具体实际情况来说，对于确定全员各层级均有享受激励的权利偏向的面访人员，可协助客户于各层级中选择一至两名人员作为受访代表纳入受访员名单。对仅倾向于对管理层人员进行激励的客户，承办律师可于管理层范围内均衡选择受访者人员及人数。

一般而言，所涉普通职工相对较少的，则可选择确定为全部普通职工人员；若所涉普通职工相对较多的，则可在实际情况中，按20%~50%的范围内确定具体的访谈人员。从访谈精力与时间安排相匹配的角度出发，受访者人数确定在五人左右较为合理，一方面在于承办律师的访谈工作可集中进行，另一方面受访员工（代表）人数相对较少，可避免过多干扰公司内部管理。因此，建议受访员工人数不超过十人。

面访之前律师应提前发送尽职调查问卷，以便于受访者提前了解面访内容。在面访具体操作之前应由主办律师进行较为系统的解说，主要内容包括但不限于：说明此次访谈的主要目的、访谈大概所需时间、介绍访谈参与人员，询问受访人是否需要对此次访谈内容进行保密。尽职调查问卷多以受访人基本信息开始，如受访人姓名、岗位、职务、联系方式等（如已知受访人姓名等上述内容的，应于此时进行核对确认）。面访过程中应随时注意受访者的用语及情绪等，以了解其可能存在的心理波动或心态变化。至于具体的面访内容，则可依据不同服务项目所需了解内容予以具体确定。

（四）尽职调查阶段分析及成果

对于尽职调查阶段获取的有关资料及信息，承办律师应在确定的时间阶段内归纳总结所涉法律问题，具体而言，相关尽职调查阶段性分析及报告的组成部分包括：

（1）事实认定：承办律师应对尽职调查阶段可直接获取的有关资料进行事实整理、分析和解读。事实整理、归纳及整理的基础在于：尽职调查阶段可直接获取的有关资料文件，如公司底档材料、中介机构出具的相关文件、政府部门文件等等。

（2）法律规定：承办律师在上述事实整理、归纳及分析、解读的基础上，尽量穷尽整理得出有关目标客户所适用的相关法律规定及政策，据此为服务项目提供法律分析说明。同时，承办律师亦应将所涉法律规定分类整理成册，以备后查。

（3）风险预警：基于已整理、归纳的相关法律规定及政策，承办律师就客户企业具体实际情况，综合确定客户企业所欲实施有关法律服务项目的相关风险，同时做好相关风险的分析及明示。

（4）方案建议：前述三个步骤完成后，承办律师可就具体的客户企业实际情况及相关法律规定、风险建议等方面，确定基本的方案思路，并给出具体思路建议。

（5）案例支撑：承办律师应为整个尽职调查报告分析纳入充足的实践案例，以支撑整个方案可行性程度，并对具体建议及方案思路的准确程度予以拔高。实践案例的增加，亦同时起到为整个方案实施提供必要指导的作用，是完备整个尽职调查分析的重要支撑。

（6）审阅说明：对于尽职调查阶段整体分析的有关成果而言，承办律师应做好有关该阶段最终成果的审阅说明部分，对报告分析中所涉逻辑体系及重要主体部分进行较为完整的简要说明和陈述。

（7）特别提示：对于尽职调查阶段性分析及报告中体现的相关内容，承办律师还应对此做出特别提示，如未能签署的有关保密协议或权利保护说明等内容。

（五）尽职调查阶段性成果汇报

承办律师在尽职调查阶段所形成的阶段性成果，如尽职调查报告等文件，应由承办律师及其所在项目团队共同向客户进行汇报说明。

尽职调查阶段性成果的汇报多采用文字性材料与口头陈述相结合的方式进行。就具体形式而言，多以文字性主体材料为主，可视化辅助材料为辅，结合口头陈述。文字性主体内容多为尽职调查报告及其配套法律法规汇编文件等材料；可视化辅助内容多为PPT、图表等多方位表现载体；对于客户在了解尽职调查阶段性成果时产生的疑问及理解难点，则多由承办律师以配套的口头陈述做出较为明确的解释和说明。

尽职调查阶段性分析汇报工作的履行，实际上是承办律师及其团队辅助客户看清形势、理清思路，获得较为完备、细致的理论分析和实践指导的过程。尽职调查阶段性成果汇报完毕后，承办律师应指导客户对尽职调查阶段后续工作的开展作出较为明确的判断和指示，依此获取较为明确、具体的后续服务目标及方向。

第二节　前期访谈

通过尽职调查后，我们对客户的各个生产要素有了初步的认识，这就要有针对性地跟公司的实际控制人以及对公司发展有影响的人物进行深入沟通和交流，以保证他们在公司中的权利、责任和义务相匹配。这一工作就是前期访谈。前期访谈的工作内容是指将在开始正式设计之前，与公司的实际控制人、股东、高级管理层等进行面对面访谈。通过访谈充分了解公司与行业的现状、发展规划和在股权顶层设计层面需要解决的问题、困惑或顾虑，了解实际控制人、股东对于股权结构设计的想法、要求和思考。企业应安排相关人员与机构人员进行面对面沟通，具体的沟通形式可以根据公司的现状采取一对一交流、问卷调查和集体座谈等方式展开。

根据前期访谈的对象，需要采取不同的访谈方式，访谈的对象主要包括三种人。

第一是控股股东或者掌握实际控制权的人。有些公司的控股股东可能不一定是实际控制人，而实际控制人是首要访谈的对象。访谈的主要目的就是要对公司有全盘的了解，我们会事先编写一份问题清单，然后一步一步引导访谈对象说出自己对公司的未来规划，以及对于各个股东的了解和他想要达成的大概目标。我们对这些情况都要有一定的把握，这对我们后续设计方案和理解股东心理是很有必要的。

第二是股东。如果有必要，而且股东很少，同时信任程度比较好的情况下，可以每一个人都访谈一次；如果股东比较多，而且已经有一个明确的控股股东，则直接访谈控股股东，即公司实际控制人，以及在项目中承担主要操盘和运营任务的几个股东就可以了。

第三是核心高管。对于这类人士的访谈，其实与实际控制人的访谈是同等重要的，因为我们经常发现一个问题，实际控制人对于项目的理解和规划，和我们从经营层所了解到的内容是不太一样的。当然这并不是说高管就一定是正确的，或者实际控制人的观点就一定对，我只是建议对两方都着重访谈一次。

访谈的要点包括以下八个方面的内容。

（1）公司现状（主业情况、行业情况、产业链分析）。

（2）核心生产要素配比及其权重。

（3）公司发展规划。

（4）股东的背景及其投资目的、意愿。

（5）股东进入及退出标准。

（6）核心控股股东的确定。

（7）股东之间是否存在特别约定或承诺。

（8）其他影响到公司股权结构规划的重点问题。

访谈的意义在于发现股东层和管理层的真实想法和意图，并尽量提前发现公司经营、团队管理中涉及到顶层结构方面的问题或疑虑。

案例：在为某地产公司进行股权结构设计时，涉及一家建筑施工企业。我们在跟公司实际控制人沟通的时候，发现他属于对公司未来发展偏向乐观的人。他觉得自己的建筑施工企业是具有一定品牌知名度的，而且还拥有一级资质证书和一个不错的团队，因此该公司发展的前景是乐观的。

但是当我们与经营团队沟通的时候，发现他们却是偏向于悲观：一是基于对房地产行业未来的认知区别，二是认为建筑施工企业主要靠竞标项目获得生存空间，然而竞标项目并不是一种正常的市场化运营方式，而是主要靠关系。在这种情况下，他们认为靠关系维持的经营模式是难以用股权结构优化或股权激励的方式推动企业发展的。

于是就会出现两种不同的声音和结论，实际控制人希望通过市场化的运营，以股权激励的方式推动团队成员在市场上投入更多的资源和努力，从而实现业绩增长的目标。而他们的经营团队则认为行业属性不一样，在他们看来，"辛苦不赚钱，赚钱不辛苦"是这个行业的潜规则，竞标项目的人如果有背景关系，也许喝一杯茶、喝两杯酒就搞定了；而在现场落实施工管理的人可能累到精疲力尽，也为公司创造不了这么高的价值。所以，对于股权激励他们是偏向于悲观的。

从这个事例中就可以认识到，实际控制人和经营层高管两边人物的观点都应该听一听，从而能够更全面地考虑方案的设计问题。在做完前期的尽职调查和访谈工作之后,就要设计出一个初步方案。

第三节　初步方案

一般初步方案都比较简单,不会特别复杂,它的目的只是要建立一个选择方向,因此这个阶段的主要工作就是不断地收集材料和沟通。通过更加细致的沟通,同时收集一些行业相关的信息,比如去了解同行业做得比较好的公司,看一看他们的发展历程以及所采取的措施等,然后形成一个初步方案。

根据前期尽职调查及前期访谈结果所形成的初步汇报方案,应该提交客户并进行进一步讨论。初步方案中的内容主要包括五个方面。

(1)现有股权结构分析。通过对现有的股权结构分析,总结出一些风险点并提出股权结构设计大概方向上的建议和选择。

(2)主要行业对标企业(上市公司或新三板公司、或行业内的龙头企业)的行业资料收集分析。

(3)股权结构调整的主要思路和目标。

(4)优化后的股权结构示意图及解析。

(5)初步方案确定后的主要讨论点。

当然,在实际操作业务构成中,初步方案这个过程可以作为一个节点考虑。因为有一些项目在做到这个节点的时候,可能都会感觉到调整的难度特别大。比如有些公司前期运作不规范,导致提出的很多思路都搁浅,整合难度非常大。这种情况下通过前期方案的制定,问题其实就能浮出水面,也能更好地进行提前考虑和规避。

总而言之,初步方案的核心内容是通过尽职调查及前期访谈后,根据获得的基础资料、企业的发展需求、股东的基本价值判断和取向来确定基本思路并形成的。其意义在于通过对于前期基础资料的了解和分析,形成方向性的基础方案以及基本思路和设计路径。在此过程中,客户应积极配合设计机构,针对其形成初步方案过程中遇到的问题和需要进一步了解的事项,进行补充说明或提供资料。

第四节　核心沟通

在初步方案形成之后，就需要对公司控股股东、核心股东展开一次面面俱到的深度访谈，这一步骤即核心沟通。

此时的沟通才是真正切入灵魂、融入方案的内容，会涉及到核心的利益部分和股权结构部分。设计人员需要把思路中核心的考虑点和企业内部核心人员沟通清楚，同时对于需要跟设计人员明确的一些目标和诉求，要进一步在方案中进行细化。这一步也开始涉及实操层面上的内容，即整体协议的签订以及协议主体方向的确定等非常具体的问题。

所以核心沟通是整个过程中最为核心的部分，设计人员一般会要求被访者准备一个宽裕且完整的时间，针对方案的各种细节与我们展开充分的沟通交流，基本上之前所讲的所有要点都要逐一地确认。

在过去的实践过程中我们发现，有时候被访者不太能理解设计人员提出的要点，所以需要跟他们详细解释，而这可能要花费一定的时间。过去曾经有一些律师或机构设计人员把深度访谈放在第一个环节的，但是后来都发现行不通，因为只有先制定一个初步方案再进行深度沟通，效果才会好。

有时候会有这种现象，一些被访者知识水平能力很强，但是很多法律上的概念和他们在外面的培训中学到的概念是有很大区别的。曾经有一个项目，客户跟我们讲了很长时间的期权，然而在执行的时候我们一直按照我们所理解的期权概念进行设计，后来发现两方说的根本就不是同一个期权。于是我就问他："你说的期权到底是什么意思？"他说："我最近听了一堂关于二元期权的培训课程。"我当时还是从他口中第一次听到二元期权这个概念，后来坊间传说这是一个违规的类似传销的概念，但是客户却没有这个认知：他会参加很多乱七八糟的培训课程，然后又根据他接触到的概念跟我们沟通，导致双方有很多误会。所以，一定要在统一的概念和语境之下进行沟通，才能更有效率。有时候也需要在这些方面跟客户耐心地讲解。

总而言之，核心沟通是在形成初步方案后，与公司核心人员进行深度沟通，通过对方案的解释、分析与沟通，进一步明确基本思路并做出微调。其核心点主要有：

（1）优化思路的主要考虑点。

（2）优化后的结构。

（3）公司内部治理结构制度的要点及客户需求。

（4）公司股东退出机制的要点及客户需求。

（5）公司的未来资本规划。

（6）其他客户需要沟通或明确的操作层面问题。

深度的核心人员沟通环节能够让设计机构与被服务企业核心控股群之间取得高度一致的认识，为最终方案的落地打下基础。在此过程中，核心控股群应该深度参与对初步方案的沟通，并充分地表达自己的意见，同时尊重外部第三方设计机构的专业性。

内容：根据深度沟通的结果，对于初步方案进行相应调整和完善细节，形成正式方案。

意义：作为最终方案的形成阶段，该文件的确认是对前期成果的全面总结和体现。

配合：对于正式方案的形成，企业要防止出于一些短期或变化的考虑而对方案反复调整甚至推翻。在此过程中，部分企业家容易受到一些外部因素的影响干扰，而对自己的目的、意愿等进行大幅度地修改。而根据经验证明，企业家自身在最初始阶段对于核心问题和原则的思考，反而是最符合事实的，而其他第三方的意见，不应影响企业家对于自己行业、企业和目标的初心与判断。

第五节　正式方案

根据深度沟通的结果，对于初步方案进行相应调整和完善细节，形成正式方案。其意义在于最终方案的形成阶段中，该文件的确认是对前期成果的全面总结和体现。正式方案拟定就是对交付成果的最后总结和确认，因此在正式拟定过程中，我们会需要形成明确的交付成果。正式方案拟定主要需通过以下流程：

一、正式方案拟定的流程

（一）形成方案正式文稿

工作内容：根据前期沟通情况，在客户所确定的基本思路方向内形成正式的方案文稿，方案应对所形成的股权结构、设置条件、进入条件、调整机制、退出条件等进行明确的说明；同时应有一定的流程及操作指南，方便企业在后续过程中，指导内部人员适用。

（二）形成配套法律文件

工作内容：针对正式方案所确定的股权结构及调整优化，准备对应的法律文件，在此过程中，要注意方案表述与法律语言之间的钩稽关系。

（三）递交团队进行内核审查

工作内容：组成工作内核小组，对方案及法律文件进行内核审查，主要从设计目的、合规性、操作性及完备性进行考虑，并形成内核意见。

（四）递交客户并举行说明会

工作内容：根据内核审查意见，调整形成可交付版本之后，递交客户并组织设计交付说明会，以文字材料结合宣讲PPT，将整体设计思路、如何交付法律文件等进行整体说明。

（五）确认方案成果（含配套文件）

工作内容：最终形成文稿，与客户办理确认交接。

二、正式方案所需要包含的交付成果

（一）正式方案文本

应包含内容：

（1）客户基本信息。

（2）客户主业背景及行业发展现状。

（3）客户现有股权结构。

（4）本次设计目标及要求。

(5) 调整后的股权结构及组织架构。

(6) 股东进入条件及方式。

(7) 公司治理规则核心要点（以"三会一层"为核心）。

(8) 股东退出条件及机制。

(9) 其他客户要求说明的部分。

（二）配套法律文件（根据设计方案确定）

包括：

(1) 股权转让协议。

(2) 增资扩股协议。

(3) 合伙协议。

(4) 合伙份额转让协议。

(5) 公司章程（或修正案）。

(6) 股东名册格式版本。

(7) 股权出资证明书。

(8) 合伙人（股东）承诺。

(9) 股东会召集召开相关配套法律文件。

(10) 其他与股权结构调整相关的法律文件。

（以上并非全部必需，应根据方案设计要求确定）

第六节　配套文件

在正式方案确认之后，拟定配套文件就是最重要工作了。配套文件主要是章程、合伙协议、合资合作协议，或者涉及股权转让的转让协议以及股权授予协议，等等。包括：

(1) 整体结构调整优化方案（含操作步骤）。

(2) 公司章程调整版及章程修正案。

(3) 持股平台合伙协议。

(4) 附条件转让或增资协议。

（5）股东会决议及会议召开召集文件。

（6）其他配套法律文件。

在编制配套文件的过程中，需要注意一个问题：如果为企业设计了相应的股东退出机制，建议大家把相关文件提前准备好。不要自以为设计一个股东退出机制就可以了，从风险防范的角度来讲，我们还应提前确定附条件的退出途径。比如回购减资或是转让股权等附条件的协议或者约定的执行条款，可以单独以协议承诺或法律文件的形式进行提前确认。根据我们的经验，股东退出最容易在执行层面上发生争议，所以建议在企业核心股东们都认可和接受的情况下，提前签订附条件转让协议以及相关的法律文件、承诺确认书等，这将节省很多后续的工作时间。

其他的比如相应的股东会决议文件、董事会决议文件等也是需要强调的问题。因为公司以前在没有相应机制的情况下，很多事情是没有明确规范的。

我们曾经辅导过一家食品加工公司，并且设计完成了整合方案，帮助它引进了福建的几家产业上下游相关的企业，总共投资1400多万元。完成整合之后，这家企业的公司高管就发现了当前一个非常迫切的需求。公司本来就是一个非常单纯的家族企业，也是典型的夫妻店，所以他脑海中从来没有召开股东会的概念，一般是在工商登记需要的时候临时坐在一起商议，然后同意签字就算是解决了。但是一旦外部的股东引进之后，他们就意识到这件事情已经成为了一个必须解决的问题。所以我们又专门拟定了一套相关的文件，帮助他们完善股东机制和股东会决议及召开会议机制的召集文件等。

深圳有一个公司是从湖南迁移过去的，当时我们对他们的人员进行了培训，给予了相关的指导性文件，以指导如何形成相应的文件模板。这份指导性文件非常简单粗暴，就是清楚地告诉他们需要做的每一步工作，确定所做工作的负责人、明确工作的流程和节点，明确最终形成的文件和结果。这样经过我们的培训之后，他们就能够按照这一套模式去落实。

而这套模式并不只是走形式，反而可以很好地增加他们的信任度。比如我们为一个公司引进了五六个股东，这些股东在各自的行业内都颇有成就，都投资了新三板公司，甚至自己本身就参与上市辅导，所以他们很了解股权结构的概念。而他们参与进来之后觉得非常诧异，主要是没想到这么小的公司居然将股权结构设计得这么规范，从而进一步加强了他们对公司的信任。我们在介入这个项目的时候，除了帮助客户把交易完成，更重要的是向客户传导一种观念：当股东结构越来越市场化、公开化，内部制度的规范对于建立信任机制将是非常重要的一环。

其实最重要的点就两个：第一，在决策层面上公开透明；第二，在财务信息上公开透明。这是对股东引进合作非常重要的部分。而这些在公司运营层面上，就会体现为非常具体的程序性文件和结果性文件。

总而言之，配套文件是根据最终所确定的正式方案，根据所选择的设计结构、方式、主体等，设计出的相应配套法律文件（包括但不限于股东协议、公司章程、合伙协议、股权转让、增资协议、"三会"决议等）。配套文件的形成意义最终在于方案落地的过程，其实就是形成一个具备合法性、可操作性的法律文件，并通过合法的程序形成能经得起历史考验的法律事实与结果。在配套文件的形成过程中，企业核心人员要尊重设计律师的专业性，并共同参与审定相关法律文件，提出合理的修改意见与建议。

在配套文件的制定和出具方面，在设计方案的实施过程中，公司对该怎样去着手实施这个方案是需要解决的首要问题。首先，团队律师需协助公司完成相关文件信息的内部公示，让公司内部对公司此次的股权激励制度的动向有所知晓。其次，辅助公司与激励对象签署相关文件，包括但不限于制定股权激励协议，并对后续工作制作流程分析图，供公司执行参考适用。

在相关文件的起草方面，股权设计事宜是一个公司的大事件，公司的发展格局、人事制度、发展战略等与股权设计相辅相成，相互影响，相互制约。根据《公司法》等相关法律法规的规定以及资本运营市场的规则，股权激励方案的通过以及执行需要召开相关会议，如董事会会议、股东（大）会等。团队律师应该协助公司召开并且制作相应的决议文件，确保方案形成的程序和执行合法合规。另外，根据公司的需要，给公司提供与股权激励方案相配套的劳动人事及财务制度，从制度上保障方案顺利进行，形成符合行业规范和公司自身发展需求的完善的制度体系。

在实施指导工作方面，股权结构设计对于公司来说是一个新事物，公司以及员工对其的接纳必然会经历一个过程，不可能会一帆风顺。公司和团队律师都应当有心理上和工作上的准备。在股权激励方案设计的过程中，公司会遇到各种各样的问题，团队律师应该提供必要的指导，提供问题的解决思路以及其他协助工作。在细微问题上可以采取网络沟通的方式、电话联系方式等；针对重大问题，在必要情况下团队律师需要出具《股权激励实施所需法律建议书》，以确保公司可重复查阅和借鉴、参考。

总之，无论是律师或是公司都必须树立起股权设计或是公司治理绝不是某个部门的事或是短时间内局部性的工作的意识，股权设计是对公司整体的改造，必须引起高度重视。股权设计或公司治理的方案重要，但执行更不能忽视，它是设计方案实现功能转化的必经途径。除此之外，做好执行过程中的协助工作是设计方案最终能取得良好效果的强有力的保障。团队律师在服务过程中不能对自己出具的设计方案的具体效果做出任何承诺，但应该在法律范围内尽可能地协助公司实施设计方案，使设计方案实现法律效果和社会效果的统一。

第七节　执行落地

在形成相应法律文件后，我们需要指导企业办理相应的签约手续和进行培训宣导工作，让相关主体充分了解和协助执行结构设计、调整优化的法律手续。通过法律手续的有序推进，最终形成一个具有合法效力的法律结果，并在手续登记、历史文件等层面能得以体现。企业应在这个过程中，与团队律师一起，委派专人配合相关工作的推进与落实，包括安排签约、形成会议决议和办理备案手续等。

为帮助客户实现最终调整到位，需要在执行层面帮助客户以股东会名义签署合同等方式予以固定，具体的措施如下：

第一，协助客户召开股东会并指导形成合法决议。

第二，协助客户召开合伙人会议，并指导形成合伙人决议。

因为在设计过程中一般都会设置合伙人平台，所以我们需要对应地考虑合伙人制度和公司股东制度之间的传导和勾稽关系。

第三，指导相关方案签署并确认各项法律文件。

相应的文件签署需要注意细节，甚至有必要告诉企业相关人员具体怎么签署，怎么按手印盖章，怎么提缝，这些细节内容我们需要逐一提点。

第四，必要时可以提供包括律师见证等附加型法律服务。

第五，协助客户将上述文件备案进入工商等系统，以形成历史可查并且高效、可靠的整体法律框架。

第八节 辅导期

设计机构会根据不同的方案提供一定时间的辅导期，辅导期的期限根据企业规模以及股权设计的难易程度来决定，有一个季度、半年或全年不等。在辅导期内，设计机构会与所服务企业保持联系和沟通，针对后续一些问题提供咨询，对其中可能存在的疏漏或由于情势变化，需要进行调整的设计文件进行微调，让整个设计方案的落地更为符合企业的实际需要。

众所周知，任何方案都不是孤立和僵化的，需要根据一些情势变化进行相应的调整和完善。同时企业本身的具体工作人员、股东对于方案的理解也可能存在一些疑难点，所以需要后续通过咨询等辅导服务，让整个方案的理解和实施更为贴合企业发展需要。

在这一个阶段，企业应明确主要人员或部门负责后续方案的落地和实施执行，如果存在疑点或需要进行调整的部分，应积极联系设计机构，进行相应的调整和完善。

辅导期内的具体工作程序和内容，基本上可以概括如下：

一、工作程序

（一）建立工作对接机制

双方应确定在后续辅导过程中的具体对接人、对接方式（手机、座机及网络渠道、线下会议等）和对接频率、时间及地点等。

通过对接机制的确定，我们可以保证在后续推进的过程中，相关问题能得到及时的收集、沟通、反馈和调整。

（二）建立日常咨询通道

针对辅导期内的工作，双方应建立股东层、管理层、董事监事层上比较通畅的沟通和咨询通道。

（三）建立日常回访机制

设计机构应建立按时进行的日常回访制度，原则上可以考虑以月或季度为单位，对企业进行按时回访，主动了解落地过程中的问题并提出解决路径。

二、工作内容

（1）调整和优化前期方案和文件中需要调整的内容。

（2）调整和优化过程中，对需要以股东会或其他形式完善的问题，协助企业召开相应会议。

（3）回答企业在执行过程中的问题。

（4）协助企业培训1～2名治理专员。

（5）其他需要提供的辅导工作。

第六章

他山之石可以攻玉：典型案例模式分析经验

在多年的从业过程中，我经常会遇到一些企业家在做企业股权设计时，都希望把自己的公司的股权结构设计成为类似阿里巴巴或华为那样的。诚然，无论是马云还是任正非，都是我国民营企业家的翘楚，他们的公司也都已成为了"高富帅"，成为中国企业界的传奇并站上了神坛，供普罗大众顶礼膜拜。普通的民营企业，特别是创业阶段的民营企业，与这样的巨无霸之间的距离可以说是天壤之别，但这些巨无霸的成长轨迹中也蕴含了一些值得我们借鉴的经验，股权结构和控制权的安排就是一个重要的方面。

在阿里巴巴的成长史中，股权问题是无论如何都绕不开的。阿里巴巴是中国新兴产业的代表，在国内和国际上具有很高的知名度和影响力，具备企业特殊股权结构与公司治理之间相互关系的完整要素。阿里巴巴的合伙人制度不同于传统的通过持有高投票权股票取得控制权，而是直接由公司章程赋予合伙人董事会提名权，具有一定的特殊性。阿里巴巴的成就很大程度上取决于马云、蔡崇信等创始人团队的战略统筹，对合伙人制度的分析有助于探讨特殊股权安排对企业公司治理的借鉴意义，并且对许多痴迷于阿里巴巴股权结构的企业家更具有指导意义。

在华为裂变式的发展过程中，任正非始终对华为有绝对的控制权。但是，如果用一句话来形容华为的控制权模式就是"用一个稳定而坚强的控制权核心来反向控制一群松散而庞大的短期利益关注型群体"。

宋代大文豪苏轼曾说过："博观而约取，厚积而薄发。"这简单的10个字道出了如何学习别人先进经验的精髓——在学习别人的过程中一定要多学但要有取舍。勤于向别人学习是应该被肯定的，但一定要从自己的实际出发量体裁衣，取人之长补己之短，切忌用生搬硬套甚至东施效颦的方法导致邯郸学步的结局。

下面我们一起分享阿里巴巴和华为股权结构设计模式。

第一节　　阿里巴巴模式

阿里巴巴模式是很多企业想借鉴的，同时很多从事股权设计的咨询机构也对它也非常重视，因为阿里巴巴的股东里面除了有世人皆知的马云外，还有一位不为人熟知的来自律师行业的蔡崇信先生。如果要深入了解阿里巴巴的股权模式，就不能不去了解蔡崇信的个人经历和他对阿里巴巴的影响。

蔡崇信是一位能力极高的律师。如果没有他，阿里巴巴恐怕撑不过电子商务泡沫，也拿不到软银资金、吃不下雅虎中国，也无法让台湾中信辜家和富邦蔡家愿意出钱投资。马云说："我最感谢的人是蔡崇信。"

这一节就是要通过简单的制度分析，让大家了解蔡崇信或者马云在进行制度建设的时候是如何考虑的，并且有哪些思维逻辑。

一、阿里巴巴组织形式的形成历史

2018年7月30日，阿里巴巴重新更改股权结构。报告显示：阿里高管和董事总持股降至9.5%，阿里巴巴董事局主席马云持股6.4%，董事局执行副主席蔡崇信持股2.3%。阿里巴巴高管们和马云的持股都有所下降，如图6-1所示。

而在健康的股份比中，创始人的股份都应该占到40%或以上，而马云的股份比只占到6.4%，难道马云对阿里巴巴的控股权不慌吗？马云曾说："我们建立的不是一个利益集团,更不是为了更好地控制这家公司的权力机构,而是企业内在的动力机制。"阿里巴巴要求非永久合伙人要在60岁时退休并且在离开阿里巴巴时要退出合伙人的名单,而永久合伙人只有马云和蔡崇信。

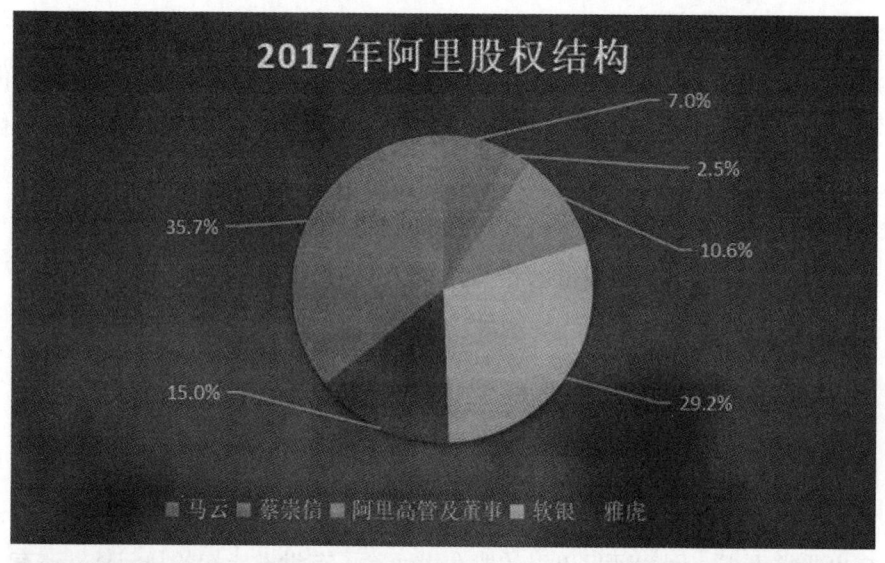

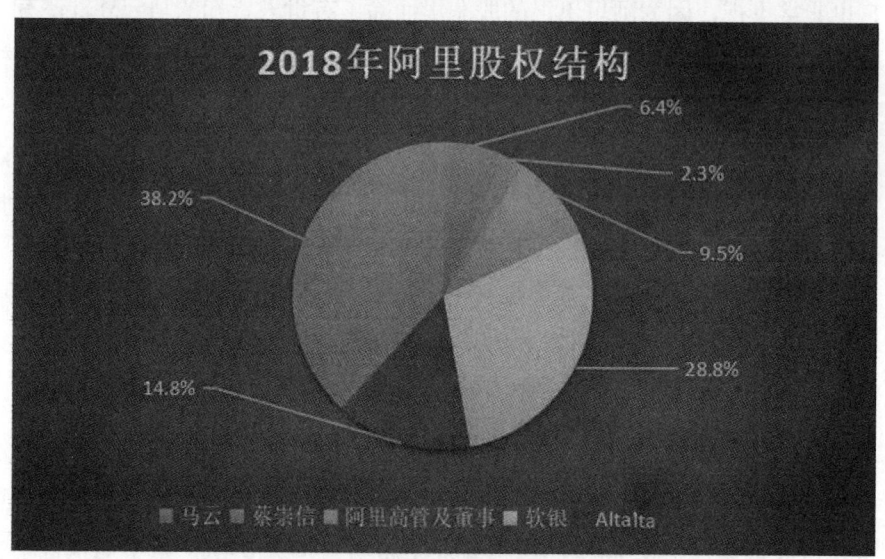

图 6-1　阿里巴巴股权结构变化比较图

有限合伙公司是马云股权设计的重心。有限合伙公司通常由普通合伙人+

特殊合伙人+有限合伙企业构成有限合伙股东，其法律特色是由具有天然法定股东代表执行合伙人做的决定，其他人只有分红权。这样看来有限合伙是很好的持股平台。

阿里巴巴50%的董事由阿里巴巴合伙人提名，股东大会投票从提名的董事候选人中选举出董事。其次，马云、蔡崇信以及软银、雅虎再投票达成一致，确保阿里巴巴合伙人提名的董事被选入董事会。最后，如果要修改章程中关于合伙人的董事提名权和相关条款，该修改事项必须要在股东大会上得到95%以上股东的同意。

所以说，马云等创始团队成员掌握着公司的实际控制权，即使公司股份被大量购买，外来人也难以左右公司，更不用担心大权旁落，最终被迫出局，这就是马云不慌的根本原因。

阿里巴巴的股权结构与合伙人制度，一直都是各行各业的典范。

有人可能会问，作为一个庞大商业集团的掌舵人，马云和他的创始人团队为什么持股比例却要下降？

根据媒体信息透露：2017年9月，马云与蔡崇信的关联实体及慈善基金会签订了代号为"10b5-1"售股计划。计划中约定，签订满一个月后即从2017年10月开始，在12个月内马云出售最多1600万股，蔡崇信出售最多550万股，所获资金用于达成公益慈善承诺及财富规划。

当然，创始团队股权占比降低是因为阿里巴巴也在想着如何更好地分配资源，将股权不断下放，进而让更多的股东受益。创办阿里巴巴之后，马云也率先实践合伙人制度，强调合伙人的价值观和文化认同。

二、合伙人任职资格

阿里巴巴的合伙人制度不同于传统的合伙企业法中的合伙制，也不等同于双重股权架构。在阿里巴巴的合伙人制度中，由合伙人提名董事会的大多数董事人选，而非根据股份的多少分配董事席位。

阿里巴巴的合伙人制度又称为湖畔合伙人制度（英文为"Lakeside Partners"），该名称源自2010年7月马云等创始人创建阿里巴巴的地点——湖畔花园。阿里巴巴的创始人自1999年起便以合伙人原则管理运营阿里巴巴，并于2010年正式确立合伙人制度。

如果仔细阅读阿里巴巴的合伙人制度的内容，就不难发现其主旨是通过制度安排来掌握公司控制权，保证核心创始人和管理层的权益并传承他们所代表的企业文化。根据2014年5月阿里巴巴向美国证监会递交的招股书，当时阿里巴巴的合伙人共计28名；尔后阿里巴巴于2014年6月更新了招股书，合伙人减至27名，其中22人来自管理团队，4人来自阿里巴巴小微金融服务集团（其中两人兼任阿里巴巴和阿里巴巴小微金融服务集团的管理职务），1人来自菜鸟网络科技有限公司。2014年9月，阿里巴巴合伙人再次调整，新增3名合伙人，总人数增至30人。阿里巴巴合伙人制度并未固定人数，名额将随着成员变动而改变且无上限，除马云和蔡崇信为永久合伙人外，其余合伙人的地位与其任职情况有关，一旦离职则退出合伙人关系。根据阿里巴巴的招股书、公司章程及其他公开资料，阿里巴巴合伙人制度的主要规定如下：

（1）合伙人必须在阿里巴巴服务满5年。

（2）合伙人必须持有公司股份且有限售要求。

（3）新合伙人由在任合伙人向合伙人委员会推荐，并由合伙人委员会审核同意后参加选举。

（4）在一人一票的基础上，超过75%的合伙人投票同意后新合伙人才能加入。合伙人的选举和罢免无需经过股东大会审议或通过。

此外，成为合伙人还要符合两个弹性标准：对公司发展有积极贡献；高度认同公司文化，愿意为公司使命、愿景和价值观竭尽全力。

其实解读每一个合伙人任职资格背后的逻辑，会发现其中的一些端倪。

第一，忠诚度指标。当我们在考虑激励对象的时候，很少有激励方案会把员工过早地纳入其中，因为我们需要有一定的考核时间，这个过程十分重要。在我们的激励方案设置中，一定要预留一段时间用来观察和磨合股东团队。因为外部股东和员工股东最大的区别，或者最容易发生问题的地方就在于心态。外部股东进入的时候，他心态上是想获得跟其他人相对平等地位的。而激励型的员工股东最容易犯的一个错误就是，他在心态上没有将自己调整为股东，而是仍然把自己看作一个打工者。所以，很多老板在不进行识别和磨合的情况下贸然采取股权奖励，会发现做完股权激励之后，只会在开股东会的时候多了几个在旁边埋头玩手机的员工，因为这些被激励的员工并没有认识到公司跟自己有什么深层次关系。因此，在激励方案设置中预留一段时间用来观察和磨合股东团队是我们必须坚持的一个原则，但不建议采取所谓的干股，因为没有对应的给予股份的方式。但是很多人并不清楚为什么要坚持这个原则，其实主要是因为如果我们没有遵循这个原则进行设计，就会导致股东会处于一种"有所得固然欢喜，无所得也无所谓"的心态。如果我们不能转化他的心态，让他真正拥有股东的思维，股权激励的价值就是有限的。

第二，员工需要有一定的股份，而且有限售的要求。其实这个要求用三个字就能解释它的作用——投名状。所以员工自身需要有一定的投入，并且跟合伙人团队同步持股。这还有另外的意义，我们将在后文提及。

三、合伙人的提名权和任命权

阿里巴巴合伙人的提名权和任命权可视作阿里巴巴创始人及管理层与大股东协商的结果。通过这一机制的设定，阿里巴巴合伙人拥有了超越其他股东的董事提名权和任免权，控制了董事人选，进而决定了公司的经营运作。阿里巴巴合伙人的提名权和任命权是这样规定的：

（1）合伙人拥有提名董事的权利。

（2）合伙人提名的董事占董事会人数一半以上，因任何原因董事会成员中由合伙人提名或任命的董事不足半数时，合伙人有权任命额外的董事以确保其半数以上董事控制权。

（3）如果股东不同意合伙人提名的董事，合伙人可以任命新的临时董事，直至下一年度股东大会。

（4）如果有董事因任何原因离职，合伙人有权任命临时董事以填补空缺，直至下一年度股东大会。

这种提名并且审核任命的流程，说明阿里巴巴的择人机制非常讲究人性基础。它并不是因为某人业务精干，或者人品非常优秀就把他纳入合伙人团队，而必须是得到大家认可的人才能够进入团队。

合伙人的提名还需要合伙人委员会的同意。阿里巴巴合伙人委员会主要由马云、蔡崇信和被股东认可的人构成。而合伙人由提名到审核，还有两个弹性指标。整个过程有三重保险：合伙人的联合提名；提名后要经过合伙人委员会的审核；审核后要经过弹性指标筛选淘汰。它的目的可以简单称为"人和"，如果往深层次解析，阿里巴巴的制度让人感受到的是一个制度制定者对于人性中的"恶"的高度警惕。

这就意味着如果提名合伙人不符合马云和蔡崇信的价值观，即使他在程序上没有一点问题，最后也可能由于不符合弹性指标而被淘汰。换言之，马云要保持阿里巴巴合伙人团队的高度向心力，所以他在制度设计上考虑得非常细致。

合伙人团队最重要的就是拥有提名半数以上董事的权力，且因任何原因董事会成员中由合伙人提名或任命的董事不足半数时，合伙人有权任命额外的董事以确保其半数以上董事控制权。

可以看出这个制度设计是非常严苛的，因为按照一般公司法的原则，董事会由股东会或者股东大会选举产生，股东享有董事的提名权。董事的产生是来自于股东的决议。

但是在阿里巴巴的这一套制度里面，合伙人会议可以在特殊的情况下，直接任命董事，即马云无论如何都要保证他在董事会一半以上的席位。同时该制度几乎排除了股东大会对于提名董事的否决权，即在发生提名董事被否决的情况时，他还可以通过任命临时董事的方式再提名，直到下一次开股东大会，再次否定再次任命，如此循环往复，以保证合伙人所提名的董事人选始终能占据半数以上。

香港港交所在接受阿里巴巴上市申请的时候，内部争议非常大。因为从制度角度来说，马云实际上通过这种方式架空了股东大会，使股东大会在对于董事人选和经营层的决策权、管理权上，已经没有真正意义上的决定权，并且破坏了公司和股东法律制度的基础——同股同权。马云和蔡崇信一方面具有股东身份，但是同时他们通过这种方式变相地架空和排斥掉了其他股东在董事任命上的权利，进而导致董事会被实质控制在这两位创始股东手中，而这正是争议最大的地方。

这相当于在股东大会和董事会之间，硬生生造出了一个新的制度，然后如同一把卡住股东大会咽喉的刀子，把股东大会对于董事会的决定权被实质性斩断,以此来保证创始人团队以"合伙人制度"实现对于董事会的控制权,进而控制公司的运营权。

四、合伙人奖金分配权

阿里巴巴每年会向包括公司合伙人在内的公司管理层发放奖金。阿里巴巴在招股书中强调,该奖金属于税前列支事项。这意味着合伙人的奖金分配权将区别于股东分红权:股东分红是从税后利润中予以分配,而合伙人的奖金分配将作为管理费用处理。这样的做法在人性上的考虑则显得非常直接——合伙人享有单独的奖金分配权,且由合伙人委员会决定分配方案。用我们中国人比较直白的话说就是"跟着老大混有肉吃",能够从经济利益上更深度地捆绑合伙人,形成更强的利益一致性和向心力。

合伙人委员会共5名委员,负责:

(1)审核新合伙人的提名并安排其选举事宜。

(2)推荐并提名董事人选

(3)将薪酬委员会分配给合伙人的年度现金红利分配给非执行职务的合伙人。

委员会委员实施差额选举,任期3年,可连选连任。合伙人委员会是阿里巴巴合伙人架构中的核心部门,把握着合伙人的审核及选举事宜。

将单独分配的奖金归于管理费列支的设计,仔细推敲不外乎有两点内在逻辑:

第一,它属于税后分红权的范畴,即该奖金的取得不以产生利润作为必然前提。这样更加有利于保护合伙人的经济利益。

第二,它的奖金分配权由合伙人委员会控制,这意味着对于合伙人的收益,委员会具有极强的支配权。而这种支配权对于合伙人利益是具有现实的影响力的,而这种影响力又进而让合伙人对于这套制度和制度的核心人员,形成了更强的吸引力和控制力。

五、合伙人制度变更

为确保阿里巴巴合伙人制度的长期性和稳定性,阿里巴巴还制定了以下规则和安排：

（1）阿里巴巴合伙人制度变更需经过董事批准和股东表决通过两重程序。从董事层面看，任何对于阿里巴巴合伙协议中关于合伙人关系的宗旨及阿里巴巴合伙人董事提名权的修订必须经过多数董事的批准，且这些董事应为纽交所公司管理规则中规定的独立董事，对于合伙协议中有关提名董事程序的修改则须取得独立董事的一致同意。

（2）从股东层面看，根据上市后修订的公司章程，修改阿里巴巴合伙人的提名权和公司章程中的相关条款必须获得出席股东大会的股东所持表决票数95%以上同意方可通过。

从这两个层面可以看出，阿里巴巴的合伙人制度是基于对人性的充分且深刻的思考。如果深入解读合伙人制度的变更机制设计，就能发现隐含在制度背后的思考。

阿里巴巴的合伙人制度变更需要经过董事批注和股东大会决议两个程序。这从最大程度上消除了该制度可能被变更或废除的风险，而且这种风险消除机制则是在对人性最大可能的"恶"进行了充分思考与预防的基础上形成的，从人性角度来看，董事同意修改合伙人机制的可能性极小。

该制度下董事会里面有一半人的提名来自合伙人委员会，这意味着一半以上的董事与合伙人委员会至少是利益一致方。董事会不会推翻把他们任命到董事会职位上的合伙人制度呢？从人性的角度考虑，这种情况发生的可能性几乎为零。股东大会层面上的制度设计，进一步将制度被修改或废除的可能性降低为零，且完全掌握于马云之手。

当然制度并没有完全将希望寄托于"可能性"，也不排除在极端情况下，由合伙人制度所推选上位的"董事"基于某种理由而"反水"。如果认为应该改变这种制度，就首先需要考虑在股东大会层面上的制度设计："修改阿里巴巴合伙人的提名权和公司章程中的相关条款，必须获得出席股东大会的股东所持表决票数95%以上同意方可通过。"

那么制度所要求的出席股东大会表决权95%同意标准是否可能达到呢？如果回顾阿里巴巴的股权结构，我们会发现一个很有趣的现象——无论是否合众，马云自己一个人的否决就可以让该标准无法达到。

我们可以做一个相应的推演：

首先，制度要求股东出席股东大会作为前提。众所周知，作为上市公司，股票持有者众多而且分散，因此基本上没有一家上市公司在召开股东会的时候能够做到100%的全部出席，而出席股东大会的总表决权基数越小，就意味着否决所需要的5%对应的股权比例会越小，换句话说，控制这种风险所需要的股权会越小。

其次，阿里巴巴合伙人机制中，强制性要求所有合伙人均应在担任合伙人期间持有一定股票，这实际上就是一个天然的"一致行动"架构。在这样一个合伙人机制中，享有经济和社会地位双重利益的团体当然也会在发生股东大会要求变更或废除该制度时，成为最有力的反对者。

最后，最为重要的是，阿里巴巴的两位核心合伙人也拥有否决该决议的能力。最极端的情况（在所有股东全部到齐的情况）下，由于马云拥有8.9%的股份，蔡崇信拥有3.6%的股份。即使蔡崇信也站到了合伙人机制的对立面，只要马云他一个人不同意，股东大会就没有办法推翻这个制度。

所以对于马云而言，即使所有人都站到他的对立面，但是只要他有5%以上的否决权就足够稳固其地位。

六、阿里模式的进一步思考

阿里巴巴的制度设计传递了一个非常明确的价值信号——无论如何马云都要掌握对集团的控制权，在掌握控制权的前提下，他可以忍受非常高比例的股权稀释和权利让渡。当然，他的让渡权利并不完全因为合伙人制度，也有阿里巴巴的历史发展因素。当初马云创立阿里巴巴的时候，他的持股比例很高。后来的持股份额则跟阿里巴巴的成长周期有关。

除了上述的制度设计，为了进一步加强控制权，阿里巴巴合伙人先后与软银、雅虎达成了一整套表决权拘束协议。根据阿里的招股书，上市公司董事会共9名成员，阿里巴巴合伙人有权提名5人（即简单多数）。软银持有阿里15%及以上的股份，有权提名1名董事；其余的3名董事由董事会提名委员会提名，这些提名董事将在股东大会上由简单多数选举产生。根据前述表决权拘束协议，阿里巴巴合伙人、软银、雅虎将在股东大会上以投票互相支持的方式确保阿里巴巴合伙人不仅能够控制董事会，而且能够基本控制股东大会的投票结果。

（1）软银承诺在股东大会上投票支持阿里巴巴合伙人提名的董事当选，未经马云及蔡崇信同意，软银不会投票反对阿里巴巴合伙人的董事提名。

（2）软银将其持有的不低于阿里巴巴30%的普通股投票权置于投票信托管理之下，并受马云和蔡崇信支配。鉴于软银有1名董事的提名权，因此马云和蔡崇信将在股东大会上用其所拥有和支配的投票权支持软银提名的董事当选。

（3）雅虎将动用其投票权支持阿里巴巴合伙人和软银提名的董事当选。

其实如果仔细研究一下蔡崇信对于控制权的尺度把握，就会感觉到他考虑问题的周密性。他几乎把所有的可能性都做了充分考虑，而且进行了最理性、最不带感情色彩的设计。同时还与大股东采取一致行动，以投票权委托的方式来加强马云的控制权。因为阿里巴巴9个董事中他不仅拥有其中5个的提名权，还和大股东之间达成了投票权信托的协议。

曾经一位客户也跟我提到过阿里巴巴模式问题，当时他想做一个平台型企业，需要整合很多资源，于是联合了很多企业一起来做这个平台。而他也是一个非常有能力的人，各方面的专业素养都很强。他在听了我对阿里巴巴模式的分析，自己也研究了阿里巴巴合伙人制度之后问我："我们能不能也做一套这样的制度？"

当时我明确地否定了他的想法，因为阿里巴巴合伙人制度并不是阿里巴巴创立时就有，而是随着它的成长，在创始人股份比例大幅度下降、创始人又希望加强控制权的基础上形成的一套制度。

而为什么软银、雅虎的股东愿意接受这套把自己架空，基本上自己相当于只是财务投资人，只获取投资收益，对于经营方面已经没有太多话语权的制度呢？主要是因为双方之间高度的信任机制对冲了制度本身的不合理性。无论是软银的孙正义还是其他投资者，他们对于马云和蔡崇信在经营管理上的能力给予了充分的信任，他们相信马云和蔡崇信以及他的团队是最适合带着阿里巴巴实现持续运营的不二人选。直白地说，他们找不到比这两个人更强的人来替代。既然没有更合适的人，那还不如选择信任他们，让他们控制董事会的经营管理，带着整个集团大步往前走。

马云之所以拥有非常高的信任度，首先，他证明了自己的能力。其次，他证明了自己对阿里的制度建设不仅仅是为了赚钱，而是站在实现人生价值的高度，把它看成一项事业。因此股东当然可以信任这个团队。

不要认为这些制度都是马云独自一个人设计出来并强制执行的，这是得到了所有股东认可的。股东也愿意"高薪养能"，所以就同意赋予他一定的利益和权力。

因此，我对那位客户说："如果你想做这套制度，就要架空整个股东层的主要经营权，而这是需要谨慎考虑的，因为一旦这样做就意味着你的股东必须对你有着非常高的信任程度。"当然这位客户没有马云那么睿智，也没有他的能力，不可能赢得那么多股东的信任。我还告诉他，他的股东对这套机制的信任度，肯定不会像阿里巴巴的股东那么强。然而他没有相信我的判断，坚持要做，于是我们也做出了一套类似阿里巴巴的制度。

但是结局果然如我所言，当他把这个制度拿给股东看的时候，大家的第一反应就是，如果这样做公司肯定会失控。虽然他确实是一个优秀的操盘者和运营者，但是说到底他也只是从职业经理人的角度进行考虑，在对于制度的理解上，很容易陷入一种简单的教条主义思想，即认为头部企业的制度必然是先进和合理的。而我认为头部企业的制度只能说是和头部企业本身的资源、价值观、文化属性和股东类型最为符合、结合度最好，但是并不一定意味着适合于所有或者大部分的企业。

所以，在信任度不足以支撑制度的建立的情况下，如果公司贸然地想用这套制度，一定要谨慎。做一套类似阿里巴巴的制度很容易，但问题是它的逻辑基础在于股东的高度认可。

阿里巴巴的顶层结构设计为什么能够形成？这是因为创始人马云有很好的信任基础。在这个基础上，他们采取了协议控制、委托投票等技术手段，进一步加强他在股东投票上的控制能力。换言之，他根本就不必等到出现最极端的情况时再采取手段，而是在这个制度的前期就做了相应的设计。

总之，合伙人制度最着重的地方在于追求控制权。如果想要争夺控制权，最简单直接的方法当然是拥有控股权。但是这并不意味着在没有办法拿到合伙人的股权比例，或者话语权比例最高的时候就一定无法实现控制权，而是可以考虑做一些制度上的设计来保证合伙人有一定的话语权甚至是控制权。

第二节　华为模式

一、公司治理简况

华为创立于1987年，是全球领先的ICT（信息与通信）基础设施和智能终端提供商。截至2019年6月，华为共有18.8万员工，业务遍及170多个国家和地区。同时华为是一家100%由员工持有的民营企业，它通过工会实行员工持股计划。这个计划的参与人数为96,768人，参与人仅为公司员工，没有任何政府部门、机构持有华为股权。同时华为拥有完善的内部治理架构。持股员工选举产生115名持股员工代表，持股员工代表选举产生董事会的董事长和其他16名董事，董事会选举产生4名副董事长和3名常务董事，轮值董事长由3名副董事长轮流担任。轮值董事长主持公司董事会和常务董事会。董事会行使着公司的战略与经营管理决策权，是公司最高责任机构。董事长主持持股员工代表会。持股员工代表会是公司最高权力机构，对利润分配、增资和董事监事选举等重大事项进行决策。

股东会是公司权力机构，对公司增资、利润分配、选举董事监事等重大事项做出决策。股东会由工会和任正非两名股东组成。

董事会是公司战略、经营管理和客户满意度的最高责任机构，承担着带领公司前进的使命，行使公司战略与经营管理决策权，确保客户与股东的利益得到维护。董事会成员共17名，由持股员工代表会选举产生并经股东会表决通过。公司董事会及董事会常务委员会由轮值董事长主持，轮值董事长在当值期间是公司最高领袖。

监事会主要职责是进行董事和高级管理人员履职监督、公司经营和财务状况监督、合规监督。监事会成员共10名，由持股员工代表会选举产生并经股东会表决通过。

第六章 他山之石可以攻玉：典型案例模式分析经验成计 〉〉〉

自 2000 年起，华为聘用毕马威为独立审计师。审计师负责审计年度财务报表，根据会计准则和审计程序，评估财务报表是否真实和公允，对财务报表发表审计意见。

从图 6-2 可以看到，任正非只持有 1.3% 的股权，那为什么他能够控制如此庞大的公司？这是很多老板想学习的管理方式，也非常想将任正非的成功模式应用在他的公司中。

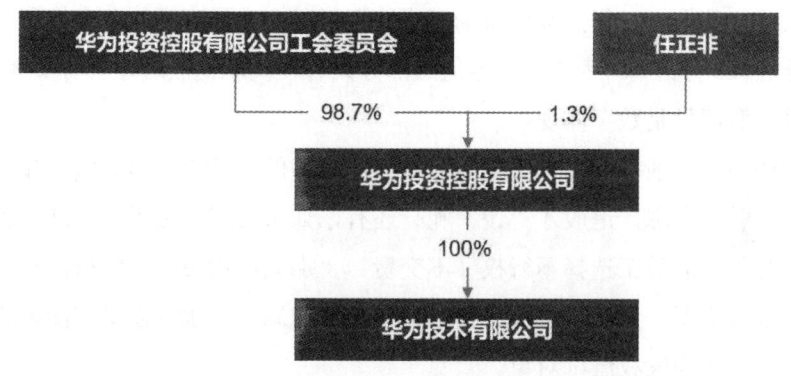

图 6-2　华为公司组织形式

在中国，已经导入股权激励的企业数不胜数，华为公司的股权激励可以说是中国最典型的代表了。作为老板愿意分享是一种胸怀和格局，但是要想达到激励员工、留住员工、实现企业裂变式发展的同时还能掌控住公司就需要一定的智慧了。一个企业的发展一定离不开人，而华为恰恰是把国内很多优秀的人都聚集在一起。一个企业如果拥有了非常优秀的一群人才，而且是愿意持续不断地为这家企业贡献的人才，那么它一定是无往不胜的。华为进入手机领域只有短短的三四年时间，但今年它在国内市场里面成功超越了苹果的市场份额，这一点足以显示出华为的优势。

华为两个股东之一的华为投资控股有限公司工会委员会（简称"华为工会"），其存在的优势非常明显。一般来讲，如果员工直接持股，就华为的企业规模来看，这简直是一场噩梦，如果每个月有 1% 的股东要求查阅公司账务，公司为此支付的成本都会非常巨大。开股东会时股东的投票、签字也是个麻烦事。所以华为工会作为华为的"持股平台"，不仅使股权高度集中，避免了股权高度分散带来的灾难性伤害；同时，华为工会的存在还可以使更多的员工有机会成为股权激励对象。

华为的股权激励模式，我们一般称之为"虚拟股权"，这也是我们很多非上市公司可以借鉴的地方。华为的员工股东不直接写入章程，而是与工会、公司直接有协议，但需要投入资金；员工股东的"持股"不可随意转让，但分红不受影响；员工股东的"持股"不可随意质押，但享受的是企业净资产的增值部分收益。基本上，华为股权激励模式选用了股权中最直观的两个权利：增值权和分红权。分红每年都分，但增值的部分只有在离职退股时才会有实际收益，在职时一般都只是数字体现。

在华为，一般在职的人不会退股，因为华为的业绩增长是非常明显的，人人都知道股价会涨，退股才"傻"呢！还有，如果员工成为了公司新一轮的股权激励对象，但员工选择不行权（不交费），那么以后员工可能就没有资格再享受股权激励了。当然，华为完善的任务薪酬包制度，也促使员工能够不断提升自我从而成为股权激励对象。

华为每年都会请会计事务所对公司进行审计，发布年度报告。所以华为的内部股票价值是非常透明、公开的，再加上每年分红，员工认可度很高。华为每年分红很多，但员工股东的分红并没有像外界认为的那样，拿钱拿到手软。因为每年都会根据业绩情况进行新的股权激励配股，基本上所有的分红会继续投入进去，甚至还会从工资、奖金中拿出一点点。2004年至今，华为员工充分利用金融杠杆（债权转股权），以购买虚拟股票的形式使华为工会内部融资超过260亿元。

当然，华为员工也不会因为在职完成业绩一直享受额外的配股。华为也设定了每个职级、每个岗位的最大股数，也就是岗位饱和股数。这在一定意义上解决了股权收益与薪酬回报的差距过大的问题，使之较为平衡，不会使员工过度地关注股权回报。

实施股权激励之后，相关评价体系也已经设立，那么更为关键的是如何让员工参与进来，真正让员工感受到作为一名股东获得的认可与尊重。华为每个持股员工都有权选举和被选举为股东代表，股东代表的选举每五年一次。华为工会总共会选出51人作为代表组成持股员工代表会，在一定程度上，持股员工代表会在公司内部行使了大部分股东会的职能，比如审议并决策公司年度利润分配、增资等议案。

曾经有一家很大的企业集团，80后的老板和许多新一代企业家一样，思想非常活跃。有一次我们一起喝茶，他半开玩笑半认真地说："我非常崇拜华为，但是我一直有个疑问，任正非只持有公司1.3%的股权，假如我在华为持有1.31%的股权，比他多0.01个百分点，我能不能取代任正非，自己掌管华为？"

我觉得他这个想法还是挺有意思的，于是就和他分析了一下这个问题。

首先，通过华为的结构可以看出，华为的股东其实只有两个——任正非和华为工会。华为公司持股员工有96768人。如果我们比照《公司法》提案权（10%以上和决议权50%以上）的指标，如果他想取代任正非的地位，他要说服9680人一起提出提案，同时还要说服48400人表决同意。

所以我给他的结论是：如果你有这个水平和口才，不如直接去做传销，可能赚的钱会更多，何必费这么大的力气去争夺任正非的位置。虽然这只是一个玩笑，但是纵观华为所采取的核心结构可以发现，将工会委员会设置为股东的做法，一方面是历史的产物，并不是在现行《公司法》里能够运作的；另一方面这个做法意味着，所谓的员工持股意味着在实质上员工不具有话语权。

1993年，我国《公司法》颁布实施，随着整个证券市场规则的完善，逐步清理了以工会委员会、持股委员会等形式持股的股东形式或者组织结构，所以华为的结构是有着它特定历史成因的。而工会委员会里面所有的员工，实际上既不受《公司法》的保护，也不受《合伙企业法》的保护，并不属于我们正常认知里面的股东或合伙人身份。

而从实际操作层面上来看，任正非看似只持有1.3%的股权，但他这1.3%可以比喻为一整块石头，而工会委员会持有的98.7%的股权则是一盘散沙。这个制度的精妙之处就在于，98.7%的"散沙"很难形成统一的意志，来撼动1.3%的"磐石"的地位。

三、华为的股权激励

（一）模式

华为最初始的模式其实是一个集资模式，虽然在这里把华为这套模式定义为全员持股，但在法律意义上它绝对不是股权的概念。很多企业做股权激励的时候经常会引用华为的模式，因为其中有很多做法是做激励方案的时候可以借鉴的。

华为的股权激励是一个虚拟股票，而它的股东非常注重短期分红收益，只是名义上的股东，并不具有法律意义。虚拟股票的关键在于激励对象有分红权及净资产增值收益权，但没有所有权、表决权，不能转让和出售虚拟股票。在其离开企业时，股票只能由华为工会回购，不允许转让，这是为了让员工所享有的并不是资本流通所产生的流通溢价（也就是所谓的炒股所得）。所以华为的严禁转让，不仅仅是因为它要加强管理，更深层次的逻辑在于华为希望股东能够享有的是净资产增值（由于员工的劳动给公司带来的增值），而不希望他们去享受由于股权流通带来的增值。我们可以查看一下华为股权分红的数据，基本上已经达到年化50%以上。如此之高的收益率，如果放在证券市场上面，把它作为一个证券或者一个交易品，那么它将会产生非常大的溢价。

所以华为的企业文化或者价值观就是，每个员工都要通过自己的劳动去创造和分享股权的价值，而不允许通过炒作和交易差价获得利益。

（二）对象

华为最为有名的就是它的奋斗者文化，这一点在《华为基本法》中体现得淋漓尽致，而且现在许多人都认可华为的这一套理论，因为"奋斗者文化"实际上就是一个识别劳动者的一套体系，只有"奋斗者"才能参与股权激励。华为公司出台了许多具体措施去识别"奋斗者"（具体识别标准未披露）。

所以企业做股权激励的时候，就应该考虑怎么识别企业中的奋斗者，或者说值得激励的对象。这需要建立一套标准，当然具体规则是复杂还是简单，要根据不同的实际情况采取不同的思路。

四、饱和配股制

饱和配股制从描述上就能理解它的概念，就是每一个职级岗位都会明确它所能获得的配股，即它所能认购的部分是非常明确的。而这个制度背后的文化或者逻辑，意味着所有岗位的配股制度是公开透明的，最大程度上减少了人为因素的影响。换言之，员工不会因为跟上级或者跟任正非的关系好，就能多获得一些股份。它所传递的企业文化可以简单化理解为合同制度文件。

但是如果我们深层次地去解读这份合同制度文件，就可以看出它所出具的实际上是一个行为指南，即明确告诉股东要做什么事情才会得到奖励，而做哪些违背公司价值观的事情可能会被处罚。

饱和配股制是华为模式的第三个制度特点。

员工最高职级是23级，工作3年的14级以上员工每年大约可获配数万股，较为资深的18级员工最多可以获得40万股左右的配股（具体数量计算方式未予披露）。每个级别员工达到上限后，就不再参与新的配股。

之所以跟大家分析华为的制度，就是因为它传递出了一个非常优秀的企业价值观和企业文化，并且以制度的方式体现了出来。这才是每一家企业真正要学习的地方，而不是依样画葫芦也做一个饱和配股制。在这里并不建议一般企业也做饱和配股制，因为它里面强调每个级别员工达到上限后就不再参与新的配股。这就意味着它有非常明确的职级划分，以及职级晋升规则。而目前大多数企业有可能划分得如此明确吗？这是需要画一个问号的，并不是说这些企业一定不能，而是如果企业决定要引用这个模式，就要对整个实施过程考虑周全。

首先，从劳动关系上讲，华为的晋升制度是透明的，至少已经最大程度地保证了公开透明。其次，一旦股东升到某个职级，能占有多少股份不是以人际关系来定的。比如我跟上级关系好一点，或者我人缘好一点等因素都不能决定我能占有多少股份，因为晋升规则是很明确的。这样就能在最大程度上保证股权分配的公平性——只要自己的表现足够优秀，就能够得到晋升。

所以这样的制度传递的是一种特定的职场文化，它很明确告诉员工：做好自己的事，并且让公司成长，就能拿到收益，而不是要求员工在团队人际关系上混得风生水起，成为上级面前的红人。

五、授予价格与回购价格

授予价格指公司按净资产值确定股价。华为公司的虚拟股票体系没有公开市场的价格体系参照；并且虽然华为公司采取的每股净资产价格，相关净资产的计算参照毕马威公司的审计报告，但具体的计算方式并不公开。我们只能知道2010年股票的购买价格为5.42元。

回购价格是指员工离开公司，华为投资控股有限公司工会委员会按当年的每股净资产价格购回股票。2012年回购价格为每股5.42元。

上面的数据，因为不像上市公司有非常明确的数据，所以目前查到的资料还是2010年的。当时它的授予指标是5.42元，但是还看到2012年的回购价格也是5.42元，这可能是由于分配机制原因产生的。

在这里需要注意以下两点：

第一，它采取的是按照每股净资产的方式授予或回购，同时以毕马威的审计报告为准。而之所以要以毕马威的审计报告为准，就是基于第三方信用背书。华为是一家非上市公司，它的财务数据不能因情怀和民族品牌荣誉感而被忽视。因为制度其实是一个非常理性的东西，所以一定要考虑到人性中有怀疑和不信任，甚至恶的一面。制定制度不是要否定人性中恶的那一面，而是承认员工有怀疑很正常，而应该用相应的制度去消除员工的怀疑，或者去证明公司所作所为都是公平合理的。如果依然有人怀疑，则可以参照毕马威的审计报告。

第二，一般建议对于回购价格提前考虑，并做出提前约定。对于回购价格的约定在大方向上主要有两种方式：一种是明确价格，另一种是明确公式原则。

从有效性上讲，目前所看到的大部分法院判决的观点是支持提前约定的价格，或者价格公式。但是这种方式需要注意的是，它的表现形式不宜只是一个单独协议，而是应该体现在整体性的股东确认文件中。比如在股东会决议等形式的文件中进行了整体确认，而不要与单独某一个股东签署单独协议，出现同一批或者同一事由却形成了不同的回购价格和回购公式。这不仅涉及到公平性，也要考虑单独约定的合法性问题。如果想免除后续这方面的争议，可以采用整体确认、整体约定的方式。

六、资金来源

在华为工作3年的14级以上员工每年大约可获配数万股，以5.42元的购股价格计算，需要几十万元的购股资金。华为公司基本不提供员工购买股票的资金。

每个员工都能确定自己一年可以认购多少股份，需要投入多少资金，只需计算出来就可以了。而华为公司的资金来源就要复杂得多了，其资金有两个特殊来源：

（一）银行贷款

华为员工可以“个人助业”的名义获得的银行信贷支付购股款。合同显示：贷款用途为"个人事业发展"，贷款期限3年，贷款利率为月利率0.4575%，担保方式为个人薪酬收益权及账户质押。

一般企业的融资渠道主要是有两种，第一是股东的股权权益类投资；第二是债权性的投资。不论是民间借贷、银行贷款，甚至其他应付款的占用等都属于债权性的资金。

但是华为的这套制度相当于把融资的毛细血管一直延伸到了个人身上，将每一个员工都变成了它融资机体中的小小细胞，这是它一个很重要的资金来源。

（二）分红款

大多数华为员工在分红后就立即将红利投入购买新的股票。2015年，华为发布了《2015年虚拟受限股分红预通知》，每股分红为2.86元。2010年股票的认购价格是5.42元，2015年分红2.86元，它的收益率是非常惊人的。而如此之高的分红收益，就导致大多数华为员工在分红后立即将红利投入购买新的股票，因为股票收益增长的幅度要比工资增长的幅度高得多。

这从经济学角度来讲其实很简单，有点类似于小学的数学题，同时打开池子的一个进水管和一个出水管，只要进水永远大于出水，这个池子就不会干，甚至水面还会上涨。华为在这个概念上的"出水"当然指的是分红，而"进水"则是每一年的职工认购。随着员工的职级提升，他的认购投入、包括分红后的再投入也越来越多,所以华为就能保证"进水"永远比"出水"大,这套模式具有很强的自我循环作用。

至此,就不难理解为什么华为不需要上市圈钱了:第一当然是由于它的盈利能力很强;第二是它的资金来源很广,财务运转模式也确实很先进。

七、激励效果

过去有很多企业家集资,然而到最后被认定为非法集资的企业却占了多数。而在集资成功的企业家里面,70%的人会将资金投入到产业上,用于个人挥霍的人其实还是少数。尽管很多企业家集资是为了用于产业投入,但是最终却失败了,而华为集资成功的主要原因是它正好遇到了非常重要的时代背景和行业背景。之前有一位从华为出来的副总级别的朋友就曾针对这个问题做过阐述。他说华为成长最快的10年,恰恰是中国乃至世界的通信设施设备换代最频繁的10年,而这个行业的高利润也反过来成就了华为模式。

20世纪90年代初,一般人身上的通信设备只是一个BP机,再往后,2G、3G、4G再到5G通信技术快速更迭,现在据说还有更多的黑科技通信技术正在研发中。短短的二十几年之间,整个世界的通信设施、设备不断地更新换代,产业不断地升级,而华为正好踩到了这个风口之上,它的高利润足以支持它这种快速的运转模式。

华为的模式是建立在它特定的行业背景和时代背景之上,而我们要学习华为无可厚非,只是应该尽量学它的奋斗者文化,尤其是怎么识别奋斗者、怎么激励奋斗者、怎么保护奋斗者。当然激励的方式有很多种,每一家企业不一定要完全照搬华为的这套模式。一个公司中最容易出现的现象是某一个奋斗者被孤立,被团队所排斥。在这种情况下,如何保护奋斗者是每一个企业家应该深入思考的。

很多企业家集资不成功,其实并不是人品好不好的问题,也不是行业好不好的问题。每个行业都能赚钱,都有赚钱的逻辑和机会。除非是这个行业所对应的人类需求完全被替代了,或者是出现了革命性的新产品满足了人类的需求。比如BP机被时代发展所淘汰,不是人类通信的需求不存在了,而是这种需求被革命性的新产品满足了。他们之所以不成功,是因为企业的利润率不足以支撑这种非常具有吸引力的模式，但是华为却可以做到。

华为的这种股权激励方式，无论是它的合同，还是权利确认的部分，其实是非常强势的，即它的这种方式做到了最大程度保护公司的权益。它之所以能成功，是因为它建立了足够的组织信任，让大部分的员工相信加入这个计划中是能够获利的。

针对华为的分析，我觉得最有价值的部分是能看清楚它背后深层次的逻辑，这将会让我们受益匪浅。天底下没有新鲜事，所有的事实都能在历史的长河中找到印证，我一直都是坚持这个观点。

八、法律关系

股权激励是员工与公司之间建立的一种合同关系，而非股东与公司的关系。华为员工手中的股票与法律定义的股权不同——员工不是股东，只享有合同利益而非股权，工会才是股东。

华为员工的资产增值收益确实非常高，也很有吸引力，但是它本质上就是一个很明确的合同关系，是以股权之名建立的一个发展分享机制。而要建立这个机制，需要有以下两个前提：

第一，公司具有较好的发展速度和盈利能力。毕竟所谓的分享，其实大部分属于一种短期利益分享，如果公司收益支撑不起员工利益，可能就会出现问题和隐患。

第二，这种机制需要整个公司有一套相对完善的配套设施，从内部治理到激励方案的建设要细致周全。

所以很多企业都想引用华为的模式，过去我对许多企业家也讲了很多，而之所以特意把法律关系加到后面，就是要告诉大家：如果以后有人问到，他能不能做华为模式，那么就可以直接告诉他这不能简单地归结为能不能做的问题，而其中还涉及到了法律关系。所以华为的模式是不能简单套用的，但是它制度上比较好的设计思路我们还是可以学习借鉴的。比如它的激励模式有一个制度设计得非常有创意——逐年授予，即股东的分红权是受限的，需要逐年递增分红权。

九、华为模式的进一步思考

从图 6-3 可以看到,从 1/3 到 2/3 再到完整的分红权,华为的股权激励制度具有 3 个层面的意义:

01 / 激励模式

2014年给你配了5000股,当期股票价值为5.42,当年没有分红权。

2015年,你可以获取5000*1/3 分红权。

2016年,你可以获取5000*2/3 分红权。

2017年,你可以全额获取分红权。

2018年,你可以全额获取分红权。同时进行股票值结算,如果当年公司内部股价为6.42元/每股,则第五年你能获取的回报是:2018年分红+5000*(6.42-5.42)。该年度这5000股进行清0,次年重新分配股权。

02 / 激励对象

每年根据你的岗位及级别、绩效,给你配一定数量的期权,这个期权5年为一个周期,5年后一个周期进行结算,期权不需要你花钱购买。

TUP(Time-unit Plan)

激励**模式**　　激励**对象**

图 6-3　华为股权激励结果

第一,从财务意义上讲,它进一步减少了资金流出。

第二,每个人都希望权利的授予,或者权益的满足能和自身的成长曲线形成一定的配合关系,是一个随着自身的价值成长而逐年递增的过程。

第三,在公司的激励方案里面,如果采取分年成熟或者加速成熟,其要达到的价值就是增加员工中途离场或者中途退出激励的成本,即希望让员工形成更大的期待。

很多企业之所以要做股权激励,一个很重要的原因就是它们希望"捆绑"员工来帮助企业走得更远。在这个问题上,一般不建议采取一次性授权或者一次性行权的方式,而是应该采取分年成熟的方式。至于是平均成熟还是加速成熟,则可以根据不同的情况具体分析。但是在这里需要强调的是它的逻辑,这样大家才能知道为什么一定要这么设计。

就华为的总模式而言,第一,它的股权激励实际上是分享制,而不是股份制。任正非把原本属于股东的利润按贡献大小让与数万员工分享,通过让员工分享公司利润的方式来激励员工工作动力。第二,华为公司的股权激励是员工激励与公司融资的结合。公司通过股权激励获得了大量资金,又由于华为公司的经济效率很高,员工的资金在公司可以获得很高收益。第三,"让利益,留权力。"由于采用虚拟股权激励，公司的实际控制权始终掌握在任正非等少数股东手中，员工分享利益，但不分享权力。华为公司仍然是依靠一位"明君"指引航向的行船，公司发展战略和治理体系的改变仍靠任正非来掌控，这使华为公司获得了20多年高速发展。

任正飞的思路其实很明确，分利不分权是他的核心观点。一个品牌、一个公司高度依赖于某一个人的决策，其实就是我们所讲的帝王制的组织结构。就目前而言，华为就属于这种类似帝王制的组织结构。而这种结构有它特定的风险，若企业太依赖于某一个人，如果这位帝王是一位明君，他当然能让企业欣欣向荣；但如果他是昏庸无能之辈，企业的前途将因为他的决策而充满风险。

第七章
结束语

其实本章并不能作为一个正式的结束，按照我们的规划，后期将会针对更加具体的设计和落地实操问题、可能碰到的问题及解决思路，进行进一步的明确和完善。

但是作为一个开门之作，用20多万字的篇幅，能够把进行股权结构顶层设计过程中，所需要思考的基本逻辑、原则和方式阐述清楚，应该是可以看作是一个阶段性的收篇。

我们希望读者在阅读之后，能够对在进行股权结构顶层设计时，需要思考的一些比较重要和核心的问题，都有了一定的认识；同时能认识到股权结构设计并不是一个玩弄技术或花招的过程，相反它更像是一个剖析和寻找到自己设立企业、开启这份创业和事业初心的过程。

每个企业家、创业者都必须在这个过程里去回答一些直指内心的问题，这些问题的答案并不会是完全一致的，但是它能让你清楚自己是什么样的人，你和你的公司要去往何处，你希望和什么样的人一起同行，你愿意为这份事业和结果付出多少，当问题、矛盾或纠纷、痛苦来临的时候，你愿意首先放弃什么，要求最终坚持什么。

而这个求问于自己的过程，也许可以把它称之为"修行"！而从股权结构顶层设计的角度而言，这个过程，就是从战略上去勾画自己企业的结构与运行规则的过程！

期待在不久的将来，能和各位在创业的道路上相见，或把酒言欢！或纵论江湖！方能不负此生！

第八章
附录

附录一　股权结构设计中的相关法律法规

序号	发布机构	法律法规文件名称	发布日期
1	全国人民代表大会	中华人民共和国公司法	2018年10月26日修订
2	全国人民代表大会	中华人民共和国证券法	2014年8月31日修订
3	全国人民代表大会	中华人民共和国民法总则	2017年3月15日修订
4	全国人民代表大会	中华人民共和国民法通则	2009年8月27日修订
5	全国人民代表大会	中华人民共和国合伙企业法	2006年8月27日
6	国务院	中华人民共和国公司登记管理条例	2016年2月6日修订
7	国务院	关于大力推进大众创业万众创新若干政策措施的意见	2015年6月11日

续表

序号	发布机构	法律法规文件名称	发布日期
8	国务院	国务院关于开展优先股发点的指导意见	2013年11月30日
9	最高人民法院	关于适用中华人民共和国公司法若干问题的规定（一）	2006年4月28日
10	最高人民法院	关于适用中华人民共和国公司法若干问题的规定（二）	2008年5月12日
11	最高人民法院	关于适用中华人民共和国公司法若干问题的规定（三）	2010年12月6日
12	最高人民法院	关于适用中华人民共和国公司法若干问题的规定（四）	2017年8月25日
13	国资委、财政部、中国证监会	上市公司国有股权监督管理办法	2018年5月16日
14	国资委	关于规范上市公司国有股东发行可交换公司债券及国有控股上市公司发行证券有关事项的通知	2009年6月24日
15	国资委	关于规范国有股东与上市公司进行资产重组有关事项的通知	2009年6月24日
16	国资委	关于规范上市公司国有股东行为的若干意见	2009年6月16日
17	国资委	国有单位受让上市公司股份管理暂行规定	2007年6月28日
18	国资委、中国证监会	上市公司国有股东标识管理暂行规定	2007年6月30日
19	财政部	财政部关于股份有限公司国有股权管理工作有关问题的通知	2000年7月1日
20	中国银监会	商业银行股权管理暂行办法	2018年1月5日
21	中国保监会	保险公司股权管理办法	2018年3月2日
22	中国证监会	首次公开发行股票并上市管理办法	2018年6月6日
23	中国证监会	首次公开发行股票并在创业板上市管理办法	2018年6月6日
24	中国证监会	上市公司收购管理办法	2014年10月23日修订
25	中国证监会	上市公司重大资产重组管理办法	2016年9月1日修订

续表

序号	发布机构	法律法规文件名称	发布日期
26	中国证监会	上市公司章程指引	2016年9月30日
27	中国证监会	上市公司股东大会规则	2016年9月30日
28	中国证监会	优先股点管理办办	2014年3月21日
29	中国证监会	非上市公众公司监督管理办法	2013年12月26日
30	中国证监会	非上市公众公司收购管理办法	2014年6月23日
31	中国证监会	非上市公众公司重大资产重组管理办法	2014年6月23日
32	中国证监会	非上市公众公司监管指引第3号——章程必备条款	2013年1月4日

附录二　股权比例的法律界定

一、代位诉讼权：1%

股东代位诉讼权也称间接诉讼权，是指当公司的合法权益受到不法侵害，而公司却未能进行起诉时，为了保护公司的整体利益，公司的股东以自己的名义代表公司提起诉讼的权利。

本权利适用于股份有限公司持股1%以上的股东，同时还必须满足连续持股180日这个条件。有限责任公司没有持股时间和持股比例的限制。

《公司法》第一百五十一条规定：（1）董事、高级管理人员有本法第一百四十九条规定的情形的，有限责任公司的股东、股份有限公司连续180日以上单独或者合计持有公司1%以上股份的股东，可以书面请求监事会或者不设监事会的有限责任公司的监事向人民法院提起诉讼；监事有本法第一百四十九条规定的情形的，前述股东可以书面请求董事会或者不设董事会的有限责任公司的执行董事向人民法院提起诉讼。(2)监事会、不设监事会的有限责任公司的监事,或者董事会、执行董事收到前款规定的股东书面请求后拒绝提起诉讼,或者自收到请求之日起 30 日内未提起诉讼,或者情况紧急、不立即提起诉讼将会使公司利益受到难以弥补的损害的,前款规定的股东有权为了公司的利益以自己的名义直接向人民法院提起诉讼。(3)他人侵犯公司合法权益给公司造成损失的,本条第一款规定的股东可以依照前两款的规定向人民法院提起诉讼。

《公司法》第一百四十九条则规定:董事、监事、高级管理人员执行公司职务时违反法律、行政法规或者公司章程的规定,给公司造成损失的,应当承担赔偿责任。

二、临时提案权:3%

单独或者合计持有公司 3% 以上股份的股东,可以在股东大会召开 10 日前提出临时提案并书面提交召集人。本权力仅适用于股份有限公司,有限责任公司不适用。

《公司法》第一百零二条规定:单独或者合计持有公司3%以上股份的股东,可以在股东大会召开10日前提出临时提案并书面提交董事会;董事会应当在收到提案后2日内通知其他股东,并将该临时提案提交股东大会审议。临时提案的内容应当属于股东大会职权范围,并有明确议题和具体决议事项。

三、重大事项知情权:5%

《证券法》及其他多个规定中提到,股权变动达5%时,上市公司需要公告。5% 也因此被称为上市公司举牌线,此外,关于 5% 的规定也比较多。主要有以下 5 个方面。

(一)持有股份变动报告线/举牌线

《证券法》第八十六条规定:通过证券交易所的证券交易,投资者持有或者通过协议、其他安排与他人共同持有一个上市公司已发行的股份达5%时,应当在该事实发生之日起3日内,向国务院证券监督管理机构、证券交易所制定出书面报告,通知该上市公司,并予公告;在上述期限内,不得再行买卖该上市公司的股票c投资者持有或者通过协议、其他安排与他人共同持有一个上市公司已发行的股份达5%后,其所持该上市公司已发行的股份比例每增加或者减少5%,应当依照前款规定进行报告和公告。在报告期限内和制定报告、发布公告后2日内,不得再行买卖该上市公司的股票。

《上市公司收购管理办法》第十三条规定:通过证券交易所的证券交易,投资者及其一致行动人拥有权益的股份达到一个上市公司已发行股份的5%时,应当在该事实发生之日起3日内编制权益变动报告书,向中国证监会、证券交易所提交书面报告,通知该上市公司,并予公告;在上述期限内,不得再行买卖该上市公司的股票。前述投资者及其一致行动人拥有权益的股份达到一个上市公司已发行股份的5%后,通过证券交易所的证券交易,其拥有权益的股份占该上市公司已发行股份的比例每增加或者减少5%,应当依照前款规定进行报告和公告。在报告期限内和制定报告、公告后2日内,不得再行买卖该上市公司的股票。

《上市公司收购管理办法》第十六条规定:投资者及其一致行动人不是上市公司的第一大股东或者实际控制人,其拥有权益的股份达到或者超过该公司已发行股份的5%,但未达到20%的,应当编制包括下列内容的简式权益变动报告书:(1)投资者及其一致行动人的姓名、住所;投资者及其一致行动人为法人的,其名称、注册地及法定代表人;(2)持股目的,是否有意在未来12个月内继续增加其在上市公司中拥有的权益;(3)上市公司的名称、股票的种类、数量、比例;(4)在上市公司中拥有权益的股份达到或者超过上市公司已发行股份的5%或者拥有权益的股份增减变化达5%的时间及方式;(5)权益变动事实发生之日前6个月内通过证券交易所的证券交易买卖该公司股票的简要情况;(6)中国证监会、证券交易所要求披露的其他内容。前述投资者及其一致行动人为上市公司第一大股东或者实际控制人,其拥有权益的股份达到或者超过一个上市公司已发行股份的5%,但未达20%的,还应当披露本办法第十七条第一款规定的内容。

(二)特殊股票买卖限制线

《证券法》第四十七条规定:上市公司董事、监事、高级管理人员、持有上市公司股份5%以上的股东,将其持有的该公司的股票在买入后6个月内卖出，或者在卖出后 6 个月内又买入，由此所得收益归该公司所有，公司董事会应当收回其所得收益。但是，证券公司因包销购入售后剩余股票而持有 5% 以上股份的，卖出该股票不受 6 个月时间限制。

（三）重大事件报告线

《证券法》第六十七条规定：发生可能对上市公司股票交易价格产生较大影响的重大事件，投资者尚未得知时，上市公司应当立即将有关该重大事件的情况向国务院证券监督管理机构和证券交易所报送临时报告，并予公告，说明事件的起因、目前的状态和可能产生的法律后果。下列情况为前款所称重大事件：持有公司 5% 以上股份的股东或者实际控制人，其持有股份或者控制公司的情况发生较大变化。

（四）内幕信息知情人

《证券法》第七十四条规定：证券交易内幕信息的知情人包括：（1）发行人的董事、监事、高级管理人员；（2）持有公司 5% 以上股份的股东及其董事、监事、高级管理人员，公司的实际控制人及其董事、监事、高级管理人员。

（五）最低要约预定收购比例线

《上市公司收购管理办法》第二十五条规定：收购人依照本办法第二十三条、第二十四条、第四十七条、第五十六条的规定，以要约方式收购一个上市公司股份的，其预定收购的股份比例均不得低于该上市公司已发行股份的 5%。

《非上市公众公司收购管理办法》第二十一条规定：投资者自愿选择以要约方式收购公众公司股份的，可以向被收购公司所有股东发出收购其所持有的全部股份的要约，也可以向被收购公司所有股东发出收购其所持有的部分股份的要约。第二十二条规定：收购人自愿以要约方式收购公众公司股份的，其预定收购的股份比例不得低于该公众公司已发行股份的 5%。

（六）收购非上市公众公司后续权益变动公告线

《非上市公众公司收购管理办法》第十三条规定：有下列情形之一的，投资者及其一致行动人应当在该事实发生之日起 2 日内编制并披露权益变动报告书，报送全国股份转让系统，同时通知该公众公司；自该事实发生之日起至披露后 2 日内，不得再行买卖该公众公司的股票。投资者及其一致行动人拥有权益的股份达到公众公司已发行股份的 10% 后，其拥有权益的股份占该公众公司已发行股份的比例每增加或者减少 5%（即其拥有权益的股份每达 5% 的整数倍时），应当依照前款规定进行披露。自该事实发生之日起至披露后 2 日内，不得再行买卖该公众公司的股票。

四、解散公司请求权和临时会议提议权：10%

这一权利主要是提起临时股东大会权，以及公司发生严重困难时解散公司的权利。此外特殊情况下股东（大）会召集和主持权、收购非上市公众公司首次权益变动公告线也均为 10%。关于 10% 的规定主要有以下 4 个方面。

（一）临时会议提议权

《公司法》第三十九条规定：股东会会议分为定期会议和临时会议。定期会议应当依照公司章程的规定按时召开。代表 1/10 以上表决权的股东，1/3 以上的董事，监事会或者不设监事会的公司的监事提议召开临时会议的，应当召开临时会议。

《公司法》第一百条规定：股东大会应当每年召开一次年会。有下列情形之一的，应当在两个月内召开临时股东大会：（1）董事人数不足本法规定人数或者公司章程所定人数的 2/3 时；（2）公司未弥补的亏损达实收股本总额 1/3 时；（3）单独或者合计持有公司 10% 以上股份的股东请求时；（4）董事会认为必要时；（5）监事会提议召开时。

（二）解散公司请求权

《公司法》第一百八十二条规定：公司经营管理发生严重困难，继续存续会使股东利益受到重大损失，通过其他途径不能解决的，持有公司全部股东表决权 10% 以上的股东，可以请求人民法院解散公司。

《最高人民法院关于适用〈中华人民共和国公司法〉若干问题的规定（二）》第一条规定，单独或者合计持有公司全部股东表决权 10% 以上的股东，以下列事由之一提起解散公司诉讼，并符合公司法第一百八十三条规定的，人民法院应予受理：（1）公司持续两年以上无法召开股东会或者股东大会，公司经营管理发生严重困难的；（2）股东表决时无法达到法定或者公司章程规定的比例，持续两年以上不能制定有效的股东会或者股东大会决议，公司经营管理发生严重困难的；（3）公司董事长期冲突，且无法通过股东会或者股东大会解决，公司经营管理发生严重困难的；（4）经营管理发生其他严重困难，公司继续存续会使股东利益受到重大损失的情形。股东以知情权、利润分配请求权等权益受到损害，或者公司亏损、财产不足以偿还全部债务，以及公司被吊销企业法人营业执照未进行清算等为由，提起解散公司诉讼的，人民法院不予受理。

（三）特殊情况下股东大会召集和主持权

《公司法》第四十条规定：董事会或者执行董事不能履行或者不履行召集股东会会议职责的，由监事会或者不设监事会的公司的监事召集和主持；监事会或者监事不召集和主持的，代表 1/10 以上表决权的股东可以自行召集和主持。

《公司法》第一百零一条规定：股东大会会议由董事会召集，董事长主持；董事长不能履行职务或者不履行职务的，由副董事长主持；副董事长不能履行职务或者不履行职务的，由半数以上董事共同推举一名董事主持。董事会不能履行或者不履行召集股东大会会议职责的，监事会应当及时召集和主持；监事会不召集和主持的，连续 90 日以上单独或者合计持有公司 10% 以上股份的股东可以自行召集和主持。

（四）收购非上市公众公司首次权益变动公告线

《非上市公众公司收购管理办法》第十三条规定：有下列情形之一的，投资者及其一致行动人应当在该事实发生之日起 2 日内编制并披露权益变动报告书，报送全国股份转让系统，同时通知该公众公司；自该事实发生之日起至披露后 2 日内，不得再行买卖该公众公司的股票。（1）通过全国股份转让系统的做市方式、竞价方式进行证券转让，投资者及其一致行动人拥有权益的股份达到公众公司已发行股份的 10%；（2）通过协议方式，投资者及其一致行动人在公众公司中拥有权益的股份拟达到或者超过公众公司已发行股份的 10%。

五、详式权益变动公告权：20%

上市公司投资者及其一致行动人拥有权益的股份达到或者超过一个上市公司已发行股份的 20% 但未超过 30% 的，应当编制详式权益变动报告书。这一权力仅针对上市公司，有限公司和非上市股份公司不适用。

《上市公司收购管理办法》第十七条规定：投资者及其一致行动人拥有权益的股份达到或者超过一个上市公司已发行股份的20%但未超过30%的，应当编制详式权益变动报告书，除须披露前条规定的信息外，还应当披露以下内容：

（1）投资者及其一致行动人的控股股东、实际控制人及其股权控制关系结构图。

（2）取得相关股份的价格、所需资金额、资金来源，或者其他支付安排。

（3）投资者、一致行动人及其控股股东、实际控制人所从事的业务与上市公司的业务是否存在同业竞争或者潜在的同业克争，是否存在持续关联交易；存在同业竞争或者持续关联交易的，是否已做出相应的安排，确保投资者、一致行动人及其关联方与上市公司之间避免同业竞争以及保持上市公司的独立性。

（4）未来12个月内对上市公司资产、业务、人员，组织结构、公司章程等进行调整的后续计划。

（5）前24个月内投资者及其一致行动人与上市公司之间的重大交易。

（6）不存在本办法第六条规定的情形。

（7）能够按照本办法第五十条的规定提供相关文件。

这一权利仅针对上市公司，有限公司和非上市股份公司不适用。

六、上市公司控制权：30%

通过证券交易所的证券交易，收购人持有一个上市公司的股份达到该公司已发行股份的30%时，继续增持股份的，应当采取要约方式进行，发出全面要约或者部分要约。此权利仅针对上市公司。

主要依据的法律依据有：

（一）要约收购线

《中华人民共和国证券法》第八十八条规定：通过证券交易所的证券交易，投资者持有或者通过协议、其他安排与他人共同持有一个上市公司已发行的股份达30%时，继续进行收购的，应当依法向该上市公司所有股东发出收购上市公司全部或者部分股份的要约。收购上市公司部分股份的收购要约应当约定，被收购公司股东承诺出售的股份数额超过预定收购的股份数额的，收购人按比例进行收购。

《上市公司收购管理办法》（2014年10月23日修订）第二十四条规定：通过证券交易所的证券交易，收购人持有一个上市公司的股份达到该公司已发行股份的30%时，继续增持股份的，应当采取要约方式进行，发出全面要约或者部分要约。

《上市公司收购管理办法》第四十七条规定：收购人通过协议方式在一个上市公司中拥有权益的股份达到或者超过该公司已发行股份的5%，但未超过30%的，按照本办法第二章的规定办理。收购人拥有权益的股份达到该公司已发行股份的30%时，继续进行收购的，应当依法向该上市公司的股东发出全面要约或者部分要约。符合本办法第六章规定情形的，收购人可以向中国证监会申请免除发出要约。收购人拟通过协议方式收购一个上市公司的股份超过30%的，超过30%的部分，应当改以要约方式进行；但符合本办法第六章规定情形的，收购人可以向中国证监会申请免除发出要约。收购人在取得中国证监会豁免后，履行其收购协议；未取得中国证监会豁免且拟继续履行其收购协议的，或者不申请豁免的，在履行其收购协议前，应当发出全面要约。

《上市公司收购管理办法》第五十六条规定：收购人虽不是上市公司的股东，但通过投资关系、协议、其他安排导致其拥有权益的股份达到或者超过一个上市公司已发行股份的5%未超过30%的，应当按照本办法第二章的规定办理；收购人拥有权益的股份超过该公司已发行股份的30%的，应当向该公司所有股东发出全面要约；收购人预计无法在事实发生之日起30日内发出全面要约的，应当在前述30日内促使其控制的股东将所持有的上市公司股份减持至30%或30%以下，并自减持之日起2个工作日内予以公告；其后收购人或者其控制的股东拟继续增持的，应当采取要约方式；拟依据本办法第六章的规定申请豁免的，应当按照本办法第四十八条的规定办理。

（二）市公司控制权认定线

《上市公司收购管理办法》第八十四条规定，有下列情形之一的，为拥有上市公司控制权：（1）投资者为上市公司持股50%以上的控股股东；（2）投资者可以实际支配上市公司股份表决权超过30%；（3）投资者通过实际支配上市公司股份表决权能够决定公司董事会半数以上成员选任；（4）投资者依其可实际支配的上市公司股份表决权足以对公司股东大会的决议产生重大影响；（5）中国证监会认定的其他情形。

因此当投资者可以实际支配上市公司股份的表决权超过30%时，认定为拥有上市公司控制权，30%也是上市公司控制权的认定线。

这一权利仅针对上市公司，有限公司和非上市股份公司不适用；非上市公众公司虽然也存在要约收购，但没有关于30%比例的约定。

七、一票否决权：34%

当股东持有的表决权比例超过1/3时，在股东会或股东大会的特殊决议中，只要该股东否决，股东会或股东大会的特殊决议便不能通过，表决权比例超过1/3具有一票否决权，也称之为否决性控股。

这一权力的法律依据根据绝对控制线的2/3延伸而来的。

一票否决仅存在于特殊决议中，对于普通决议仅需过半数通过的事宜，不具有一票否决权。34%是通常的表述，实际只要超过1/3的比例即可。

此外，对于股份公司，用的是"出席会议"的概念，因此在股东不是全部出席会议的前提下，持股比例低于34%也有可能构成一票否决权。

此外关于有限公司可以同股不同权的设置以及上市公司股东大会关联方回避表决的限制，此处同样适用。

八、相对控制权：51%

对于公司日常事项的普通决议，仅需要过半数表决权通过即可，所以51%一般被称为相对控制线。拥有51%的表决权比例，公司的一般经营事务，都可以决定，主要包括：（1）公司的经营方针和投资计划；（2）选举和更换非由职工代表担任的董事、监事，决定有关董事、监事的报酬事项；（3）审议批准董事会的报告；（4）审议批准监事会或者监事的报告；（5）审议批准公司的年度财务预算方案、决算方案；（6）审议批准公司的利润分配方案和弥补亏损方案；（7）其他需要普通决议的相关事项。

此权利主要依据的法律依据有：

（一）相对控制线

《公司法》第四十三条针对有限公司股东会的约定：股东会的议事方式和表决程序，除本法有规定的外，由公司章程规定。对于有限公司，普通决议由公司章程自己决定。

《公司法》第一百零三条针对股份公司股东大会的约定：股东出席股东大会会议，所持每一股份有一表决权。但是，公司持有的本公司股份没有表决权。股东大会的决议必须经出席会议的股东所持表决权过半数通过。

（二）对内担保权

《公司法》第十六条规定：公司为公司股东或者实际控制人提供担保的，必须经股东会或者股东大会决议。前款规定的股东或者受前款规定的实际控制人支配的股东，不得参加前款规定事项的表决。该项表决由出席会议的其他股东所持表决权的过半数通过。

（三）对外转股权

《公司法》第七十一条规定：有限责任公司的股东之间可以相互转让其全部或者部分股权。股东向股东以外的人转让股权，应当经其他股东过半数同意。

（四）创立大会决议权

《公司法》第九十条规定：发起人应当在创立大会召开15日前将会议日期通知各认股人或者予以公告。创立大会应有代表股份总数过半数的发起人、认股人出席，方可举行。创立大会行使下列职权：（1）审议发起人关于公司筹办情况的报告；（2）通过公司章程；（3）选举董事会成员；（4）选举监事会成员；（5）对公司的设立费用进行审核；（6）对发起人用于抵作股款的财产的作价进行审核；（7）发生不可抗力或者经营条件发生重大变化直接影响公司设立的，可以作出不设立公司的决议。创立大会对前款所列事项作出决议，必须经出席会议的认股人所持表决权过半数通过。

需要说明的是《公司法》仅有针对股份有限公司普通决议过半数的表决条款。对于有限责任公司而言，《公司法》并未明确规定股东会普通决议的程序，而是让股东们自行通过章程确定，章程可以约定过半数，也可以约定其他的比例。但是，大多数有限公司公司章程中约定股东会的普通决议的通过比例也是过半数。

有限责任公司在公司章程中进行约定时，务必理解"过半数"与"半数以上"的区别，"过半数"不包含50%，而"半数以上"则包含50%。在公司章程中避免出现"半数以上""1/2以上"的约定，否则可能会造成股东会无法通过决议的现象，导致股东会僵局。

九、绝对控制权：67%

持股2/3以上的，公司的任何重大事项的特殊决议都可以决定，因此具有绝对控制权。《公司法》并没有67%的规定，67%是2/3折算成百分数后四舍五入得来的。

拥有67%的表决权比例，公司的特殊决议事项都可以决定，主要包括：（1）对公司增加或者减少注册资本作出决议；（2）修改公司章程；（3）对公司合并、分立、解散、清算作出决议；（4）对变更公司形式作出决议。如公司筹划上市时，有限责任公司整体改制为股份有限公司；（5）上市公司在一年内购买、出售重大资产或者担保金额超过公司资产总额30%的决议；（6）其他有关法律法规的特殊规定。

主要依据的法律有：

（一）针对有限公司

《公司法》第四十三条针对有限公司股东会的约定：股东会的议事方式和表决程序，除本法有规定的外，由公司章程规定。股东会会议作出修改公司章程、增加或者减少注册资本的决议，以及公司合并、分立、解散或变更公司形式的决议，必须经代表2/3以上表决权的股东通过。

（二）针对股份公司

《公司法》第一百零三条针对股份公司股东大会的约定：股东出席股东大会会议，所持每一股份有一表决权。但是，公司持有的本公司股份没有表决权。股东大会作出决议，必须经出席会议的股东所持表决权过半数通过。但是，股东大会作出修改公司章程、增加或者减少注册资本的决议，以及公司合并、分立、解散或者变更公司形式的决议，必须经出席会议的股东所持表决权的2/3以上通过。

（三）针对上市公司

《公司法》第一百二十一条规定：上市公司在一年内购买、出售重大资产或者担保金额超过公司资产总额 30% 的，应当由股东大会作出决议，并经出席会议的股东所持表决权的 2/3 以上通过。

《上市公司股东大会规则》（2016 年修订）第二十三条规定：股权登记日 登记在册的所有普通股股东（含表决权恢复的优先股股东）或其代理人，均有权出席股东大会，公司和召集人不得以任何理由拒绝。优先股股东不出席股东大会会议，所持股份没有表决权，但出现以下情况之一的，公司召开股东大会会议应当通知优先股股东，并遵循《公司法》及公司章程通知普通股股东的规定程序。优先股股东出席股东大会会议时，有权与普通股股东分类表决，其所持每一优先股有一表决权，但公司持有的本公司优先股没有表决权：（1）修改公司章程中与优先股相关的内容；（2）一次或累计减少公司注册资本超过 10%；（3）公司合并、分立、解散或变更公司形式；（4）发行优先股；（5）公司章程规定的其他情形。上述事项的决议，除须经出席会议的普通股股东（含表决权恢复的优先股股东）所持表决权的 2/3 以上通过之外，还须经出席会议的优先股股东（不含表决权恢复的优先股股东）所持表决权的 2/3 以上通过。

《上市公司股东大会规则》（2016 年修订）第四十五条规定：公司以减少注册资本为目的回购普通股公开发行优先股，以及以非公开发行优先股为支付手段向公司特定股东回购普通股的，股东大会就回购普通股作出决议，应当经 出席会议的普通股股东（含表决权恢复的优先股股东）所持表决权的 2/3 以上通过。公司应当在股东大会作出回购普通股决议后的次日公告该决议。

这权利另外还有两个限制条件：

1. 同股不同权的限制

《公司法》第四十二条规定：股东会会议由股东按照出资比例行使表决权，但是公司章程另有规定的除外。根据《公司法》，有限公司公司章程可以约定同股不同权，如果公司章程另有约定，67% 的持股比例也不一定具有绝对的控制权。但是，股份公司是同股同权的。

2. 上市公司关联关系回避表决的限制

《上市公司股东大会规则》（2016 年修订）第三十一条规定：股东与股

东大会拟审议事项有关联关系时，应当回避表决，其所持有表决权的股份不计入出席股东大会有表决权的股份总数。股东大会审议影响中小投资者利益的重大事项时，对中小投资者的表决应当单独计票，单独计票结果应当及时公开披露。公司持有自己的股份没有表决权，且该部分股份不计入出席股东大会有表决权的股份总数。因此，对上市公司而言，在某些特殊事项下持股67%并不一定构成绝对控制权。

最后还需要说明的是，绝对控制线既适用于有限责任公司的股东会，也适用于股份有限公司的股东大会，股东大会要求的是出席会议的2/3以上表决权通过，而有限公司必须经代表2/3以上表决权的股东通过。尤其对于上市公司而言，由于中小股东众多，很多中小股东会缺席股东大会，因此即使持股比例低于67%，在很多中小股东缺席股东大会的情形下，也有可能占出席股东大会的表决权比例的2/3以上，进而起到绝对控制的效果。

参考资料

赵旭东：《公司法学》，高等教育出版社2012年出版。

中国注册会计师协会：《经济法》，中国财政经济出版社2017年出版。

王文书：《企业股权激励实务操作指引》，中国民主法制出版社2011年出版。

宋桂明：《股权设计战略与股权激励实务指引》，浙江工商大学出版社2017年出版。

徐芳：《股权设计与法律实务一本通》，中国铁道出版社2018年出版。

全联军：《股权一本通》，清华大学出版社2018年出版。

李善星、刘海颖、钟丽：《股权顶层设计》，经济科学出版社2019年出版。

图书在版编目（CIP）数据

合众为一：股权结构设计实操指南 / 袁啸著. -- 汕头：汕头大学出版社，2022.6
ISBN 978-7-5658-4571-0

Ⅰ.①合… Ⅱ.①袁… Ⅲ.①股权结构—结构设计—指南 Ⅳ.①F121.26-62

中国版本图书馆CIP数据核字（2021）第274171号

合众为一：股权结构设计实操指南
HEZHONG WEIYI: GUQUAN JIEGOU SHEJI SHICAO ZHINAN

著　　者：	袁　啸
责任编辑：	邹　峰
责任技编：	王东生
封面设计：	谢俊平
出版发行：	汕头大学出版社
	广东省汕头市大学路243号汕头大学校园内　邮政编码：515063
电　　话：	0754-82904613
印　　刷：	长沙市井岗印刷厂
开　　本：	710mm×1000 mm　1/16
印　　张：	16.5
字　　数：	250千字
版　　次：	2022年6月第1版
印　　次：	2022年6月第1次印刷
定　　价：	68.00元

ISBN 978-7-5658-4571-0

版权所有，翻版必究
如发现印装质量问题，请与承印厂联系退换